인간 본성 불패의 법칙

인간 본성
불 패 의
법 칙

로런 노드그런, 데이비드 숀설
이지연 옮김

THE HUMAN ELEMENT

이 책에 쏟아진 찬사

어릴 적 읽었던 이솝 우화에서는 해와 바람이 서로 내기를 한다. 강한 힘을 자랑하던 바람은 나그네의 외투를 벗기지 못했지만, 따뜻한 햇볕은 나그네 스스로 외투를 벗게 만들었다. 『인간 본성 불패의 법칙』은 따뜻한 햇볕처럼 저항 없이 사람의 마음을 여는 방법을 제시한다. 인간 본성에서 찾은 이 4가지 법칙은 당신의 혁신적인 아이디어를 실현시켜줄 가장 강력한 도구가 될 것이다.

드로우앤드류, 『럭키 드로우』 저자, 유튜브 '드로우앤드류' 운영자

자신의 브랜드를 소비자의 라이프스타일 속에 넣을 방법을 찾고 있는 마케터들에게 권한다. 뛰어난 제품력이 모든 것을 해결해줄 것이라 강력하게 믿고 있는 사장님들도 이 책을 꼭 읽었으면 좋겠다. 소비자 조사의 정량적 데이터를 이리저리 분석해서 답을 찾고 있는 브랜드 기획자가 이 책을 읽는다면 좀 더 쓸모 있는 제안서를 쓸 수 있게 될 것이다. '그래, 문제는 사람의 마음이다.' 읽는 내내 속이 시원했다.

이근상, 『이것은 작은 브랜드를 위한 책』 저자, KS'IDEA Chief Idea Director

크리에이티브한 일을 하다 보면 매번 비슷비슷한 어려움에 직면하게 된다. 우리는 종종 아무도 안 해본 일은 안 된다고 생각하고, 전에 못 했던 일은 지금도 못한다고 여기며 자기도 모르게 자꾸 안되는 이유를 만들고 가능성을 좁힌다. 새로운 걸 만들어내려면 안 되는 방법이 먼저 떠올라도, 그럼에도 할 수 있는 방법을 하나라도 떠올려 그것부터 이야기를 시작해야 한다. 이 책은 우리가 왜 변화를 두려워하고 새로운 아이디어를 실현하기 어려운지 인간 본성의 '마찰력'을 들어 이해하기 쉽게 알려준다. 통쾌한 통찰이다. 복잡해 보이는 현상을 명쾌하게 설명한다. 새로운 아이디어를 실현하기 위해 애쓰는 동료들에게 추천하고 싶은 책이다.

장인성, 『마케터의 일』 저자, 우아한형제들 Chief Brand Officer

새로운 서비스의 출시뿐 아니라 마케팅과 브랜딩, 기업 내 모든 것들이 빛을 발하기 위해서는 결국 우리는 누군가를 설득해야 한다. 그 대상이 현재 혹은 미래의 고객이건 직장 동료, 상사이건 간에 말이다. 이 과정에서 우리는 새로운 아이디어만으로 그들의 마음을 움직이려 하지만 이 책에서는 지금껏 우리가 미처 생각하지 못했던 인간 내면의 '저항과 마찰력'에 대해서 얘기한다. 더불어 그것을 극복하는 다양한 방법을 함께 제시하고 있다. 마케터, 서비스 기획자, 경영자 그밖에 새로운 무언가를 준비하는 모든 이들이 읽으면 분명 좋을 책이다.

전우성, 『그래서 브랜딩이 필요합니다』 저자, 라운즈 Chief Branding Officer

우리는 언제나 더 잘하려고 애쓰지만 애씀은 때로 독이 된다. 잘하려고 덧붙였던 기획의 군더더기들은 어느새 흉측한 괴물이 되어 있다. 보물인 줄 알았는데 괴물이었다는 걸 모른 채로 처참한 결과를 맞이할 때의 아찔함이란. 좋은 걸 더 많이, 빠른 걸 더 빠르게 하는 게 능사가 아니다. 이 책은 조급한 순간일수록 한숨을 고르고 반대편에서 생각하는 법을 알려준다. 느리게 만드는 걸 찾아 없애는 불패의 법칙. 시작을 앞둔 사람이라면 아이디어를 점검받는 마음으로 읽어 보기를 권한다. 미처 보지 못했던 인간 본성의 잡초들이 영양분을 가로채 가는 현장을 목격하게 될 것이다. 새로운 일을 시작하기 전 이 책을 만나 천만다행이다.

소호, 『프리워커스』 저자, 모빌스그룹 대표

근 20년간 세계 석학들의 여러 연설, 논문, 저서는 하나같이 '인간의 퀄리티 Quality'에 주목한다. 인류의 미래는 더 이상 머릿수[퀀티티Quantity]의 싸움이 아닌, 아이디어와 두뇌 능력에 달려 있다고 본 것이다. 이 책은 자기 아이디어를 실현하려는 사람들이 마주하는 현실적 문제를 해결하는 데 집중한다. 어디서 자꾸 넘어지는지 알고 변화하고 싶다면 저자가 알려주는 오답노트를 습득하라.

이리앨, 지식큐레이터, 유튜브 '이상한리뷰의앨리스' 운영

눈앞에 있는 신제품이나 새로운 서비스가 자신의 삶이나 사업을 획기적으로 개선해 줄 게 분명한데도 고객은 왜 그걸 쉽게 받아들이거나 채택하지 못할까? 『인간 본성 불패의 법칙』이 그 답을 알려준다. 이 책은 혁신을 거스르는 네 가지 요인을 설명하고, 기업가가 그걸 극복할 수 있는 요령과 툴을 알려준다. 파괴적 혁신이 더 빨리 자리 잡기를 바라는 기업가나 혁신가라면 반드시 읽어야 할 책이다.

스티브 블랭크Steve Blank, 8개 기업의 창업자, 교육자,
린스타트업Lean Startup 운동의 창시자

마케팅 전문가들은 신제품이나 새로운 서비스를 소개할 때 상품의 특징이나 혜택, 프로모션에 의존하는 경우가 너무 많다. 그러나 이는 마케팅 공식의 절반에 불과하다. 『인간 본성 불패의 법칙』은 새로운 제안을 받아들이고 싶은 고객의 욕구를 억제하는 네 가지 주된 마찰력을 확인함으로써 마케팅에 중대한 기여를 했다. 이 책은 마찰력을 예측하는 방법뿐만 아니라 극복하는 요령까지 알려준다. 무언가 새로운 것을 선보이려는 사람이라면 반드시 읽어야 할 책이다.

필립 코틀러Philip Kotler, 80권이 넘는 저서를 쓴 '현대 마케팅의 아버지',
켈로그경영대학원 명예교수

사람의 마음을 열려면 어떻게 해야 하는지 알려주는, 훅 빠져들게 만드는 책. 세계 최고의 심리학자와 기업가가 팀을 이루어 현 상태에서 벗어나도록 남을 설득할 수 있는 원리와 요령을 알기 쉽게 설명해 준다. 혁신적 아이디어를 거절하거나 건설적 변화를 거부하는 사람들 때문에 좌절해 본 적이 있는 사람이라면 바로 이 책이 필요할 것이다.

애덤 그랜트Adam Grant, 『싱크 어게인』 저자,
TED 팟캐스트 〈워크라이프WorkLife〉 진행자

혁신이 성공하려면 당신의 제품이나 서비스가 채택되어야 한다. 이 책이 그 가이드가 되어줄 것이다.

알렉산더 오스터왈더Alexander Osterwalder, 혁신 이론가,
『비즈니스 모델의 탄생』 저자, '비즈니스 모델 캔버스Business Model Canvas' 창시자

혁신을 위해 우리가 이렇게 지극정성으로 노력하는데도 그 속도를 늦추고 발목을 잡는 눈에 보이지 않는 요인들은 과연 뭘까? 숀설과 노드그런은 혁신의 길을 방해하는 네 가지 '마찰력'을 찾아내 그걸 극복하는 방법을 알려준다. 『인간 본성 불패의 법칙』은 디자이너와 혁신가, 경영자 모두에게 유용한 통찰로 가득하다.

톰 켈리Tom Kelley, 『이노베이터의 10가지 얼굴』 『유쾌한 이노베이션』
『아이디오는 어떻게 디자인하는가』 저자

마찰력이 있어서 정말 다행이다. 아니면 어떻게 운전을 하겠는가. 그러나 혁신의 고속도로를 달릴 때 마찰력은 취약이다. 『인간 본성 불패의 법칙』에서 노드그런과 숀설은 엔진의 크기를 키우는 게 창의성을 촉진할 수는 있어도 정작 성공의 비결은 따로 있다고 말한다. 바로 마찰력을 줄이는 것이다. 이 명쾌한 책은 창의적이면서도 영향력 있는 아이디어를 개발하고 싶은 사람들이 반드시 읽어야할 여행 가이드다.

엘리 핀켈Eli Finkel, 『괜찮은 결혼』 저자,
노스웨스턴대학교 교수

혁신은 종종 '최첨단이다' 혹은 '온갖 사양을 갖췄다'는 뜻으로 통한다. 그러나 이 책에서 숀설과 노드그런은 결국에 가면 혁신의 핵심은 사람들을 돕는 것이라고 주장한다. 저자들은 패러다임을 바꿔놓을 방법론을 통해 경영자나 기업가가 성공의 확률을 높일 수 있게 도와줄 것이다.

우리에게는 늘 혁신을 가로막는 것이 있다. 극히 인간적이면서도 감당하기 버거운 그것은 바로 변화에 대한 저항이다. 로런 노드그런과 데이비드 숀설이 수면 위로 끌어올린 통찰들은 새로운 아이디어를 실현시키고 공동의 미래를 만들어가기 위해 디자이너들이 관심을 갖고 주의를 집중해야 한다는 중요한 사실을 일깨워준다.

새로운 아이디어를 실현하는 것에 대한 획기적인 접근법이다. 프로젝트나 제품, 아이디어를 성공적으로 선보이고 싶은 사람이라면 반드시 읽어야 할, 매력적이고 통찰 가득한 책이다.

『인간 본성 불패의 법칙』은 사람들이 새로운 아이디어나 신제품을 받아들이지 못하게 막는 심리적 요인들을 드디어 만천하에 공개한다. 무언가를 실현하고 싶은 크리에이터 혹은 무언가를 창조하고 싶은 경영자라면 지금 바로 읽어야 할 책이다.

다니엘 H. 핑크Daniel H. Pink,

『언제 할 것인가』『드라이브』『파는 것이 인간이다』 저자

유유히 마찰력을 극복할 수 있는 능력은 혁신가가 가질 수 있는 가장 중요한 기술 중 하나다. 문제는 대부분의 사람이 그 방법을 모른다는 것이다! 『인간 본성 불패의 법칙』은 우리가 왜 다들 새로운 아이디어에 저항하게끔 되어 있는지 마침내 밝혀낸다. 그리고 최첨단 혁신까지도 열렬히 환영받을 수 있는 직관적인 툴과 방법론을 제공한다.

밥 메스타Bob Moesta, 작가, 교육자,

혁신과 마케팅에 관한 '할 일jobs-to-be-done' 이론의 창시자

노드그런과 숀설은 새로운 아이디어가 환영받을 수 있는 획기적이고 깊이 있는 접근법을 알려준다. 더 세게 설득하려고 하는 전통적 접근법을 따르지 말고 저항에 기름을 붓는 마찰력을 줄이는 데 초점을 맞추라고 한다. 눈이 번쩍 뜨이는 아이디어들이다. 매력적인 사례와 과학적 통찰을 우아하게 버무린 눈이 즐거운 책이다. 저술 자체가 『인간 본성 불패의 법칙』의 메시지 그대로다. 마찰력은 하나도 없고 동력으로만 꽉 찬 책이다.

애덤 갤린스키Adam Galinsky, 컬럼비아경영대학원 교수,

『관계를 깨뜨리지 않고 원하는 것을 얻는 기술』 공동 저자, TED 인기 강연가

마찰 이론은 사용자 행동을 이해할 수 있는 강력한 틀이다. 제품 디자이너라면 누구나 반드시 읽어야 할 책이다.

앤디 맥밀런Andy McMillan,
유저테스팅UserTesting 창업자 겸 CEO

혁신이 좀처럼 성공하지 못하는 이유는 흔히들 믿는 것과는 정반대로 내세우는 특장점이 너무 많기 때문이다. 이 책은 그런 관점을 완전히 내다버리고 고객이 당신의 문으로 들어서지 못하게 막는 장해물들을 해체하는 데 철저히 초점을 맞추라고 이야기한다. 그런 마찰력이 어디에서 오는지 새로운 방식으로 생각해 보고 싶다면, 그런 마찰력을 마주했을 때 어떻게 해야 하는지 알고 싶다면, 이 책을 읽어봐야 한다. 시장에서의 성공 가능성을 높이려면 혁신을 어떻게 설계하고 소개해야 하는지 귀중한 레시피를 알려줄 것이다.

크리스틴 무어먼Christine Mooreman, 듀크대학교 경영대학원 교수,
《마케팅 저널Journal of Marketing》 편집장

『인간 본성 불패의 법칙』은 혁신과 변화에서 공감 능력이 차지하는 중요한 역할을 강조한다. 당신이 바라는 영향력을 갖고 싶다면 공감 능력에 대해 떠드는 것만으로는 부족하다. 내면화시켜야 한다. 데이비드와 로런이 방법을 보여줄 것이다.

마엘 개베Maelle Gavet, 『유니콘에 짓밟히다Trampled by Unicorns』 저자,
테크스타즈TechStars CEO

에린과 앨리슨에게 이 책을 바칩니다.

차례

1

THE HUMAN ELEMENT

힘의 법칙을 알아야 성공한다

_추진력과 마찰력의 대결

발사된 총알은 초당 400미터로 비행을 시작한다. 총알이 이상적인 궤도(45도)를 그린다면 3킬로미터 넘게 날아갈 수도 있다. 하지만 총알은 힘만 센 것이 아니다. 정확하기까지 하다. 명사수가 쐈다면 총알은 거의 한 치의 오차도 없이 타깃을 정확히 맞힌다. 기술적으로만 보면 단순하기 그지없는 이 장치가 그토록 놀라운 힘과 정확성에 도달할 수 있는 이유는 무엇일까?

사람들 대부분은 그 답이 **'화약'**이라고 생각한다.

방아쇠를 당기면 공이[탄환의 뇌관을 쳐 폭발하게 하는 총의 한 부분]가 총알을 때리고, 그 안에 있는 화약에 불이 붙는다. 불타는 화약은 가스를 만들어내고 이 가스가 급속히 팽창하면서 총열[긴 원통 모양으로 총알이 나가는 방향을 잡아주는 총의 한 부분] 내부의 압력이 어마어마하게 높아진다. 이 가스가 밖으로 빠져나갈 방법은 총알을 총열 밖으로 밀어내는 길뿐이다.

총알이 날아가려면 화약이 필요하다. 그러나 화약만 가지고서는 그처럼 놀라운 사정거리와 속도, 정확성에 도달할 수 없다. 물체가 날기 시작하면 그게 총알이든, 비행기든, 투수가 던진 공이든 서로 맞서는 두 가지 힘이 작용한다. 하나는 물체를 앞으로 밀어주는 힘(화약, 제트 엔진, 투수의 팔)이고, 다른 하나는 물체가 앞으로 나가는 것을 방해하는 힘(중력, 바람의 저항)이다.

앞서의 질문으로 돌아가서, 총알이 날아가게끔 해주는 게 뭐냐고 물었을 때 '화약'이 틀린 답은 아니다. 하지만 한참 부족한 답인 것만은 분명하다. 화약은 총알이 그토록 어마어마한 힘을 품고 총구를 떠나는 이유는 된다. 그러나 오차 없이 정확하게 엄청난 사거리를 날아갈 수 있는 것은 총알이 주된 마찰력, 즉 저항력(항력)drag을 줄이는 데 최적화되어 있기 때문이다. 항력은 물체가 공기를 뚫고 지나갈 때 맞닥뜨리는 힘이다. 항력을 직접 경험해 보고 싶다면 고속도로를 달리는 차 안에서 창밖으로 손을 내밀어 보면 된다.

항력은 총알이 날아가는 데 가장 큰 장애물이다. 빠르게 움직이는 물체일수록 맞닥뜨리는 항력도 커지기 때문이다. 화약을 추가하면 총알이 발사될 때의 속도를 높일 수는 있다. 하지만 그렇게 속도가 빨라진 만큼 총알을 뒤로 밀어내는 항력도 커진다. 항력계수(유체 속을 움직이는 물체가 받는 저항력의 크기를 나타내는 상수)에 따라 총알의 등급을 매기는 것도 이 때문이다. 항력계수가 낮을수록 더 좋은 (그리고 더 비싼) 총알이다.

총알의 항력을 줄일 수 있는 방법은 두 가지다. 먼저 모양이 아주 중요하다. 끝이 뾰족한 유선형의 물체는 둥글거나 뭉툭한 물체보다 공기를 훨씬 더 잘 뚫고 지나간다. 그렇기 때문에 총알이나 비행기, 고속 열차 등의 '코'가 갈수록 뾰족해지는 것이다. 총알은 나선형의 회전을 통해서도 항력을 줄인다. 총열 속에는 홈이 있어서 총알을 회전시킨다. 미식축구에서 공을 던질 때처럼 총알이 회전하면 경로를 이탈시킬 수 있는 옆바람의 영향을 덜 받아 공기를 더 잘 뚫고 지나갈 수 있다.

총알이 그토록 잘 날아가는 이유는 화약이 추진력(추력)thrust을 주었기 때문이 아니다. 그것은 총알이 공기역학적으로 만들어져 있기 때문이다. **총알은 자신을 거스르는 마찰력을 줄일 수 있는 구조로 되어 있다.** 총알의 비유, 즉 무엇이 총알을 날게 하는가에 대한 사람들의 직관적 생각이야말로 이 책이 말하고자 하는 바를 멋지게 빗대어 보여준다. 아이디어가 제대로 비상飛上하려면 추진력이 필요하다는 게 우리의 직관적 생각이다. 틀린 말은 아니다. 그러나 공기역학은 고려하지 않고 오직 엔진이 품은 힘만을 생각하며 비행기를 만든다면 어떻게 될지 상상해 보라. **새로운 아이디어나 계획을 추진할 때 우리가 바로 그런 식이다.** 그러니 제대로 비상하는 아이디어가 드물 수밖에.[1]

당기기 법칙

사람들이 새로운 아이디어를 받아들이도록 설득하기 위해 여러분은 어떻게 하는가? 마케팅 전문가, 혁신가, 사회 운동가 혹은 변화를 만들어내는 일에 종사하는 사람들 대부분은 굳건한 가정

하나를 깔고 일한다. 이 가정은 일종의 세계관으로, 우리의 사고 과정에 너무나 깊이 배어 있어서 좀처럼 그 영향력을 눈치채거나 그 가치를 의심해 보는 일도 없다. 그 가정의 이름은 바로 '당기기 법칙The Law of Attraction'이다. 당기기 법칙은 '사람들이 새로운 아이디어를 환영하게 만드는 최선의 (그리고 아마도 유일한) 방법'이 아이디어 자체의 호소력을 높이는 것이라고 상정한다. 내가 어떤 것의 가치를 충분히 높이면 사람들은 당연히 좋다고 말해주리라고 우리는 본능적으로 믿는다. 무의식적으로 이렇게 생각하기 때문에 자꾸만 자신의 아이디어에 특장점을 추가하고, 혜택을 추가하고, 메시지에 효과음을 한껏 추가하면서 나락의 길로 빠져드는 것이다. '이렇게 하면 사람들이 우리와 같은 배를 타주겠지'라고 막연히 기대하면서 말이다. 하지만 우리가 흔히 사용하는 그런 전략들은 아이디어에 추진력을 제공하는 '동력'으로서 설계된 것들이다. 동력은 아이디어의 호소력을 높이고, 변화하고자 하는 욕망을 부추기는 역할을 한다.

아이디어를 설득하고 변화를 만들어내는 방법에 관해 사람들이 직관적으로 갖고 있는 생각이 잘못됐다는 게 우리의 주장이다. **혁신가들은 호소력을 높이려고 동력에 초점을 맞추다 보니 성공 공식의 나머지 절반을 소홀히 여긴다. 변화에 역행하는 힘인 '마찰력'을 소홀히 여기는 것이다. 마찰력은 변화를 저지하는**

심리적 요소이며 혁신에 대한 저항력을 만들어낸다. 종종 너무 쉽게 간과되고 말지만, 실제로 의미 있는 변화를 만들어내려면 이 마찰력을 극복해야 한다.

물론 혁신을 이루고자 할 때 동력 중심의 전통적 접근법도 반드시 필요하다. 호소력이 없는 아이디어는 살아남지 못한다. 그러나 동력만으로는 부족하다. 변화를 만들어내려면 변화를 거스르는 힘이 무엇인지부터 이해하고 있어야 한다. 보이지 않는다고 해서 거기 없는 게 아니다. 변화에 역행하는 힘은 그 자리에 그대로 남아 혁신을 향한 우리의 노력을 소리 없이 좀먹는다. 본능이 시키는 대로 동력을 추가해 그 힘들을 극복하려 한다면, 생각지도 않게 우리가 극복하려 했던 바로 그 마찰력이 도리어 강화될 것이다.

고객이 사라지는 미스터리

필자 데이비드는 어느 날 한 회사로부터 자문 요청을 받았다. 빠르게 성장 중인 스타트업이었던 이 회사('비치 하우스Beach House'라고 부르기로 하자)는 가구 판매 방식에 혁신을 일으키고 있었다. 비치 하우스가 제안하는 가치는 독보적이었다. 고객에게 세상에 단 하나뿐인, 완벽하게 맞춤화된 가구(주로 소파)를 다른 주문제작 회사보다 75퍼센트나 싼 가격에 만들어주었다.

비치 하우스는 성인이 되어 처음으로 자신만의 가구를 구매하는, 도시에 사는 젊은 밀레니얼 세대에게 상당한 호소력을 발휘했다. 특히 새 소파를 전적으로 개인 맞춤식으로 제작할 수 있다는 점이 그들의 마음을 끌었다. 단순히 소재를 선택하는 수준을 말하는 게 아니었다. 소파의 스타일, 사이즈, 재질, 심지어 다리 모양까지, 소파의 모든 면면을 고객이 직접 고를 수 있었다. 많은 고객이 이 사이트에 접속해 시간을 보내거나 매장에 있는 디자인 전문가들과 협업해 자신에게 딱 맞는 소파를 만들어내는 과정을 즐거워했다. 그런데 이 사람들이 '주문' 버튼을 누르기 직전에 뭔가 미스터리한 일이 일어났다. 사람들이 끝내 '주문' 버튼을 누르지 않은 것이다! 사람들은 구매를 완료하지 않고 그대로 사라져 버렸다.

비치 하우스는 그토록 많은 고객이 몇 시간씩 고민해서 만든 가구를 구매하지 않는 이유를 알고 싶었다. 논리적 가설을 몇 가지 세워보면 가격, 배송까지 걸리는 시간, 구매를 확정하기 전에 조금 더 알아보고 싶은 욕구 같은 것들 때문이라고 짐작해 볼 수 있었다. 모두 그럴싸한 설명이었으나 어느 것도 진짜 이유는 아니었다.

알고 보니 문제는 비치 하우스의 호소력과는 아무런 관련이 없었다. 사람들은 비치 하우스의 고객 맞춤 서비스와 질 높은 디자인, 낮은 가격을 아주 좋아했다. 즉 신규 구매에 동력을 공급하는 동기 요소는 충분했다. 그렇다면 '구매' 버튼을 누르는 사람이 그처럼 적은 이유는 무엇일까? **답은 고객을 가로막는 마찰력이었다. 고객은 구매를 원했으나 그걸 방해하는 요소가 있었다.**

새 소파를 구매하려는 비치 하우스 고객들의 길을 막아선 악당은 (두둥!) 지금 집에 떡하니 버티고 있는 기존의 소파였다! 고객들이 구매 과정을 더 이상 진행하지 못하게 길을 막아버린 마찰력은 기존의 소파를 어떻게 할지 결정하지 못한 '불확실성'이었다. 이걸 쓰레기차가 수거해 갈까? 안 싣고 가면 누가 가져가지? 내가 직접 이 소파를 집밖으로 끌어낼 수나 있을까? 못 끌어내면 누가 도와주지? 새 소파를 갖고 싶다고 해도 기존의 소파를 어떻게 할지 결정하기 전에는 절대 다수의 사람이 구매 작업을 완료하지 않았다.

데이비드가 고객과 인터뷰를 하면 할수록 같은 얘기가 계속 반복됐다. "남편이나 저나 비치 하우스에서 우리가 직접 디자인한 소파를 너무너무 마음에 들어 했어요. 하지만 사촌네가 우리 소파를 가져가겠다고 할 때까지는 구매를 완료할 수가 없었어요"라든가, "내가 디자인한 비치 하우스 소파가 정말 마음에 들지만 우리 동네의 '대형 폐기물 수집일'이 되기 전에는 구매를 완료할 수가 없었어요. 누가 기존 소파를 끌어내 주지 않으면 제가 내놓을 방법은 없었거든요. 집도 좁은데 소파를 두 개나 끼고 살 순 없잖아요."와 같은 말이었다.

여러분이 비치 하우스의 사장이라면 이 사실을 발견하고 어떻게 했을까? 소파에 다른 특장점을 추가해 봤자 문제는 해결되지 않는다. 가격을 낮추어도 마찬가지다. 이 문제를 해결하려면 거기에 도사리고 있는 마찰력을 제거해야 한다. 데이비드는 비치 하우스가 적극적으로 나서서 고객의 기존 가구를 수거하고 그걸 어려운 가정에 기부하는 방안을 추천했다. 마찰력을 줄이는 이 간단한 전략을 통해 비치 하우스는 전환율(conversion rate, 웹사이트를 방문한 고객이 '구매' 버튼을 누르는 것처럼 회사가 원하는 행동을 하는 비율 - 옮긴이)을 크게 높일 수 있었다.

4대 마찰력

이 책은 혁신과 변화에 역행하는 네 가지 마찰력을 탐구한다. 총알을 뒤로 물리는 저항력처럼 네 가지 마찰력은 당신이 세상에 도입하고 싶은 아이디어나 계획이 앞으로 나아가지 못하게 저지한다. 물체가 움직이기 시작할 때 발생하는 마찰력은 그 물체의 가치나 중요성과는 무관하다. 총알에 금박을 입히면 가치야 높아지겠지만, 발사될 때의 저항력이 줄어들지는 않는다. 혁신가들에게는 안된 일이지만 새로운 아이디어도 마찬가지다. **훌륭한 아이디어는 그렇지 않은 아이디어보다 저항을 덜 받을 거라고 믿고**

싶은 게 사람 마음이다. 하지만 이는 사실이 아니다! 아이디어가 훌륭하면 초기 추진력이 클 수는 있다. 그러나 아무리 가치 있는 아이디어라고 한들, 마찰력을 줄이는 것과는 무관하다. 누구도 반박하지 못할 만큼 훌륭했던 수많은 아이디어가 끝끝내 현실이 되지 못한 것은 바로 이 사실을 간과한 탓이 크다. 주목해야 할 네 가지 마찰력은 다음과 같다.

 1. 관성: 분명한 한계가 있는데도 내가 아는 것을 그대로 고수하려는 강력한 욕구. 관성은 사람들의 행동을 바꾸려고 할 때 왜 늘 복수의 선택지를 제시해야 하는지 그 이유를 설명해 준다. (그리고 적어도 스포츠에서만큼은 왜 미국인이 사회주의자이고 유럽인이 자본주의자인지도 설명해 준다.)

 2. 노력: 변화가 일어나기 위해서 필요한 (실질 및 체감) 에너지. 노력 또는 수고는 비치 하우스의 고객들이 왜 '구매' 버튼을 누르지 않았는지, 바닷가 게들이 왜 그렇게 음식을 가려 먹는지, 사업을 시작하기에는 왜 뉴질랜드가 최적의 국가인지 알려준다.

3. 정서: 우리가 만들어내려는 바로 그 변화 때문에 생기는, 의도치 않은 부정적 정서. 정서적 마찰력은 케이크 믹스가 인기를 끄는 데 왜 30년이라는 세월이 걸렸는지, 왜 데이팅 앱 중에서 틴더Tinder가 매치닷컴Match. com보다 뛰어난지, 왜 관리자들은 종종 최고의 직원을 하찮은 직무에 투입하는 전략적 의사결정을 내리는지 알려준다.

 4. 반발: 변화를 강요받는 것에 저항하려는 충동. 반발은 1980년대 미국인들이 왜 안전벨트를 착용하지 않으려고 전쟁을 벌였는지, 왜 강력한 증거가 있는 것이 종종 아무 증거가 없는 것보다도 '못한지', 제조업 공장에서 작업 방식을 하나 바꾸는 게 왜 그토록 어려운지 알려준다.

강력한 힘과 영향력을 가졌음에도 마찰력은 눈치채기가 쉽지 않고, 그래서 쉬이 간과된다. 화약이 만들어내는 총성은 모를 수가 없다. 그러나 바람의 저항이 가진 힘은 눈에 보이지 않는다. 마찰력이 까다로운 것은 바로 이 때문이다. 마찰력은 우리가 추진하려는 아이디어에 막강한 항력으로 작용하지만 발각되지 않고 지나가는 경우가 많다.

관성

해당 아이디어가 급진적 변화에
속하는가 아니면 현 상태를
살짝 손보는 것에 불과한가?

노력

해당 아이디어를 실행하는 게
얼마나 어려운가?

아이디어

정서

사람들이 해당 아이디어를
위협으로 느끼는가?

반발

듣는 사람이 변화해야 한다는
압박감을 느끼는가?

혁신의 성패를 좌우하는 4대 마찰력

다음과 같은 사고 실험이 있다고 한번 생각해 보자. "여러분은 병원에 있는 아이들에게 응원의 메시지를 보내는 비영리단체를 운영하고 있다. 여러분의 단체는 입원한 아이들에게 응원 편지, 즉 '히어로 카드hero card'를 써달라고 사람들을 독려한다. 현재 히어로 카드를 부탁받은 사람의 18퍼센트가 실제로 카드를 쓴다. 여러분은 이 비율을 높이고 싶다. 어떻게 해야 할까?"

사람들에게 이 질문을 했더니 두 가지 방안이 등장했다. 카드가 아이들에게 어떻게 도움이 되는지 설명하는 것과 히어로 카드 작성에 대가를 지급하는 방안이었다. 그래서 우리는 영향력을 행사하는 방법에 관해 사람들이 직관적으로 생각한 내용과 우리가 자체적으로 생각해 낸 아이디어 하나를 가지고 테스트를 진행했다. 한 그룹에는 히어로 카드가 얼마나 큰 의미인지 아이들에게 들은 이야기를 그대로 전달했다. 다른 그룹에는 카드를 하나 작성할 때마다 소액의 대가를 지불했다. 그리고 마지막 그룹에는 **힌트를 얻을 수 있는 예시 카드를 몇 가지 보여주어 카드 작성을 좀 더 쉽게 만들어주었다.**

앞의 두 가지 개입은 결과를 거의 바꾸지 못했다(심리적 자극은 오히려 역효과를 냈다). 그러나 예시 카드를 보여주었더니 응답률이 60퍼센트나 올랐다. 즉, 사람들에게 영향력을 행사하는 가장 효과적인 방법은 아무도 생각지 않았던 간단한 테크닉이었다.

예시를 보여주는 게 그처럼 큰 효과를 낸 이유는 뭘까? 아픈 아이들을 응원하는 게 중요하지 않다고 생각하는 사람이 있을까? 당연히 없다! 사람들이 저항한 것은 이게 가치 있는 일이라고 생각하지 않아서가 아니었다. 사람들이 카드 작성을 망설인 이유는 '뭐라고 써야 할지' 몰랐기 때문이다. 사람들은 다음과 같은 의문으로 고민했다. '적절한 내용이 뭘까? 어떤 말을 써야 할까? 발랄한 메시지를 써야 하나, 아니면 연민을 표현해야 하나?' 이런 불확실성이 마찰력이 되어 변화에 동력을 공급하게끔 설계된 여러 전술을 무력화시켰다. 하지만 예시 카드를 보여주자 마찰력이 제거됐고 사람들의 행동이 바뀌었다.

혁신의 해부

모든 새로운 아이디어는 기본적으로 네 가지 요소를 갖추고 있다. 그리고 각 요소에는 그에 해당하는 마찰력이 있다. 첫 번째 요소는 혁신이 가져올 '변화의 정도'다. 이 혁신이 현 상태에서의 큰 이탈을 의미하는가, 아니면 기존에 있던 것을 살짝 손보는 것에 불과한가? 이 질문의 답에 따라 해당 혁신이 만들어낼 관성의 정도가 달라진다. 급진적 아이디어는 거대한 관성의 역풍에 부딪힐 가능성이 크다. 왜냐하면 인간은 낯설거나 검증되지 않은 아이디어를 불신하고 거부하도록 타고났기 때문이다.

혁신의 두 번째 요소는 실천에 드는 비용과 관련된다. 새로운 아이디어를 추진하는 데 정신적·육체적으로 어느 정도의 노력이 요구되는가? 이 질문의 답은 혁신이 야기할 수고의 정도를 결정한다. 신제품을 사려고 할 때 구매를 완료하려면 몇 단계를 거쳐야 하는가? 구매가 완료됐을 때 해당 제품을 쓰려면 새로운 루틴이나 운영 시스템을 배워야 하는가? 조직 혁신의 경우 종종 실천에 상당한 노력이 요구되기도 한다. 직무 내용을 개편하거나 새로운 업무 스케줄을 만들어야 할 수도 있다. 실천이 요구하는 변화가 클수록 수고도 커진다.

혁신의 세 번째 요소는 의도하는 변화에 대한 듣는 사람의 반응과 관련된다. 변화를 제안받은 상대방은 어느 정도의 위협을 느끼는가? 이 질문의 답이 혁신이 만들어낼 정서적 마찰력의 정도를 결정한다. 히어로 카드 사례에서 사람들은 잘못된 메시지를 작성할까 봐 '두려워'했다. 이 불안 때문에 사람들은 진심으로 바라는 일, 즉 어려운 아이들을 돕는 일을 하지 못했다.

혁신의 네 번째 요소는 변화를 만들어내는 일에 혁신가가 어떻게 접근하는가와 관련된다. 당신은 사람들이 해당 아이디어에 대해 정말로 관심이 생기게끔 환경을 조성하는가, 아니면 상대로 하여금 변화해야 한다는 압박감을 느끼게 하는가? 변화하라는 압박은 반발을 만들어낸다. 압박이 클수록 사람들이 당신의 아이디어를 거부할 것은 불 보듯 뻔한 일이다.

이 책을 읽어야 할 사람들

이 책은 **세상에 무언가 새로운 것을 소개하고 싶은 모든 사람을 위한 책이다.** 그 새로운 것이란 신제품, 신규 서비스, 새로운 전략, 새로운 사회 운동, 새로운 행동일 수도 있고 심지어 아직 형체조차 완성되지 않은, 이제 막 꿈틀대는 콘셉트일 수도 있다. 그게 무엇이든 새로운 것은 예외 없이 사람들에게 새것을 수용하기 위한 변화를 요구할 것이다. 그런 점에서 혁신과 변화는 똑같은 공식의 양변이다. 하나가 없이는 나머지 하나도 성공할 수 없다.

인간은 습관의 동물이다. 우리는 변화할 수 있는 능력을 갖고 있지만 쉽게 변하지는 않는다. **아이디어가 세상에 녹아들 방법을 설계하지 않은 채로 새로운 아이디어를 제시하는 것은 만들다가 만 혁신과 같다.** 혁신에 관한 책들은 흔히 아이디어 자체에 초점을 맞춘다. 아이디어의 성패를 가름할 특장점이나 혜택 같은 것 말이다. 이 책은 혁신의 나머지 한 측면에 대해 이야기한다. 바로 혁신의 성공에 깊이 관여하는 인간적 요소에 관한 것이다. 이 책은 새로운 아이디어를 가로막고 있는 저항을 탐구한다. 그리고 그 저항은 우리가 도움을 주고 싶은 바로 그 사람들에게서 나오는 경우가 많다.

윤리적 문제

사람들을 변화시키고자 할 때는 윤리적 문제를 진지하게 고려해야 한다. 윤리적으로 문제없이 영향력을 행사하는 것과 사람들을 내 뜻대로 조종하는 것 사이의 '선'은 어디인가? 먼저, 저자들은 윤리학자가 아니라는 점을 언급해야겠다. 우리는 그 누구를 위해서도 경계선을 대신 그어줄 수 있다고는 생각하지 않는다. 다만 이 책에서 제안한 방법론과 도구를 사용할 때 우리가 염두에 두는 기준 두 가지를 공유하려고 한다. 여러분은 우리와 똑같이 이 기준을 채택할 수도 있고, 더 엄격한 기준을 적용할 수도 있으며, 아무 기준도 채택하지 않을 수도 있다. 그건 여러분에게 달렸다. 우리가 일을 할 때 염두에 두는 두 가지 기준은 다음과 같다.

1. 해당 전략이 정직한가 아니면 기만적인가?

우리는 사람들이 제대로 된 정보를 제공받은 상태에서 의사결정을 내려야 하며 착각을 일으켜서는 안 된다고 생각한다. 안타깝게도 사람들이 변화를 수용하게 만들려고 사용하는 전술의 다수가 기본적으로 착각을 유도한다. 텔레마케터의 전화를 받았을 때 마케터의 이름이 여러분과 같은 경우가 많다는 것을 혹시 눈치챈 적이 있는가? 텔레마케터나 사기꾼들이 점점 더 많이 쓰고 있는 수법 중에 하나다. 이 수법을 쓰는 이유는 효과가 있기 때문이다. 4장에서 보겠지만 이는 '자기 유사성 원칙' 때문이다. **사람들은 본능적으로 자기와 비슷한 것을 좋아한다.** 그래서 전화를 건 사람이 나와 이름이 같을 경우 전화를 끊지 않을 가능성이 높다. 하지만 이는 기만적인 행위이며 따라서 우리의 기준을 충족하지 못한다.

그러나 혁신을 받아들이게 하기 위해 자기 유사성 원칙을 사용하는 것이 본질적으로 비윤리적인 일은 아니라는 사실에 주목하기 바란다. 만약에 해당 텔레마케터가 조사를 좀 더 해서 두 사람 사이에 공통의 관심사가 있다는 사실을 발견했다고 치자. 예컨대 두 사람이 같은 취미를 가졌다고 말이다. 만약에 어느 텔레마케터가 '진짜' 공감대를 전략적으로 꺼내 들었다면 그 경우에는 우리의 윤리적 기준을 충족한다.

2. 의도가 무엇인가?

우리가 고려하는 또 하나의 기준은 상대를 도우려는 의도인가 아니면 해치려는 의도인가 하는 점이다. 만약에 혁신이 '타인의 희생을 대가로' 개인적 이득을 취하려는 목적에서 나온 것이라면 우리는 그 혁신이 비윤리적이라고 생각한다. 사기꾼들은 사악한 의도를 갖고 있다. 사기꾼들은 남에게 큰 희생을 치르게 하면서 혼자서 부자가 되려고 한다. 우리가 이 책에서 다루는 사례들은 **더 나은 방법을 알고 있기 때문에 세상에 그런 발전적 방향을**

소개하려는 사람들의 이야기다. 그중에는 원칙적으로 이타주의에 끌린 혁신가도 있고, 이윤이 주된 동기인 혁신가도 있다. 두 경우 모두 우리의 윤리적 원칙을 만족한다. 우리가 안 된다고 보는 경우는 그 이윤을 추구하는 과정에서 타인을 해치거나 타인에게 불이익을 줄 때. 복잡하고 주관적인 기준이긴 하지만, 부정확한 윤리적 지침이라고 해도 아무런 지침이 없는 것보다는 낫다고 생각한다.

아이디어가 세상에 녹아들 방법을
설계하지 않은 채로
새로운 아이디어를 제시하는 것은
만들다가 만 혁신과 같다.

2

THE HUMAN ELEMENT

동력 중심의
사고방식을 탈피하라

_세상을 지배하는 추진력의 한계

자동차 세일즈맨은 보통 한 달에 10대 정도의 차를 판다. 업계 평균이 그렇다. 꿈이 큰 세일즈맨은 '월 20대 클럽'에 들어가기를 열망한다. 한 달에 30대를 파는 세일즈맨은 전국 어느 자동차 대리점을 찾아가도 취업이 된다.

그리고 알리 리다Ali Reda가 있다.

알리 리다는 단순히 세계 최고의 자동차 세일즈맨이 아니다. 그는 혼자서 어지간한 대리점 하나보다 더 많은 차를 판다. 2017년에 리다는 44년간 깨지지 않던 기록을 깨고 미시간주 디어본Dearborn에 있는 레스 스탠퍼드 쉐보레 앤드 캐딜락Les Stanford Chevrolet and Cadillac에서 한 해 동안 1582대의 차를 팔았다(미국 자동차 대리점의 연간 평균 판매대수가 1000대를 조금 넘는 수준이다). 자그마치 1582대. 이 말은 곧 알리 리다가 월평균 132대 혹은 일평균 4.5대의 차를 팔았다는 뜻이다. 그리고 2017년에 무슨 요행이 있었던 것도 아니다. 알리 리다는 매달, 매년 이런 수치를 기록하고 있다.[1]

아니, 대체 어떻게 이런 실적이 가능할까? 어떻게 하면 한 사람이 평균보다 12배나 뛰어날 수 있을까? 알리 리다의 세일즈 접근법을 전형적인 자동차 세일즈맨과 비교해 보면 차이가 눈에 들어오기 시작한다.

자동차 대리점에 가면

　여러분이 지금 으리으리한 자동차 전시장에 와있다고 상상해 보자. 즉시 한 세일즈맨이 환한 미소를 띠며 나타나 힘차게 악수를 건네며 물을 것이다. "어떻게 오셨습니까?" 여러분은 자동차 리스 계약의 만료일이 다가온다며 브랜드를 바꿔볼까 생각 중이라고 말한다. 지금 타고 있는 차의 문제점을 몇 가지 언급하고 다음번 자동차의 사양으로 생각해 둔 것들을 읊어준다. 딜러는 열정적으로 고개를 끄덕이고 "아, 저런"이라는 말을 남발하며 여러분의 요구사항을 받아 적는다.

　그런데 대화를 나누다 보니 점점 이런 의문이 들기 시작한다. '이 사람이 정말로 내 말을 듣고 있는 건가? 아니면 준비해 놓은 대사를 읊으려고 그저 내 말이 끝나기만을 기다리고 있는 건가?' 그리고 상대의 입에서 나오는 첫마디는 여러분의 그런 의혹을 사실로 확인시킨다.

　"딱 맞춰서 오셨네요! 지금 끝내주는 특판 상품이 나왔거든요. 이율이 어떻게 이렇게 낮을 수 있나 믿기지가 않으실 거예요. 여기 이걸로 시운전을 한번 해보시면 어떨까요!"
　(맞다. 물음표는 일부러 뺐다.)

세일즈맨이 여러분에게 시운전을 시켜보고 싶어서 안달이 난 바로 그 SUV의 운전석에 앉는 순간 여러분은 깨닫는다. 앞으로 45분에서 60분간 여러분은 결코 '운전석'에 앉은 게 아니라는 사실 말이다. 이제 여러분은 이 신형 자동차가 갖추고 있는 온갖 사양과 혜택을 포함해 정신없이 몰아칠 장황한 연설을 들어야 한다. 어쩌다가 받는 질문들은 그저 세일즈를 밀어붙이기 위한 하나의 장치로 보인다. "보조의자는 옵션인데 선택하실 건가요? 여기 이 스피커의 베이스음을 들으면 자녀분들이 어떻게 생각할까요?"

겨우겨우 대리점에서 놓여나면 그때부터는 자동 발신 문자 메시지와 이메일이 끝도 없이 도착할 것이다. "지난번에 시운전해 보신 SUV에 아직 관심이 있으신가요?"라면서 지난번에 여러분이 방문한 이후 기적적으로 가능해진 새로운 프로모션과 할인 가격을 알려줄 것이다. 애당초 가고 싶지도 않았던 여행지를 다녀와서 생긴 괴로운 기념품이랄까.

위 이야기는 자동차 구매 경험을 다소 극적으로 묘사한 것일 수도 있다. 하지만 이 이야기가 아주 익숙하게 들린다는 사실은 여기에 그만한 진실이 담겨 있고 또 아주 흔히 볼 수 있는 모습이라는 뜻이다. 그리고 머릿속에서 바로 이런 시나리오가 그려지기 때문에 우리는 자동차 대리점에 발을 들이기 전에 한 번 더 생각하게 된다.

동력 중심의 사고방식

대부분의 동물은 암컷이 수컷을 선택한다. 일반적으로 번식은 수컷보다는 암컷에게 더 큰 투자이다 보니 암컷은 신중할 수밖에 없다. 물론 암컷은 최고의 짝을 찾고 싶다. 자손에게 최고의 생존 기회를 부여할 가장 적합하고 강한 수컷을 찾고 싶다. 그리고 수 컷들은 자신이 최고임을 증명하기 위해 믿기지 않을 만큼 엄청난 노력을 한다. 가슴을 부풀리고, 화려한 뿔을 보여주고, 힘차게 짝짓기 노래를 부르고, 깃털을 과시한다. 이런 신호는 모두 이 근방에서는 내가 최고의 선택이라는 사실을 암컷에게 설득하기 위한 것이다.

자동차를 고르는 과정도 비슷하다. 차를 사기로 결심한 사람은 나에게 최적인 자동차를 찾아 나선다. 어떤 차를 바라는지는 사람마다 다르지만, 구매자라면 누구나 나에게 이상적인 선택을 찾고 있다. 앞서 보았던 대리점 경험의 면면은 모두 그들이 제안하는 자동차가 우리의 니즈에 가장 적합하다고 설득하기 위해 고안된 것이다. 시운전을 하며 세일즈맨이 보여주는 온갖 사양과 혜택은 모두 구애 의식의 일부다. 여러분이 그들의 차를 선택하게끔 유혹해 줄지도 모를, 금덩이 같은 정보의 조각들을 모두 다 알려주기에는 시간이 많지 않다. 딜러들은 그중 '어느' 금덩이가 결정적 역할을 할지 모르기 때문에 금광 전체를 알려주려고 한다.

'혹시' 또 모르니까 말이다.

　미국인들은 자동차를 정말 좋아하지만 자동차를 구매하는 과정은 혐오한다. 기본적으로 자동차 딜러들을 불신하기 때문이다. 큰돈이 드는 물건을 구매할 때 어느 정도는 다 그런 면이 있다고 쳐도 자동차 구매만큼 딜러와 구매자를 서로 대치시키는 경우는 없을 것이다. 대리점에 들어설 때 이미 구매자는 딜러가 요사스러운 말로 나를 꾀어서 나에게 불리한 계약을 체결하려 한다고 가정하고 있다. 대리점에 들어가서 딜러가 추천하는 업그레이드나 성능 패키지, 서비스 옵션이라면 뭐든지 다 선택하겠다고 말할 사람은 없다. 그랬다가는 결국 바가지를 쓰게 될 거라고 확신하기 때문이다.

　설상가상으로 우리는 불확실성에 둘러싸인 채 의사결정을 내려야 한다. 자동차 대리점들은 한 번의 의사결정으로 차를 구매할 수 없는 구조를 만들어놓았다. 구매자는 중요한 선택을 차례로 내려야 한다. 일단 모델을 선택해야 한다. 기본 모델은 2000cc 4기통 엔진에 300마력의 출력이다. 하지만 7000달러를 추가하면 성능을 한 단계 올려서 350마력을 내는 2500cc 엔진을 장착할 수 있다. 그다음에는 업그레이드와 사양을 선택해야 한다. 자녀가 있으니까 딜러는 '운전자 보조' 시스템을 추천하고, 열선 시트가 있는 '겨울 패키지'도 추천한다. 그 많은 옵션을 다 결정하고 나면 결제방식과 보증기간을 선택해야 한다. 리스로 할 것인가, 구매로 할 것인가? 딜러는 정기 점검일마다 200달러를 절약할 수 있는 선납 서비스 프로그램을 추천한다.

문제는 이것이다. 딜러가 내놓는 옵션마다 모두 다 하겠다고 해버리면 결국은 나에게 필요하지도 않은 기능이 잔뜩 들어간 자동차를 웃돈을 주고 사게 될 것이다. 하지만 일괄적으로 모든 옵션과 제안을 거절해 버리면 몇 가지는 후회할 가능성이 크다. 우리는 그 옵션들 중에서 몇 가지는 나에게 필요하고 몇 가지는 그렇지 않다고 믿고 있지만, 이 둘을 구분할 수가 없다. 자동차 구매자가 정말로 바라는 것은 믿을 수 있는 누군가가 이 기나긴 과정을 안내해 주는 것이다. 구매자는 앞으로 직면할 수십 가지의 중요한 의사결정에 대한 '치트키cheat key'를 원한다.

자동차를 살 때 사람들이 느끼는 불신은 중요한 '정서적 마찰력'이다. 보통의 자동차 딜러들은 이 마찰력을 단순히 방치만 하는 게 아니라, 집요한 세일즈 전술을 펼치는 특유의 문화를 통해 마찰력을 악화시킨다. 이런 배경을 알아야만 알리 리다가 그처럼 남다른 실적을 올리는 비결을 이해할 수 있다. **알리 리다는 '동력'에 초점을 맞추지 않는다.** 알리 리다는 자동차를 살 때 작용하는 정서적 마찰력을 줄인다. 먼저, 알리 리다는 자신을 '세일즈맨'이라고 생각하지 않는다. 그의 말을 들어보자.

"저는 고객의 자문입니다. 고객이 무엇을 원하든, 저는 그걸 진정으로 도와주기 위해 존재하는 사람입니다. 저의 유일한 관심사는 무엇이 고객에게 최선인가 하는 점입니다. 그렇기 때문에 때로는 경쟁사의 자동차가 더 적합하니 길 아래 매장을 한번 둘러보시라고 조언하기도 합니다. 또 어떤 때는 더 좋은 할부 이율을 받을 수 있게 혹은 어느 모델의 가격이 하락할 때까지 두어 달 기다리라고 말하기도 합니다. 어떤 때는 아예 차를 사지 말라고 할 때도 있습니다. **제가 '세일즈'를 시작하는 순간 저는 고객을 잃게 됩니다."**

제대로 들은 게 맞다. 미국 역사상 최고의 세일즈맨은 자신이 세일즈 비즈니스에 종사한다고 생각하지 않는다. 그는 신뢰 관계를 구축하는 비즈니스에 종사한다. 뿌리박힌 불신이 지배하는 업계에서 신뢰를 쌓기란 쉬운 일이 아니다. 여기에는 희생과 확신이 필요하다. 그렇기 때문에 알리 리다는 장기전을 펼친다. 그는 이렇게 말한다.

"어떤 때는 고객 한 명에게 차를 파는 데 7년 혹은 8년이 걸릴 수도 있습니다. 저는 고객이 정말로 준비가 될 때까지 기꺼이 기다립니다. 대부분의 딜러는 빨리 팔아야 한다는 데 정신이 팔려 있죠. 내 차를 사기 전에는 매장을 나가지 못하게 해요. 저는 인내에 초점을 맞춥니다. '오늘은 내가 당신에게 차를 못 팔 수도 있지만, 언젠가는 당신이 돌아 올 것을 알고 있다. 당신이 다시 나를 찾았을 때는 나에게서 차를 살 준비가 되어 있을 것이다. 그때는 나도 얼마든지 기꺼운 마음으로 '세일즈'를 하겠다."

자동차 구매 과정에서 불신을 제거하면 고객 충성도가 매우 높아진다. 알리 리다가 어지간한 대리점보다 많은 차를 팔 수 있는 것은 그가 남들보다 12배 더 말을 잘하기 때문이 아니다. 그가 자동차 세일즈 분야에서 경이로운 기록을 모조리 보유하고 있는 이유도 대단한 카리스마를 타고났기 때문이 아니다. 알리 리다가 그런 실적을 올리는 이유는 그와 한 번 거래한 사람은 다시는 다른 사람과 거래하지 않으려고 하기 때문이다. 그리고 자신의 지인에게도 알리 리다를 추천한다. 매일 사람들이 알리에게서 차를 '사고 싶어서' 대리점으로 걸어 들어오는 이유는 아는 사람이 꼭 알리부터 먼저 찾아가 보라고 강권했기 때문이다.

자동차 딜러의 이야기는 우리 모두의 이야기다. 우리는 아이디어의 호소력을 높이는 것만이 새로운 아이디어를 남에게 설득하는 '유일한' 방법이라고 믿는다. 내가 어떤 것의 가치를 충분히 높이면 사람들은 당연히 '예스Yes'라고 말할 거라고 본능적으로 믿고 있다. 혹시라도 사람들이 '노No'라고 말하면 화력火力이 부족했던 거라고 생각한다. 이 믿음은 우리의 사고 과정에 너무나 깊이 배어 있어서 우리는 이를 재고해 보는 일조차 거의 없다. 혁신에 대해 다른 식으로 접근하는 것은 상상조차 하기 힘들다. 동력 중심의 이런 사고방식이 설명해 주는 일들은 너무나 많다. 새로 출시할 소프트웨어에 셀 수도 없을 만큼 많은 자잘한 기능을 추가하고, 면도기에 여섯 번째 날을 추가하는 것도 같은 이유에서다. **듣는 사람이 내 아이디어에 반응하지 않으면, 우리는 본능적으로 가슴을 부풀리고 깃털을 자랑한다.**

한 가지 분명히 짚고 넘어가자. 새로운 아이디어가 성공하는 데 동력은 반드시 필요하다. 동력이 없이는 변화해야 할 동기가 없다. 하지만 근사한 아이디어와 잘 만든 메시지는 '판돈'에 불과하다. 이 책에서는 여러분, 그러니까 혁신가들이 이 부분은 이미 충분히 확보했다고 가정하겠다. 훌륭한 아이디어가 있고, 최선의 노력을 다했는데도 사람들(투자자, 고객, 파트너, 동료 등등)이 왜 '노'라고 말하는지 여러분은 도통 알 수가 없다.

동력의 중요성은 대충 언급만 하고 마찰력으로 바로 넘어갈 수도 있지만, 동력이 왜 효과가 있고 어떤 식으로 작용하며 거기에 내재된 한계는 무엇인지 제대로 아는 것도 중요하다. 이번 장에서는 동력의 한계와 함께 그런 한계가 있는데도 왜 동력 중심의 사고방식이 아직도 혁신에 대한 당연한 접근법처럼 여겨지는지 살펴보자.

동력은 아이디어를 움직이게 한다

잠시 고등학교 물리 시간으로 되돌아가 보자. 뉴턴의 제1법칙을 기억할 것이다. '멈추어 있는 물체는 계속 멈춰 있다.' 어느 물체가 아무리 공기역학적으로 생겼다 한들, 이 물체를 움직이게 하려면 여전히 외부의 힘이 필요하다.

물질계에서 물체를 움직이는 힘에는 추진력, 중력 같은 것들이 있다. 이런 힘은 물체를 앞으로 나가게 하거나 가속이 붙게 만든다. 총알도 외부의 힘이 있어야 제 갈 길을 갈 수 있고, 아이디어도 정해진 길을 가려면 외부의 힘이 필요하다.

동력은 아이디어를 더 매력적이고 설득력 있게 만드는 힘이다. **아이디어 자체의 특징과 이점에서부터 이를 세상과 소통하는 방법에 이르기까지의 모든 것이 동력이다.** 동력의 역할은 우리가 타깃으로 삼는 사람들이 '새로운 아이디어'의 긍정적 속성과 이점을 낱낱이 알게 하는 것이다. 동력의 필요성은 워낙에 잘 알려져 있어서 이를 중심으로 한 산업들(광고, 홍보, 제품 디자인 등등)이 생겨났을 정도다. '동력'이라고 하면 우리는 본능적으로 무언가 긍정적이거나 발전적인 것을 생각하는 경향이 있다. 해당 아이디어의 이점을 부각시키고 삶에 어떤 가치를 더해줄지 상상할 수 있게 도와주는 힘이라고 생각한다. 그러나 동력에도 두 가지 유형이 있다. 둘은 동전의 양면처럼 작용한다.

진행 동력

진행 동력은 아이디어를 더 매력적이고 설득력 있게 만드는 힘이다. 진행 동력을 만들어내는 다수의 전술은 당연하게도 전통적인 마케팅 수단에서 많이 볼 수 있다.

1. 제품Product: 아이디어 자체의 온갖 특징과 이점

2. 장소Place: 해당 아이디어를 마주칠 수 있는 장소 또는 환경

(회의실, 자동차 전시장, 온라인, 책 등등)

3. 가격Price: 인센티브, 할인 제공 및 기간 한정 등

4. 프로모션Promotion: 새로운 아이디어에 대한 인지도 생성

(광고, 비공식 대화 등)

위는 마케팅계의 저명한 구루(이면서 켈로그경영전문대학원 동료이기도 한) 필립 코틀러Philip Kotler가 대중화시킨 마케팅의 고전적 '4P'다.[2] 4P가 대중화된 이후 이를 바탕으로 여러 사람이 목록을 확장시켰다(이니셜도 모두 맞췄다!). 이제 P목록에는 다음과 같은 것들도 포함된다.

5. 패키징Packaging: 제품이 전달되고 전시되는 형태('언박싱 unboxing' 영상을 한 번이라도 봤다면 이게 지금 한창 유행임을 알 것이다.)

6. 포지셔닝 Positioning**:** 다른 선택지들과의 차별화 포인트

7. 사람 People**:** 해당 아이디어가 연상시키는 사람(대변인, 아이디어의 창안자, 공개적으로 그 대의를 지지하는 인물 등)

위 내용을 읽으면서 여러분은 아마 고개를 끄덕이며 '7P'가 혁신의 가치와 호소력을 증폭시킬 수 있는 현명한 접근법이라고 생각했을 것이다. 자동차 세일즈의 경우 딜러의 대부분은 진행 동력을 극대화시키는 게 본인의 역할이라고 생각한다. 고객은 조만간 '이 차'가 자신에게 딱 맞는 차임을 깨달을 거라고 말이다.

회피 동력

동력은 호소력을 높이는 전술이기 때문에 '동력' 하면 제안 내용을 돋보이게 만드는 긍정적 요소를 연상하는 경향이 있다. 그러나 동력이 늘 긍정적으로 작용하는 것은 아니다. **동력은 행동하지 않았을 때의 리스크나 비용을 강조하는 식으로 동기를 부여할 수도 있다.** 즉 '회피 동력'은 뭐든 잘될 것 같고 신나는 기분을 유도하는 게 아니라 우려, 의구심, 불안 같은 감정을 촉발한다.

온라인으로 호텔을 예약했던 기억을 떠올려보라. 호텔 웹사이트의 특가 상품에 아마도 '매진 임박'이라는 문구가 붙어 있었

을 것이다. 여러분은 할인 기회를 놓칠까 봐 초조한 마음을 이기지 못하고 방을 예약했을지도 모른다. 경영학에서는 이런 현상을 '손실 회피loss aversion'라고 부른다. 손실 회피는 제품 호감도에 아주 큰 영향을 미칠 수도 있다(이런 식의 자극이 종종 역효과를 내는 이유에 관해서는 9장에서 설명한다).

앞서 설명한 진행 동력의 7P처럼 회피 동력도 그 예가 수없이 많지만, 기억하기 쉽게 따로 이름이 붙은 것은 없다. 회피 동력의 예를 몇 가지 들면 아래와 같다.

- **두려움:** 행동하지 않거나 잘못된 선택을 했을 때의 결과에 대한 걱정이나 우려
- **손실:** 기존에 가진(혹은 자격이 있는) 것을 빼앗겼을 때 느끼는 고통
- **리스크:** 새로운 것을 시도하면 알 수 없는 결과가 따른다는 사실을 아는 것
- **후회:** 잘못된 의사결정을 내렸을 때 어떤 기분이 들지에 대한 예상
- **조바심:** '즉각적' 변화에 대한 욕망

회피 동력은 미래에 초점을 맞추는 경향이 있다. 지금 내리는 의사결정을 '미래의 나'가 어떻게 느낄지 예상하는 것과 관련된다. 회피 동력은 '올바른 선택'을 내리고 싶은 욕망이 아니라 '잘못된

선택'을 내리는 것에 대한 두려움을 이용한다. 우리는 남들에게서든 자기 자신에게서든 "거봐, 내가 뭐랬어?"라는 소리를 듣고 싶어 하지 않는다. 그래서 **회피 동력은 아이디어의 호소력을 높이기보다는 도발을 통한 행동 유발을 목표로 삼는다.**

혁신이 자리를 잡으려면 동력이 반드시 필요할 수도 있다. 하지만 동력은 몇 가지 결정적인 한계 때문에 변화를 만들어내는 능력에 제약을 받는다. **동력 중심의 사고방식을 탈피하려면 이 한계들을 제대로 이해하는 게 첫 단계다.** 남은 2장에서는 동력이 가진 네 가지 한계가 무엇인지, 그리고 그런 한계가 있는데 왜 아직까지도 변화를 만들어낼 때 동력이 당연한 전술처럼 되어 있는지 알아보자.

나쁜 소식은 좋은 소식보다 강하다

의사가 묻는다. "좋은 소식과 나쁜 소식이 있습니다. 어느 것부터 들으시겠습니까?" 여러분이라면 뭐라고 답하겠는가? 응답자 대부분(최근 연구에 따르면 78퍼센트)은 나쁜 소식부터 듣는다.[3] 왜냐하면 인간의 마음속에서는 나쁜 것이 좋은 것보다 강력하기 때문이다. 업무평가를 받아본 적이 있다면 무슨 말인지 알 것이다. 부정적인 말 한마디는 그 앞에 나왔던 모든 긍정적 얘기를 일거

에 지워버린다. 이런 현상을 심리학자들은 '부정 편향negativity bias'
이라고 부른다. 긍정적 경험보다는 부정적 경험이 우리 삶에 더
큰 영향을 미친다는 이 안타까운 진리는 수천 건의 사회학 실험
을 통해 확인되고 또 확인됐다. 몇 가지 증거를 보자.

먼저 결혼이다. 부부가 결혼생활에 성공하려면 긍정적 대화와
부정적 대화의 비율이 얼마나 되어야 할까? 이 비율이 1 대 1이라
고 한다면, 부정적 대화와 긍정적 대화의 횟수가 똑같아야 행복
할 수 있다는 뜻이 된다. 즉 부정적인 언급을 한 번 할 때마다 적
어도 한 번은 칭찬을 해야 한다. 결혼생활에 관한 연구에 따르면
실제로 이 비율은 5 대 1에 가깝다고 한다. 즉 부정적인 순간(작은
다툼이나 무시)이 한 번 생기면 적어도 다섯 번은 긍정적인 순간이
있어야 사랑하는 사람의 마음을 되찾을 수 있다. 남녀 관계에서
부정적 경험은 같은 정도의 긍정적 경험보다 5배는 더 강력하다.[4]

이는 직장에서도 마찬가지다. 최근 독이 되는 직원 한 명이 팀
전체에 미치는 영향을 조사한 연구가 있었다. 연구진은 나쁜 영
향을 끼치는 직원을 세 유형으로 나눠서 조사했다. '뺀질이(나태하
거나 자기 몫을 다하지 않는 사람)' '우울이(비관적 생각이나 짜증, 기타
부정적 정서를 자주 표현하는 사람)' '얼간이(타인에 대한 기본적 존중
이 없는 사람)'가 그들이었다. 연구진이 발견한 바에 따르면 세 유
형 중 어느 하나에 속하는 사람이 단 한 명만 있어도 팀의 실적은
40퍼센트까지 추락했다. 팀 내에 스타 직원이 여럿 있어도 단 한

명의 독버섯 같은 직원이 끼치는 부정적 영향을 극복하기에는 역부족이었다. 직장에서는 '썩은 사과 하나가 수레 전체를 망친다'는 말이 사실이었다.[5]

부정적 요소는 우리의 정서적 삶도 지배한다. 1970년대에 폴 에크먼Paul Ekman이라는 심리학자가 찾아낸 바에 따르면 모든 인간 문화가 보편적으로 겪는 여섯 가지 기본 정서가 있다. 행복, 슬픔, 혐오, 두려움, 놀람, 분노가 그것이다. 눈치챘는가? 기본 정서 중에 긍정적 정서는 단 하나(행복)뿐이다. 기록된 그 어느 언어를 살펴보아도 부정적 정서를 묘사하는 방법이 훨씬 더 많다.

부정적 정서는 심리적 타격도 더 크다. 심리학자들이 일상의 좋고 나쁜 사건(상사에게 칭찬을 듣거나, 날씨가 나쁘거나, 차가 막히는 것 등등)이 사람들에게 미치는 영향을 연구했다. 당연히 좋은 사건은 사람들의 기분에 긍정적인 영향을 미치고 부정적 사건은 사람들을 우울하게 만들었다. 그러나 해당 경험이 지속되는 기간은 극단적으로 달랐다. 긍정적 사건은 순식간에 지나갔다. 부정적 사건은 오래도록 남았다. 한 연구를 보면 오늘 하루 기분이 좋았던 것은 다음 날 아무런 뚜렷한 영향을 미치지 못했다. 즉 월요일에 기분이 좋았다고 해서 화요일로 이어지지는 않았다. 그러나 부정적 사건은 지속적 영향을 끼쳤다. 월요일에 기분이 나빴으면 화요일도 우울할 것으로 예측됐다. 이런 패턴은 너무나 확고해서 인간 행동의 '법칙'으로 간주됐다. 특히 '쾌락 불균형의 법칙law of hedonic asymmetry'에 따르면 "기쁨은 상황이 바뀌면 늘 변할 수 있고 만족 상태가 지속되면 사라져 버리지만, 고통은 기피하고 싶은 상황이 사라지지 않는 한 계속 이어진다."[6]

나쁜 일에 더 크게 좌우되는 우리의 편향은 거의 모든 것에 영향을 미친다. 우리는 부정적 사건을 긍정적 사건보다 더 강렬하게 기억한다. 부정적 정보를 긍정적 정보보다 더 빠르게 처리한다. 많은 사람이 모여 있어도 성난 얼굴은 금방 눈에 띄며, 미소 띤 얼굴을 찾는 게 훨씬 더 오래 걸린다. 이는 뇌에서 표정 인식을 담당하는 편도체가 위험을 처리하는 데 훨씬 더 많은 뉴런을 할당하고 있기 때문이다. 위협이 될 수 있는 이미지는 1000분의 1초 만에 우리에게 '투쟁 도피 반응(위험을 감지한 순간 본능적으로 싸우거나 도망치기 위해 나타나는 몸의 생리적 반응 - 옮긴이)'을 촉발할 수 있지만, 긍정적 사건이 만들어내는 반응은 훨씬 느리다. 뱀을 발견하고 풀쩍 뛰어오를 때는 제일 좋아하는 간식을 향해 달려들 때보다 훨씬 더 빨리 움직일 수 있다.

인간의 마음이 이렇게 구성되어 있는 이유는 그 편이 진화에 유리했기 때문이다. 제일 좋아하는 음식을 한번 상상해 보라. 그 위로 바퀴벌레가 기어갔다면, 아주 잠깐 스쳐 갔다고 해도 그래도 먹겠는가? 샐러드에서 머리카락을 발견했거나 국에서 파리가 나왔다면 어떨까? 그것을 먹지 못할 음식으로 간주할 사람이 많을 것이다. 이때 동물적 본능을 지닌 우리의 뇌는 '안 돼'라고 지시한다. 왜냐하면 우리를 죽이는 많은 것들(바이러스, 곰팡이, 박테리아 등등)이 닿는 즉시 음식이 오염되기 때문이다. 부정적 사건의 영향력은 확산된다. 반대의 경우는 그렇지 않다. 벌레 한 그릇을 맛있어 보이게 만들 수 있는 긍정적 요소에는 뭐가 있을까? 그런 것은 존재하지 않는다. 왜냐하면 나쁜 요소는 닿는 즉시 전파되지만 좋은 요소는 그렇지 않기 때문이다.

사람들이 새로운 아이디어를 받아들이는 것을 주저할 때 크게 보면 두 가지 설명이 가능하다. 아이디어의 호소력이 부족하거나(동력 부족), 마찰력이 진전을 막고 있는 것이다. **부정 편향이 시사하는 바는 분명하다. '마찰력에 주목하라.'** 바로 이런 사고방식의 전환을 잘 볼 수 있는 예가 로버트 서튼Robert Sutton의 놀라운 저서 『또라이 제로 조직』이다. 이 책은 수많은 기업을 감염시킨 한 가지 문제를 공략한다. '직장 내 사기 저하'라는 문제다. 업무에 관심 없는 직원에 대한 전통적 대응은 (많이 들어봤을 것이다) '혜택을 추가'하는 것이다. 긍정적 요소를 확 늘려서 나쁜 요소가 묻히기를 막연히 바란다. 그러나 서튼은 나쁜 사람이나 나쁜 행동에 대해 무관용 원칙을 과감히 적용하라고 제안한다. 부정 편향을 고려하면 여러 가지 혜택이나 특전으로는 독이 되는 문화를 극복하기 힘들다는 사실을 알 수 있기 때문이다.

혁신도 마찬가지다. 남에게 아이디어를 설득할 때 우리는 아이디어가 지닌 좋은 요소에 초점을 맞춘다. 은연중에 우리는 이렇게 자문한다. "어떻게 해야 저들이 '예스'라고 말하도록 '부추길' 수 있을까?" 그래놓고 내 메시지가 무시되거나 대놓고 거절당하면 특전을 늘리는 식으로 대응한다. 동력도 물론 중요하다. 하지만 인간의 '마음'에서 동력은 첫 번째 우선순위가 아니다.

동력은 비싸다

물론 동력은 아이디어에 '강력한' 추진력을 달아줄 수 있다. 하지만 잊지 말아야 할 것이 있다. '동력은 비싸다.' 두 가지 속성 때문에 그렇다. **하나는 동력이 순간적이라는 것이고, 다른 하나는 동력의 영향력이 들이붓는 땔감의 양에 비례한다는 것이다.** 동력의 가장 흔한 형태인 '돈'을 예로 들어보자. 돈은 사람을 움직인다. 혁신가들은 종종 사람들을 변화시키기 위해 돈을 쓴다. 물건을 대폭 할인된 가격에 사기 위해 몇 시간씩 줄을 서서 기다리는 블랙 프라이데이Black Friday는 돈의 영향력을 잘 보여준다. 그러나 돈의 영향력에는 대가가 따른다. 경제 발전 프로그램을 예로 들어보자. 미국의 도시나 주州는 기업을 유치하기 위해 금전적 인센티브를 자주 제시한다. 2017년에 아마존이 제2본부를 짓겠다고 발표했을 때다. 아마존은 그들의 본부를 유치하고 싶은 지방정부는 세제 혜택이나 기타 인센티브 안을 제출해 달라고 했다. 200

개가 넘는 도시가 이 경쟁에 참여했고, 그중 다수가 수십억 달러어치의 인센티브를 제안했다. 그 전에 위스콘신주는 대만의 전자 제조업체 폭스콘Foxconn에 40억 달러 이상을 건네기도 했다. 비슷한 시기에 네바다주는 테슬라 측에 배터리 공장을 지으라고 10억 달러가 넘는 돈을 주었다.

미국의 거의 모든 도시와 주가 기업을 유치하려고 이런 방법을 쓴다. 하지만 이런 조치의 경제적 효과를 조사한 연구 결과를 보면 거의 모두가 동일한 결론을 가리킨다. '이런 프로그램을 통해 누리는 경제적 혜택보다 들어가는 비용이 훨씬 크다.' 이는 세금을 아주 약간 깎아주는 정도로는 기업들이 쉽사리 새로운 둥지로 이동하지 않는 탓도 있다. 변화를 만들어내려면 대대적인 혜택과 감세가 필요한데 그런 제안이 본전을 뽑기란 쉽지 않다.

기업들과 마찬가지로 직원들도 돈에 반응한다. 하지만 기업의 경우와 마찬가지로 직원들에게서도 눈에 보이는 변화를 이끌어내려면 돈이 많이 든다. 최근 한 연구에서 간단한 질문을 하나 해보았다. '기본급이 얼마나 오르면 실적을 개선할 것인가?' 평균적인 직원에게는 8퍼센트 정도였다. 그 이하의 돈은 아무런 역할도 못 했다. 이 말은 곧 연봉이 15만 달러인 사람에게 약간의 실적 향상을 보려면 '적어도' 1만 2000달러의 보너스를 약속해야 한다는 뜻이다. 이런 연구 결과들을 토대로 행동경제학자 유리 그니지Uri Gneezy는 다음과 같이 결론 내렸다. 인센티브의 경우 '주려면

많이 주든지, 아니면 아예 주지 마라.'**⁷**

동력이 만들어내는 추진력은 순식간에 사라지는 경향이 있어 비용이 더 많이 든다. 10대들이 감옥에 가는 것을 막아보겠다는 훌륭한 취지로 만들어진 〈스케어드 스트레이트Scared Straight〉 프로그램을 한번 보자. 이 TV 프로그램은 1970년대 뉴저지주에서 시작되어 지금은 미국과 캐나다 전역으로 확산됐다. 아이디어는 간단하다. '비행 청소년에게 일일 교도소 체험을 시켜 그 생활의 실상을 똑똑히 보게 하자.' 겁을 주어서 행동을 바로잡으려는 의도로 수감자들이 떼 지어 10대 청소년을 둘러싸고 몰아세우는 순간이 이 프로그램의 클라이맥스다.

그런데 이게 효과가 있을까? 있기도 하고, 없기도 하다. 이 프로그램은 10대 아이들에게 겁을 주는 데 성공할까? 물론이다! 10대들은 공포에 질렸다. 수감자들과 정면으로 맞닥뜨린 10대들은 덜덜 떨면서 울음을 터뜨렸다. 그런데 이 경험이 아이들이 결국 감옥에 갈 확률을 줄여줄까? 안타깝지만 아니다. 알고 보니 이 프로그램은 범죄를 줄이는 데 전혀 효과가 없었다. 이 프로그램에 참여한 것이 수감 가능성을 줄여주는지 알아보기 위해 잘 설계된 실험을 통해 여러 번 테스트를 진행했지만 결과는 동일했다. '겁에 질려서 똑바로 행동하는 것'은 아이들이 감옥에 가는 것을 막아주지 못했다. 실은 그보다 못한 결과를 낳았다. 많은 연구에 따르면 이들 프로그램은 10대들이 범죄를 저지를 확률을 평균 13퍼

센트나 '높이는' 것으로 밝혀졌다.[8]

　이런 프로그램은 왜 효과가 없는 걸까? 두려움이 강력한 형태의 동력이 아니라서가 아니다. 두려움은 강력한 형태의 동력이 맞다. 아이들도 직접 그렇게 말했다. 교도소 체험이 끝난 날 밤 아이들은 달라질 준비가 되어 있었다. 깨달음을 얻었다. 문제는 그게 지속되지 않는다는 점이다. 다른 모든 동기와 마찬가지로 두려움은 순간적으로 작용하고 빠르게 사라진다. 두렵다는 감정은 오래 머물지 않는다. 동력은 일시적 동조를 만들어낸다. 한 번으로 끝나는 대화라면 이것도 괜찮을지 모른다. 하지만 장기적 결과를 얻고 싶다면 동력을 계속 공급해 줘야 한다.

동력은 자명하다

　동력의 또 다른 한계는 수많은 훌륭한 아이디어의 가치가 너무도 자명하다는 점이다. 아이디어의 가치가 겉으로 드러나 있기 때문에 누구나 그 가치를 볼 수 있다. 군 입대를 예로 들어보자. 군복무는 심리적으로 강력한, 분명한 이점을 상당히 많이 가지고 있다. 군대는 흥미진진하다. 세상을 구경하고, 새로운 문화를 체험하고, 대담한 미션을 수행할 수 있는 기회다. 군대는 '전우애'를 심어준다. 사람들은 군 입대를 두고 '가족이 된다'고 표현한다. 군 입대란 평생 지속될 공동체의 회원이 되는 일이다. 사람들은 단순히 공동체의 일원이 되기를 바라는 게 아니다. 사람들은 공동체에서 '존경'받기를 바란다. 군대는 그걸 즉시 제공한다. 우리는 군인들을 인정하고 존경한다. 군대는 또한 '목적'을 준다. 사람들은 내 삶이 더 큰 무언가에 기여한다고 여기고 싶어 한다. 애국심은 바로 그걸 제공한다. 그리고 마지막으로 '금전적으로도' 군대는 큰 인센티브를 준다. 많은 사람이 군복무를 바탕으로 대학에 진학하거나 더 높은 곳으로 진출한다.

군 생활이 제공하는 이 많은 혜택 중에서 혹시 여러분이 몰랐던 것이 있는가? 없을 것이다. 군 입대의 가치는 비밀이 아니다. 문화적 배경 덕분에 누구나 자연스럽게 군 입대에 따르는 여러 가지 혜택과 기회를 인지한다.

미 육군은 신병 모집의 동력으로 TV 광고에 크게 의존한다. 이들 광고는 강렬한 이미지를 활용해 군대가 가진 모든 가치를 생생히 전달한다. 한 광고는 첫 장면에서 어느 병사가 특수부대원들과 함께 위험한 임무에 나서는 모습을 보여준다(흥미와 전우애). 집으로 돌아온 병사는 고향에서 영광스러운 퍼레이드를 연다(존경과 애국심). 마지막 장면에서는 전역한 병사가 군대에서 배운 전문 능력을 활용해 고소득의 커리어를 이어간다.

이 메시지를 거부하는 아이들은 두 부류다. '나는 아냐' 쪽과 '그렇긴 한데' 쪽이다. '나는 아냐' 쪽의 아이들은 모험과 존경 등군이 제공하는 모든 혜택을 경험하고 싶어 한다. 그런 것들은 보편적 니즈이기 때문이다. 다만 그 니즈를 만족시키고 싶은 방법이 군 생활이 아닐 뿐이다. 어쩌면 이들에게는 군대 문화 자체가 맞지 않을 수도 있다. 또는 군대가 아니라 부모에게 의지해서 대학 등록금을 대거나 사회적 지위를 얻을 수 있다. 아무리 많은 양의 메시지를 쏟아부어도 '나는 아냐' 쪽의 아이들은 움직이지 않는다.

이들을 빼고 나면 '그렇긴 한데' 쪽이 남는다. 이 아이들은 군대가 제공하는 모든 것에 매력을 느낀다. 다만 선뜻 입대를 하기에는 무언가 마음에 걸리는 게 있다. 군이 목표로 해야 하는 주요 타깃은 바로 이들이다. 군은 용기를 북돋는 TV 광고를 내보내면서 이 아이들이 심리적 저항선 하나를 넘을 수 있게 광고가 등을 떠밀어 주기를 바란다. 그런데 알고 보면 입대를 '꿈꾸는' 수많은 아이들이 결코 그 선을 넘지 못한다. 강력한 정서적 마찰력에 발목이 잡혀 있기 때문이다. 군인이 되기를 꿈꾸는 수많은 아이들이 입대하지 않는 이유는 바로, '엄마에게 말하기 두려워서'다. 아이들은 어떻게 말을 꺼내야 할지 모른다. 자녀가 전쟁에 나간다는 생각에 엄마가 노발대발할 것을 걱정한다. 수많은 긍정적 가치가 입대라는 아이디어에 동력을 제공하는데도, 많은 아이들이 이 정서적 장애물을 도저히 넘지 못한다. 그러니 이 TV 광고들은 '그렇긴 한데' 쪽의 아이들에게 얼마나 비효과적인가. 아이들이 정말로 고민하는 문제는 해결해 주지 못한 채 이미 알고 있는 것

들만 옳고 있으니 말이다.[9]

훌륭한 아이디어의 대부분은 이점이 명백하다. 그런데도 우리는 메시지가 받아들여지지 않으면 본능적으로 아이디어의 이점을 강조하거나 거래에 양념을 쳐줄 만한 지엽적 방안들을 모색한다. 그런 접근법은 사람들이 내 아이디어의 이점을 모를 때는 가능한 방법이지만 보통은 이미 알고 있다.

동력은 더 큰 마찰력을 불러온다

물질계에서 물체에 힘을 가하면 똑같은 크기의 반대 효과가 생긴다. 즉 마찰력이 증가한다. 아이디어도 마찬가지다. **의도치 않았겠지만 동력을 공급하면 아이디어에 대한 저항이 증폭된다.** 다음의 두 사례를 보자.

우리 수업을 듣는 학생 중에 환경과 관련된 대형 비영리단체에서 일하는 친구가 있었다. 당시 이 단체는 대담한 포부를 가지고 새로운 CEO를 막 영입한 상태였다. 기존 직원들(다수가 이 단체에서 평생을 일해왔다)은 노련한 사람들이었으나, CEO는 다수의 직원이 이미 안일해져 있을까 봐 두려웠다. 새 CEO는 직원들이 '밤낮으로 조직의 미션을 생각'해 주기를 바랐으나 직원들에게서는 그런 헌신이 눈에 보이지 않았다. 그래서 CEO는 직원들의 몰입도를 높이기 위해 '20·20 챌린지'라는 과감한 운동을 만들었다.

이 운동의 목표는 2020년까지 2000만 달러를 모금하는 것이었다. 굉장히 큰 목표였다. 그때까지 실적이 가장 좋았던 2017년에도 모금액은 1700만 달러를 겨우 넘겼고, 그나마도 대부분 평생 한 번 있을까 말까 한 기부금 덕분이었다. 2019년 모금액은 1400만 달러였으니 2020년에 2000만 달러를 모금하자는 것은 정말로 원대한 목표였다. CEO는 기념행사를 개최하며 힘차게 캠페인을 시작했다. 그는 연설에서 자신이 이 단체의 미션에 얼마나 몰입하고 있는지 역설했다. 그리고 직원들을 무대 위로 불러 성공 사례를 공유하고, 박수갈채를 받게 하고, 포상을 주었다. 은퇴한 어느 농부는 감동적인 연설을 선보이며 이 단체의 도움이 없었다면 동네가 회복 불가능한 지경으로 훼손됐을 거라고 했다. 그리고 마지막 식순으로 커다란 목표가 공개됐다. CEO는 직원들에게 이듬해에는 2000만 달러의 벽을 넘자고 주문했다. 그의 마지막 대사는 다음과 같았다고 한다. "이토록 놀라운 사람들과 함께 일할 수 있는 것은 저에게 큰 축복입니다. 이 일을 위해 여러분은 그동안 정말로 많은 일을 해주셨습니다. 하지만 저는 우리가 더 잘할 수 있다고 생각합니다. 오늘밤 다들 우리가 하는 일이 얼마나 중요한지 보았습니다. 말 그대로 생명이 달린 문제입니다. 그래서 저는 여러분 모두가 20·20 챌린지에 온 몸과 마음을 바쳐주실 것을 부탁드립니다. 내년에는 2000만 달러를 모금합시다.

저는 여러분이 할 수 있다고 믿습니다. 여러분이 할 수 있다는 걸 압니다." 그해 이 단체의 모금액은 1200만 달러에 그쳤다. 직전 해보다 200만 달러가 줄어든 금액이었다. 그리고 가장 높은 이직률을 기록했다.

20·20 챌린지의 의도는 직원들에게 동력을 추가로 공급해 새로운 모금 기록을 세우는 것이었다. 그러나 이 운동은 오히려 강력한 정서적 마찰력을 만들어냈다. 사실 역효과를 냈음은 짐작하고도 남는다. 직원들이 해당 목표가 비현실적이라고 여겼기 때문이다. 직원들은 이미 최선을 다하고 있었다. 그런데도 똑같은 자원을 가지고 더 많은 일을 해내라는 요구를 받았다. CEO는 "여러분을 믿습니다"라고 말했지만, 직원들이 들은 말은 '난 당신들이 충분히 열심히 하지 않는다고 생각해'였다. 기념행사장을 나서는 **직원들은 의욕이 샘솟은 게 아니라 모욕을 받은 느낌이었다.**

비슷한 사례가 또 있다. 임신 중에 잘 먹는 것은 산모와 아기의 평생 건강을 위해 매우 중요하다. 하지만 대부분의 임신부는 본인에게 필요한 것을 섭취하지 못한다. 상당수의 임신부가 칼슘과 철분뿐만 아니라 비타민 A나 D, E와 같은 필수 영양소의 결핍을 겪고 있다. 그리고 대다수가 불필요한 것들을 너무 많이 섭취한다. 임신부의 70퍼센트 이상이 나트륨이 지나치게 들어간 음식을 먹고 있다.

올바른 영양 섭취가 중요하다는 사실을 임신부들이 모르는 것은 아니다. 임신부들은 잊을 만하면 같은 얘기를 반복해서 듣는다. 영양 보충제도 한 가지 해결책이지만, 문제를 완벽히 해결하지는 못한다. 보충제는 건강하지 못한 음식을 지나치게 섭취하는 문제는 해결하지 못하면서 영양 과잉 상태로 만들 수 있기 때문이다. 진정한 해결책은 영양이 풍부한 음식을 먹는 것이다.

이 문제가 가장 크게 대두되는 계층은 저소득층이다. 건강하지 않은 음식은 값싸고 접하기 쉽다. 균형 잡힌 식단을 구성하려면 돈이 들 뿐만 아니라 가정에서의 계획과 준비가 필요하다. 큰 지원을 받지 못한 채 투잡two job, 스리잡three job을 뛰는 사람들에게는 쉬운 일이 아니다.

로런은 임신부들의 건강한 영양 섭취를 촉진하기 위한 파일럿 프로젝트에 참여한 적이 있다. 임신부들이 건강검진을 할 때마다 잘 먹는 것의 중요성을 알려주는 팸플릿을 주는 일이었다. 거기에는 과일과 채소가 풍부한 식단을 즐기고, 먹기에는 간편해도 건강하지 않은 음식이나 패스트푸드는 피하라고 적혀 있었다.

파일럿 프로젝트는 완전히 실패했다. 임신부들은 이전보다 조금도 더 건강하게 먹지 않았을 뿐만 아니라, 오히려 건강한 식단의 중요성에 대한 반감까지 생겨버렸다. 메시지를 접한 임신부들은 이제 채소가 풍부한 식단이 '덜' 중요하다고 생각했다. 실망스러운 결과 때문에 프로젝트는 급히 중단됐다.

임신 기간 동안 건강하게 먹어야 한다는 사실은 누구나 받아들여야 할, 부정할 수 없는 훌륭한 생각이다. 그런데도 이 메시지가 역효과를 일으킨 이유는 건강하게 먹기를 방해하는 강력한 요소가 많았기 때문이다. 사과 5개를 사려면 10달러가 들고, 도넛 12개를 사려면 1.99달러가 든다는 사실부터 한번 생각해 보자. 그리고 해당 팸플릿을 받은 임신부 대부분은 동네에 제대로 갖춰진 슈퍼마켓 자체가 없는 '식품 사막'에 살고 있었다.

여러분이 저소득층 임신부라고 생각해 보라. 여러분에게 아기의 건강보다 더 중요한 일은 없다(자명하다). 그러나 경제적·사회적 장해물 때문에 쉽지가 않다. 의사는 건강한 음식을 먹으라고 하지만 그게 실질적으로 정확히 무슨 도움이 될까? 오히려 마음속 긴장감만 높아져서 그 긴장감을 해소하고 싶어질 것이다. 많은 임신부에게 **그 긴장감을 줄이는 유일한 방법은 메시지 자체를 거부하는 것이다.** 건강한 식단이 실제로는 별로 중요하지 않다고 생각해 버린다. 무엇보다 동네의 많은 아이가 건강에 좋지 않은 음식을 먹으며 자라지만 아무 문제가 없지 않은가. 20·20 챌린지와 바른 영양 섭취 캠페인은 어느 아이디어에 동력을 공급하는 게 오히려 의도치 않은 방식으로 저항을 낳을 수 있음을 잘 보여준다.

위 사례들을 보면 마찰력을 고려하지 않았을 경우 또 하나의 중대한 결과가 생기는 것을 알 수 있다. 마찰력을 고려하지 않으면 아이디어만 실패하는 게 아니라 혁신가까지 타격을 받는다. CEO는 그의 비전에 크게 투자했고 본인의 명성을 걸었으나 결국 실패했다. 이 경험을 통해 CEO는 과연 무엇을 배웠을까? 많은 사람의 경우 주변 사람에 대한 믿음을 상실하는 법을 배운다. '여기서 뭔가를 이루는 것은 원천적으로 불가능해'라는 식의 사고방식을 배운다. 마찰력은 보통 잘 보이지 않는 곳에 숨어 있다. 저항력을 제대로 이해하지 못하면 결국 내 아이디어를 좀먹는 사악한 힘을 탓하는 대신, 내 아이디어를 거절한 사람들이나 제도를 탓하게 된다.

동력 중심의 사고를 하는 이유

그렇다면 우리는 왜 기본적으로 동력 중심의 사고를 할까? 이 질문에 답하려면 결과가 나쁘게 나왔을 때 인간의 마음이 그걸 해석하는 방법을 이해해야 한다. 예를 들어 여러분이 어느 회사에 이력서를 보냈는데 아무 회신이 없다고 치자. 저들은 왜 답이 없을까? 혹은 회사에서 늘 (비공식적으로) 내 자리였던 주차 공간에 다른 동료가 차를 대기 시작했다고 치자. 그 사람은 왜 그럴까? 안 좋은 일이 일어나면 그걸 설명할 수 있는 방법은 많다. 그 회사가 내 이력서를 대단치 않게 생각했을 수도 있고 그 직책이 이미 충원됐을 수도 있다. 동료가 내 자리를 뺏고 있는 것은 나를 싫어해서일 수도 있고 그게 '내 자리'인지 몰라서일 수도 있다. 안 좋은 일을 설명하기 위해 우리가 동원하는 이유에 따라 그 일을 해석하는 방식이 달라진다. 삶에서는, 법률에서처럼, 의도가 중요하다.

인간은 행동을 '내적 요인'의 결과로 여기는 재미난 습성이 있다. 상황적 요인의 역할은 최소화시킨다. 우리는 사람의 행동이 주로 동기와 의도가 작용한 결과라고 생각한다. 예를 들어 미국의 대학생 중 총선에 투표를 하는 사람은 절반이 되지 않는다. 이처럼 비율이 낮은 이유가 뭘까? '무관심해서(내적 요인)'라고 우리는 본능적으로 생각한다. 심리학자들은 정신의 이런 습관을 '근본 귀인歸因 오류'라고 부르는데, 이는 마음이 가지고 있는 거의 깨뜨릴 수 없는 습관이다.

동력은 우리의 이런 귀인 성향을 완벽히 보여준다. 동력은 동기와 의도를 부추기게끔 설계되어 있다. 사람들이 왜 당신의 제품이나 제안을 구매하지 않을까? '내 제품이나 제안이 흥미롭지 못한 게 틀림없어'라고 흔히 상상한다. 마음속에서 그렇게 생각한다면, 사람들의 행동을 바꿀 방법은 우리 제품이나 제안을 더 흥미롭게 만드는 것뿐이다. 그리고 그 일을 해주는 게 바로 동력의 역할이다.

안 좋은 일을 의도의 결과로 연결 짓는 습관은 우리의 DNA에 뿌리 깊이 박혀 있다. 한 예로 초창기 여러 문명은 날씨가 신의 기분을 고스란히 구현한 것이라고 믿었다. 신이 만족스러우면 작물에 유리한 날씨가 펼쳐지고, 신이 화가 나면 가뭄이나 홍수 같은 심술로 벌을 준다고 믿었다. 실제로 '기후climate'라는 단어 자체가 그리스어로 '기분'을 뜻하는 'klima'라는 단어에서 유래했다.

이들 문화에서는 신을 달래기 위한 정성스러운 여러 가지 의식이 발달했다. 아마도 가장 널리 알려진 것은 기우제를 지낼 때 추는 춤일 것이다. 고대 중국에서는 가뭄이 들면 주술사들이 정성스러운 의식을 행했다. 활활 타오르는 불을 둥글게 피워놓고 그 안에서 몇 시간이고 춤을 추었다. 춤을 추느라 뚝뚝 떨어지는 땀방울을 보면 신께서도 비를 내릴 거라고 생각했다.

이런 의식에서 우리는 오늘날과 크게 다르지 않은 인과관계식 사고를 본다. 비가 왜 오지 않는 거야? 신이 만족스럽지 않기 때문이지. 신에게 비를 내리라고 어떻게 설득하지? 신을 달래야지. 신이 비를 내리지 않은 것은 그냥 다른 일을 하느라 바빠서일 수도 있다는 생각은 미처 해보지도 않는 것이다.

마찰력은 발견하기가 어렵다

우리가 동력 중심의 사고를 하는 이유는 또 있다. **동력은 쉽게 눈에 보이고, 마찰력은 표면 아래에 숨어 있기 때문이다.** 여러분이 무언가를 하는 더 좋은 방법을 발견해서 남들에게도 기존의 방법을 바꾸라고 설득하고 싶다고 치자. 여러분은 사실을 있는 그대로, 즉 이 아이디어가 당신한테도 도움이 된다고 설명할 것이다. 만약 사실을 보여주는 것만으로 충분치 않다면 동기 부여 방법을 사용할 수도 있다. 정서에 호소하거나 금전적 인센티브를 만들어서 사람들이 변화를 받아들이게끔 유도할 수도 있다. 이런 것들은 언제 어느 때나 시도해 볼 수 있는 일반 원칙이다. 그 어떤 맥락도, 배경도 필요 없다. 아이들에게 군에 입대하라고 어떻게 설득할까? 호소력 있는 부분을 강조하고 금전적 인센티브를 제공하라. 어떻게 해야 임신부가 식단을 개선할까? 개선하면 뭐가 좋은지 설명하라.

마찰력은 다르다. 마찰력에는 '발견'이라는 단계가 필요하다. 도입부에서 보았던 비치 하우스 사례로 돌아가 보자. 만약 이 사례의 핵심 대목(구경꾼을 구매자로 탈바꿈시킨 비결)이 '고객 추천에 대가를 지급하라'였다면 어땠을지 한번 상상해 보라. 결말이 아주 허탈했을 것이다. 허탈한 이유는? 너무나 뻔한 해결책이기 때문이다. 그 정도는 누구라도 생각할 수 있다. 정작 사람들의 발목을 잡고 있는 마찰력은 그보다 훨씬 더 파악하기가 어렵다.

마찰력을 파악하기가 쉽지 않은 이유는 '공감 능력'이 필요하기 때문이다. 마찰력을 파악하려면 듣는 이의 입장을 이해하고 그들의 관점에서 세상을 볼 수 있어야 한다. 변화를 설득하고 싶을 때 아이디어 자체에 집착하는 것은 자연스러운 일이다. 그러나 마찰력을 이해하려면 관심의 초점을 '내 아이디어'에서 '듣는 사람'으로 옮겨야 한다.

이렇게 초점을 옮겼다고 해도 필요한 통찰을 찾아내는 게 항상 쉬운 일만은 아니다. 마찰력은 종종 이중 베일에 싸여 있다. 벗겨내야 할 베일이 하나 더 있기 때문이다. 사람들은 종종 자신이 망설이는 이유를 잘 털어놓지 못한다. 고객에게 "뭐가 걱정이세요?"라고 대놓고 물으면 뭔가 답을 할 수도 있다. 하지만 그게 그들을 막고 서 있는 '진짜' 걱정거리는 아닐 가능성이 크다.

이는 사람들이 때로는 자신이 그렇게 느끼는 진짜 이유를 모르는 탓도 있다. 또 제대로 알 때조차 그것을 언어로 분명히 표현하지 못할 수도 있다. 사람들은 여러모로 자기 자신을 잘 모른다. 이 부분을 이해하려면 감정과 정서를 구분해야 한다. 감정은 무언가를 느낀 경험이고, 정서는 어떻게 느낄지를 결정짓는 복잡한 인지적 엔진이다.

사람들은 내 감정은 안다. 예컨대 내가 언제 행복하고 슬픈지 안다. 하지만 그 이유를 정확히 설명하는 데는 애를 먹는다. 최근 수업에서 이 점을 간단히 시연한 적이 있었다. 우리는 학생들을 두 그룹으로 나누고 어느 제품 아이디어에 관한 피드백을 달라고 했다. 쉬운 조건의 그룹에는 피드백을 적을 문서를 학생들에게 직접 나눠주었다. '아주 약간' 더 어려운 조건의 그룹은 링크를 클릭해야 해당 문서에 접근할 수 있었다. 겨우 몇 초밖에 걸리지 않는 작업이었다. 이 조건은 학생들의 행동에 엄청난 영향을 미쳤다(그 이유는 5장에서 보게 될 것이다). 쉬운 조건에서는 70퍼센트의 학생이 피드백을 주었지만, 링크를 클릭해야 하는 아주 약간 더 어려운 조건에서는 겨우 40퍼센트의 학생만이 피드백을 주었다.

그런 다음 우리는 학생들에게 왜 우리의 요청에 응하거나 응하지 않았는지 이유를 좀 설명해 달라고 편안한 상태에서 물어보았다. 학생들이 제시한 주된 이유는 무엇이었을까? 바로 과제에 대한 관심도였다. 쉬운 그룹의 학생들은 과제가 살짝 더 어려웠던 그룹의 학생들보다 과제를 더 재미있게 생각하는 경향이 있었다. 하지만 과제는 동일했다. 재미와 피드백 사이에는 사실 아무런 관련도 없었다. 과제가 살짝 더 어려웠던 그룹의 학생들은 과제가 내키지 않는다는 '감정'은 느꼈다. 즉 피드백을 주고 싶지 않다는 것은 스스로 알고 있었다. 하지만 그게 어디서 비롯된 것인지는 알지 못했다.

마찰력을 발견하려면 노력과 인내가 필요하다. 사람들이 '무엇'을 하는지도 알아야 하고, 시간을 갖고 그 '이유'도 이해해야 한다. 마찰력을 감지하려면 마케팅 전문가라기보다는 오히려 인류학자에 가까운 사람이 되어야 한다. (하지만 이런 일을 하는 부서를 가진 조직은 거의 없다.)

동력이 아닌 마찰력으로

"그냥 새를 하나 그려!" IFC 채널의 코미디 시리즈 〈포틀랜디아Portlandia〉의 팬이라면 이 유명한 대사를 알 것이다. 이 대사가 나왔던 에피소드에서 두 주인공은 평범한 물건을 자신의 가게에서 더 잘 팔리게 만들 방법을 찾는다. 그들이 내린 결론은 어떤 물건이든 그 위에다가 스텐실로 간단히 새 모양의 그림을 그려 넣는 것이었다. 그러자 평범한 물건이 즉시 최신 유행의 예술 작품이 됐다.

이 풍자극은 우리가 가지고 있는 동력 중심의 사고방식과 그것의 단점을 멋지게 묘사하고 있다. 우리는 저항력을 줄일 생각은 하지 않고 화약을 추가하는 데만 관심을 쏟는다. 동력이 가진 한계는 혁신에 대한 새로운 접근법을 요구한다. 그 새로운 사고방식을 지금부터 알아보자.

동력이 만들어내는 추진력은
순식간에 사라지는 경향이 있어
비용이 더 많이 든다.

제1마찰력 관성

_아는 것만 고집한다

화제의 미국 드라마 〈브레이킹 배드Breaking Bad〉는 잊지 못할 두 주인공을 중심으로 펼쳐진다. 고등학교 화학 교사로 자신의 재능을 메스암페타민(마약류 물질) 제조에 쓰고 있는 월터 화이트와 한때는 그의 제자였으나 지금은 그를 대신해 길거리 마약상 일을 하는 제시 핑크먼이 그들이다. 월터는 낡아빠진 RV 차량에서 메스암페타민을 제조한다. 두 사람이 처음 이 일을 시작했을 때는 RV가 합리적인 선택이었다. 하지만 둘의 사업이 상상 외의 이윤을 벌어들이며 국제적 네트워크로까지 변모하자 제시는 왜 자신들이 아직도 똑같은 RV를 사용하고 있는지 의아해한다.

제시: "이걸 왜 안 버리는 거예요? 왜 하필 세상에서 제일 거지 같은 RV에서 마약을 만드는 거예요?"
월트: "관성?"
제시: "네, 맞네요. 관성."

사람들은 종종 새로운 아이디어나 가능성을 받아들이기를 주저한다. 이점이 명백하고 반박의 여지가 없을 때조차 말이다. 이는 인간의 마음이 불확실성과 변화보다는 익숙한 것과 안정성을 선호하기 때문이다. 마음이 가진, 설계상의 이런 특징은 여러 가지 이름으로 통한다. 심리학자들은 이걸 '현 상태 편향status quo bias'이라고 부르고, 경영학자들은 '익숙함 효과familiarity effect'라고 부른다.

월터 화이트처럼 '관성'이라고 부를 수도 있다. 관성이라는 표현은 인간의 마음이 익숙한 것을 선호하게 되어 있다는 생각을 잘 포착한다. 혁신가에게 관성은 도무지 피할 수 없는 마찰력이다. 왜냐하면 새로운 아이디어는 늘 사람들에게 잘 모르는 것을 받아들이라고 요구하기 때문이다. 이제부터 그 이유는 무엇이고 그래서 과연 우리는 뭘 할 수 있을지 알아보자.

난파를 당해서 무인도에 발이 묶였다고 상상해 보라. 지금부터는 생존 모드다. 쓸 만한 자원이 있는지 섬을 조사하다가 두 종류의 과일나무가 곳곳에 널린 것을 발견했다. 하나는 바나나 나무다. 마트에서 사던 것보다 크기는 좀 작지만 틀림없는 바나나다. 다른 하나는 한 번도 본 적이 없는 과일이다. 오렌지빛이 도는 선명한 붉은색 껍질에는 온통 가시가 뒤덮여 있다. 반으로 잘라보니 싱싱한 녹색 과육에 노란색 씨가 촘촘히 박혀 있고, 축축하고 끈적한 질감에 오이 냄새가 풍긴다. 여러분이라면 어느 과일을 먹을 것인가? 생존이 최우선인 사람에게 선택은 명백하다. 아는 것을 먹어야 한다.

인간에게는 익숙함이 호감을 낳는다. 우리는 모르는 것보다 아는 것을 좋아한다. 그리고 이는 진화적 관점에서 보았을 때 일리가 있다. 왜냐하면 익숙한 것은 검증된 것이고, 따라서 아직 검증되지 않은 것보다 더 안전하기 때문이다. **익숙하다는 것은 과거에 그것과 접촉했으나 살아남았다는 뜻이다.** 본능은 바로 그 점을 인식하고 우리를 익숙한 쪽으로 몰고 간다.

익숙한 것을 선호하는 본성은 인간의 지각과 판단에서 너무나 기본적인 부분이기 때문에 우리는 그런 본능이 있다는 사실 자체를 거의 눈치채지 못한다. 그러나 실제로는 우리의 수많은 행동이 이 원칙을 따른다. 그 증거를 한번 보자.

계속 보면 좋아진다

1970년대에 심리학자 로버트 자욘스Robert Zajonc는 동물들의 행동을 관찰했다. 새로운 물체를 만났을 때 동물들이 보이는 첫 반응은 공포와 회피였다('새것공포증neophobia'이라고 한다). 그러나 그 물체를 다시 만나면 공포는 빠르게 줄어든다. **충분히 노출시키고 나면 해당 동물은 덜 익숙한 것들보다 오히려 그 물체를 더 좋아하기 시작한다.** 예를 들어 침팬지를 포획해서 처음 울타리 안에 넣으면 새로운 물체를 회피한다. 처음 보는 장난감이 주어지면 즉시 불안해한다. 침팬지는 이 요상한 물체를 면밀히 주시하지만 멀찌감치 거리를 둔다. 하루 이틀이 지나면 처음의 조심성은 호기심으로 바뀐다. 그리고 이내 한때는 두려움의 대상이었던 장난감이 침팬지가 가장 좋아하는 놀잇감이 된다.

자욘스는 사람도 똑같이 행동하는지 알아보기로 했다. 조금 더 인상 깊은 실험에서 연구진은 대학생 또래의 세 사람을 선발했다. '매력도(심리학자들은 이런 것도 측정하는 방법을 갖고 있다!)'라는 측면에서 거의 같은 점수를 받은 사람들이었다. 연구진은 이들을 200명이 듣는 동일한 대형 강의에 참석시키고, 최대한 눈에 띄지 말 것을 당부했다. 세 명은 다른 학생들에게 말을 걸지도 않았고 수업 시간에 나서서 발언을 하지도 않았다. 그냥 수업을 들으러 가서 최대한 자연스럽게 섞여들려고 노력했다.

차이점은 이들이 강의에 참석한 횟수였다. 한 명은 딱 한 번만 나타났다. 다른 한 명은 다섯 번 참석했다. 세 번째 사람은 열다섯 번의 강의에 모두 참석했다. 수업 마지막 날에 세 사람은 강의실 앞으로 불려 나왔고 나머지 학생들은 각 인물의 매력도에 점수를 매겼다.

결과는 명확했다. 강의에 가장 많이 참석한 사람이 가장 매력적이라는 평가를 받았고, 딱 한 번 참석한 사람은 가장 매력이 떨어지는 것으로 평가되었다. 의미 있는 대화를 주고받은 적이 없었기에 매력도가 올라간 것은 인물마다 달랐던 단순 노출의 영향으로 보였다. 이를 '단순 노출 효과mere exposure effect'라고 한다.[1]

수많은 증거에 따르면 우리는 익숙해질수록 어느 사람이나 물체, 아이디어를 더 좋아한다. 익숙한 것에 대한 이런 선호는 너무나 깊이 새겨진 우리의 일부이기 때문에 의식적으로 인식하지 못할 때조차 선호가 일어난다. 이를 테스트해 보려고 자욘스의 연구팀은 실험 참가자를 모집했다. 그리고 겉으로 텅 비어 보이는 모니터를 뚫어지게 쳐다보게 했다. 화면에는 10개의 비정형적인 모양이 아주 잠깐, 그러니까 1000분의 50초 동안 나타났다가 사라졌다. 그 정도면 의식적인 마음은 도저히 감지할 수 없을 만큼 짧은 시간이었다(의식적인 마음이 물체를 '보려면' 1000분의 500초 이상이 필요하다). 실험의 두 번째 단계에서 연구팀은 10개의 모양 각각을 실험 참가자가 이전에 한 번도 보지 못한 새로운 모양과 짝지었다. 그리고 다음 두 가지를 물었다. '이 두 모양 중 이전에 본 적이 있는 것은 어느 것입니까? 두 모양 중 어느 것이 더 마음에 드십니까?'

참가자들은 모니터를 스쳐 지나간 10개의 모양에 대해 의식적인 기억이 전혀 없었다. 그래서 단순히 '찍었고', 정확도는 48퍼센트였다. 하지만 의식하지 못했다고 해도 한 번 노출된 경험은 사람들의 선호에 미묘한 영향을 끼쳤다. 참가자들은 대략 60퍼센트의 비율로 당초 보았던 이미지를 더 선호했다.[2]

아는 것을 산다

사람들이 제품을 받아들이는 데 광고가 그처럼 필수적인 것도 관성 때문이다. 마트든 온라인 쇼핑이든 수많은 선택지가 있을 때 우리의 구매 습관을 다른 그 무엇보다 잘 예측해 주는 것은 '브랜드 인지도'다. 우리는 우리가 아는 것을 산다.

온라인 쇼핑을 예로 들어보자. 구글에서 '고급 침대 시트'라고 검색하면 이부자리를 파는 회사들의 목록이 죽 펼쳐진다. 이때 우리 제품이 다들 바라는, 페이지의 제일 위쪽에 보이느냐 아니면 저 밑바닥에 보이느냐가 사람들이 무엇을 클릭하고 최종적으로 구매할지를 좌우하는 결정적 요소라는 게 사회적 통념이다. '검색엔진 최적화Search Engine Optimization, SEO'라는 것도 결국은 우리 제품이 제일 먼저 나타나게 하는 것이 핵심이다. 그러나 수많은 데이터에 따르면 이런 믿음은 사실이 아니다.

마케팅 에이전시 레드CRed c는 사람들의 온라인 쇼핑 습관을 광범위하게 조사한다. 레드C가 밝혀낸 바에 따르면 클릭 비율에는 생각보다 브랜드 친숙도가 아주 큰 역할을 한다. 대략 80퍼센트의 경우에 사람들은 자신이 아는 브랜드를 선택한다. 해당 브랜드가 페이지 어디쯤에 나타나든 상관없이 말이다. 크루즈 여행이든, 식재료 배달 서비스든, **사람들은 목록을 빠르게 훑어 내리면서 익숙한 브랜드를 찾는다.**

익숙지 않은 것들을 우리가 싫어한다는 사실은 어느 제품의 모양이나 질감에 아주 작은 변화만 생겨도 사람들이 히스테리에 가까운 반응을 보이는 것을 보면 잘 알 수 있다. 참사를 빚었던 트로피카나Tropicana의 로고 교체 사건을 예를 들어 보자. 2009년에 트로피카나는 전설적인 광고회사 아넬Arnell에 로고와 라벨 디자인 교체를 의뢰했다. 트로피카나라는 브랜드를 좀 더 현대적으로 보이도록 만드는 게 목표였다. 트로피카나의 아이콘과도 같은, 오렌지에 빨대를 꽂은 이미지를 없앴다. 다들 아는 기본 색상도 바꿨다. 제품 자체는 전혀 바뀌지 않았다. 여전히 트로피카나였다. 그냥 주스 통만 살짝 달라진 것이다. 그러나 사람들은 싫어했다. 브랜드 쇄신 작업 2주 만에 트로피카나는 매출의 20퍼센트를 상실했다. 새 디자인을 선보인 지 30일도 안 되어 트로피카나는 원래의 라벨로 돌아갔다. 이후 얼마 지나지 않아 30년 전통의 회사였던 아넬은 문을 닫았다.

트로피카나만 그랬던 것이 아니다. 페이스북도 마찬가지다. 페이스북이 화면 구성을 바꿀 때마다 사용자들은 '원래 방식으로' 돌려달라고 아우성을 쳤다.

X세대와 밀레니얼에 걸친 사람이라면 TV 시리즈 〈펠리시티Felicity〉를 알 것이다. 《타임》은 〈펠리시티〉를 역사상 가장 훌륭한 100대 쇼 중에 하나로, 케리 러셀Keri Russell이 연기한 캐릭터 펠리시티 포터를 역사상 가장 훌륭한 TV 캐릭터 중 하나로 꼽았다. 평단의 이런 찬사에도 〈펠리시티〉의 인기가 추락한 것은 케리 러셀이 트레이드마크인 곱슬머리를 잘랐을 때였다. 팬들은 들고 일어났고 시청률은 수직 하락했다. 이 헤어컷 사건이 대중문화에 미친 충격이 어찌나 컸던지, '펠리시티'라는 이름 자체가 변화의 위험

성을 일깨우는 교훈이 되었을 정도다. 언제든 TV 캐릭터의 외모가 크게 바뀌면 '펠리시티의 전철을 밟는다'라고들 말할 정도다.

소비자들이 자주 구매하는 제품이나 문화적 아이콘의 겉모습이 바뀌면 이전부터 좋아하던 사람들은 '뭔가 마뜩잖은' 느낌을 받는다. 이런 불편감과 그에 따른 소동을 전혀 예상치 못한 기업들은 깜짝 놀라기도 한다. 별것 아닌 변화에 사람들이 너무 크게 반응하는 것처럼 보이기 때문이다.

쾌락 기계

여러분이 완벽하게 여기는 삶을 시뮬레이션해 주는 기계가 있다고 생각해 보자. 여러분은 유명해지고 부자가 될 수도 있다. 꿈꾸던 집에 살며 내가 동경하던 친구들과 어울릴 수도 있다. 하지만 그 어느 것도 진짜는 아니다. 여러분은 머리에 전극을 꽂고 탱크 속에 둥둥 뜬 채로 살아야 한다. 시뮬레이션은 완벽하게 진짜 같아서 여러분은 그게 환영인지조차 전혀 알 수 없다. 당신은 이 쾌락 기계에 평생 연결된 채로 살겠는가?

철학자 로버트 노직Robert Nozick이 개발한 이 유명한 사고 실험은 '쾌락 기계the pleasure machine'라고 알려져 있다. 쾌락과 행복을 향한 욕망과 참되고 진실한 삶을 살고 싶은 욕망을 대립시키는 사고 실험이다. 위 질문을 받으면 제안을 거절하는 사람이 압도적으로 많다. 순수한 쾌락주의가 유혹적일지는 몰라도 궁극적으로 사람들은 시뮬레이션된 완벽함보다는 현실의 영고성쇠를 선호한다. 혹은 적어도 겉으로는 그렇게 보인다.

이제 저 유명한 쾌락 기계 사고 실험을 심리학자 조슈아 그린 Joshua Greene이 어떻게 바꿔놓았는지 보자.

온통 하얀 방에서 당신은 잠을 깼다. 안락의자에 앉은 당신의 머리에는 쇠로 된 기계장치가 씌워져 있다. 흰 재킷을 입은 여자가 당신을 내려다보며 설명해 준다. "지금은 2659년입니다. 당신에게 익숙한 삶은 40여 년 전에 당신이 선택한 체험 기계 프로그램입니다. 저희 IEM에서는 고객님의 만족 여부를 확인하기 위해 프로그램을 10년마다 중단시킵니다. 저희 기록에 따르면 지난 세 번의 중단 시기에 고객님은 프로그램이 만족스럽다고 생각하여 계속 진행할 것을 선택하셨습니다. 이전과 마찬가지로 고객님이 프로그램을 지속하기로 선택하신다면 이 중단 여부에 관한 기억 없이 지금 알고 계시는 그 삶으로 돌아가게 됩니다. 친구들, 사랑하는 사람들, 진행 중이던 프로젝트 모두 그대로 있을 겁니다. 물론 어떤 이유로든 만족하지 않으신다면 지금 당장 프로그램을 끝내실 수 있습니다. 프로그램을 계속 진행하시겠습니까?"[3]

이 상황이 되면 사람들의 선호가 뒤바뀐다. 다수의 사람들이 기계에 남는 쪽을 택한다. 시뮬레이션된 쾌락과 리얼리즘이 양자 택일 관계라는 사실은 똑같다. 달라진 것은 현 상태다. 지금의 상황은 알려져 있고 익숙한(그래서 선호되는) 대신에 대안적 가능성은 알려져 있지 않다(그래서 회피된다).[4]

내가 아는 것을 고수하려는 욕구는 적어도 프로 스포츠에서만큼은 왜 미국인들이 사회주의자이고 유럽인들이 자본주의자인지를 설명하는 데도 도움이 된다. 미국에서 가장 인기 있는 프로 스포츠 리그인 NFL(미식축구)은 스칸디나비아 사람들이 좋아할 만한 부의 분배 시스템을 갖고 있다. 이 시스템은 의도적으로 성공을 견제하고 실패를 지원한다. 최악의 성적을 낸 팀은 이듬해 최고의 신인 선수를 선택할 자격이 생기고, 최고 성적을 거둔 팀은 제일 마지막에야 선택권이 생긴다. 그리고 수입이 적은 팀들도 수입이 큰 팀들과 매출을 나눠 갖는다.

유럽 축구 리그는 그림이 전혀 다르다. 몇 안 되는 메가톤급 클럽이 우승 타이틀을 놓고 매년 경쟁한다. 한 예로 스페인 리그는 사실상 바르셀로나FC와 레알마드리드라는 두 마리 말이 뛰는 경주나 다름없다. 이런 압도적 우위가 생기는 것은 소수의 메가톤급 클럽이 경제적으로 엄청나게 유리한 탓이 크다. 유럽 축구는 연봉총액 상한제도가 거의 없기 때문에 가장 돈 많은 클럽 30곳이 679개 전체 클럽 매출의 49퍼센트를 가져간다. 그리고 어느 한 팀이 고전하면 도움을 주는 게 아니라 마이너 리그로 강등시켜 버린다.

미국인들은 자기네 리그의 운영 방식을 좋아하고 지지하며, 유럽인들도 마찬가지다. 누군가 NFL이 사용하는 부의 분배 시스템을 폐지하려고 든다면 미국 팬들은 대체로 반대할 것이다. 유럽인들도 미국식 평등주의 시스템으로 바꾸려는 시도에는 대체로 저항할 테고 말이다.

이는 미국과 유럽의 정치적 전통을 생각하면 기이한 일이다. 미국인들은 유럽 축구 리그와 상당히 비슷한 부의 구조와 체계를 갖고 있고 지지하며, 유럽인들은 NFL의 부의 분배 시스템을 빼다 박은 조세 제도를 갖고 있기 때문이다. 하지만 미국의 그 어느 정치인도 유럽의 과세 체계를 채택하자고 했다가는 화를 자초할 것이다. 유럽에서도 미국의 노동법을 채택한다고 하면 국민 다수가 들고 일어날 테고 말이다.

시뮬레이션된 현실이든, 부의 분배 시스템이든, 우리는 현재 가지고 있는 시스템을 선호하는 경향이 있다. **그 시스템이 더 훌륭해서가 아니라 더 익숙하기 때문이다.**

관성은 어떻게 혁신을 죽이는가

토머스 쿤Thomas Kuhn은 아마도 과학 철학계에서 가장 중요한 인물일 것이다. 그는 미지의 것을 회피하는 본성이 인간 진보의 주된 장애물이라고 주장했다. 쿤은 다음과 같이 말한 것으로 유명하다. "새로운 아이디어가 실행되기 위해서는 아무리 잘 증명되고 명백한 것이라 하더라도 그걸 새롭다고 여기는 세대는 죽고 이미 공인된 낡은 것이라고 생각하는 세대가 그 자리를 대체해야 한다." 독일의 물리학자 막스 플랑크Max Planck는 더 간결하게 표현했다. "새로운 아이디어는 장례식 하나만큼씩 전진한다."

관성의 주된 문제점은 (그 이름이 시사하듯이) 행동하지 않게 만든다는 점이다. 그리고 이것이야말로 혁신가가 맞서 싸우는 대상이다. **관성은 더 나을 수도 있지만 불확실한 선택 대신에 익숙한 것을 선택하게 만든다.** 다음과 같은 말이 나오게 된 것도 관성이라는 본능의 탓이 크다. "'그만하면 훌륭하다'는 위대함의 적이다." 이런 식의 사고는 발전을 정체시키고 새로운 아이디어를 거부하게 만든다.

그러나 관성이 혁신에 해로운 이유는 행동하지 않게 만드는 것 때문만은 아니다. 현 상태를 깨고 나오고 싶을 때조차 관성은 우리가 문제를 해결하거나 기회를 추구하면서 고려하는 옵션의 종류를 제한한다. 투자에 관한 의사결정을 예로 들어보자. 투자자들은 국내 주식을 선호하는 경향이 있다(종종 '자국 편향home bias'이라고도 한다). 한 예로 일본 투자자들은 자신이 가진 돈의 80퍼센트를 일본에 상장된 회사에 투자한다. 해당 기업들이 전 세계 시가총액에서 차지하는 비율은 9퍼센트에 불과한데도 말이다.[5] 현재 전 세계에서 시가총액이 가장 큰 10개 회사는 중국, 미국, 사우디아라비아의 3개국 소속이다. 이 말은 곧 보통의 일본 투자자는 전 세계에서 가장 큰 기업들을 접하지 못한다는 뜻이다.

익숙한 것에 대한 선호는 다른 유형의 투자에서도 제약으로 작용한다. 바로 '사회적 자본'에 대한 투자다. 직업 세계에서 훌륭한 인맥이란 다양한 인맥이다. 경험, 세계관, 교육 등의 측면에서 다양한 배경을 가진 사람들이 모이면 새로운 사고방식에 노출되고, 한 사람이 절대로 가질 수 없는 수준의 지식과 교육, 전문 지식을 접할 수 있다. 이런 이유로 비즈니스에 종사하는 사람들은 다양한 인맥을 성공의 지름길로 여기는 경우가 많다. 켈로그경영대학원 MBA 코스와 경영자 MBA 코스를 밟고 있는 학생들에게 왜 이 프로그램에 합류했는지 물었더니 가장 많이 답한 이유 중에 하나가 더 다양한 직업적 인맥을 쌓을 기회를 얻기 위해서였다.

그러나 사람들이 추상적으로 생각할 때 높이 평가하는 것과 실제로 보이는 행동은 전혀 달랐다. 어느 경영자 MBA 프로그램에서 학생들이 '타 업종 만남' 행사에 등록했다. 다양한 업계 출신의 리더들과 인맥을 쌓을 기회를 얻기 위해서였다. 행사장에서 학생들은 누구와 얼마나 오랫동안 이야기를 나누는지 기록하는 전자칩을 부착했다. 행사에 앞서 작성한 설문지에서 경영자들은 자신의 제1목표가 '다른' 업계 출신의 사람들을 만나는 거라고 했다. 하지만 그들의 실제 행동은 이와 달랐다. 나중에 보니 학생들이 행사장에서 누구와 가장 많은 대화를 나눌지를 최고로 잘 예측해 낸 요인은 내가 아는 사람이냐 여부였다. 두 번째로 잘 예측해 낸 요인은 동종 업계 사람이냐 여부였다. 참가자들은 다양한 사람을 만나고 싶어 했지만 실제로는 변호사는 다른 변호사와 이야기하고, 경영 컨설턴트는 다른 경영 컨설턴트와 친분을 쌓았다.

다양성이 가진 여러 이점에도 익숙한 것에 대한 우리의 선호는 나와 비슷한 사람들과 관계를 맺게 한다. 이런 현상을 사회학자들은 '동종 선호homophily' 또는 '같음에 대한 사랑love of sameness'이라고 부른다. 우리가 이렇게 행동하는 이유는 그게 더 편안하기 때문이다. 나와 동일한 렌즈로 세상을 보는 사람은 더 쉽게 신뢰할 수 있다.

익숙한 것을 선호하는 본능을 감안하면 혁신가나 기업들 역시 가능성 있는 기회와 솔루션을 모두 다 고려해 보지는 않을 것임을 짐작할 수 있다. 사람들이 새로운 아이디어에 마음이 열려 있을 때조차 말이다. 혁신가라 해도 익숙한 것들만 고려하기 쉽다. 과거에 시도해 보았거나 해당 문화에 어울리는 것들 말이다.

관성은 더 나을 수도 있지만
불확실한 선택 대신에
익숙한 것을 선택하게 만든다.

4

THE HUMAN ELEMENT

관성 역행의 법칙

_침략자를 친구로 만들어라

관성은 혁신과 변화를 방해하는 마찰력이다. 관성을 극복하는 방법은, 적어도 개념상으로는, 간단하다. 익숙하지 않은 것을 익숙한 것으로 변모시키면 된다. 익숙해질수록 마찰력은 줄어들기 때문이다. 새로운 아이디어가 외부의 침략자처럼 보이지 않고 오랜 친구처럼 느껴지게 만드는 것이 목표다. 4장에서는 관성을 극복하는 두 가지 방법을 알아본다. '아이디어를 적응시켜라'와 '비교 대상을 관리하라'의 두 가지 방법을 적절히 사용하면 새로운 아이디어에 대한 심리적 저항을 낮출 수 있고, 나아가 익숙한 것을 좋아하는 우리의 타고난 편향을 역이용해 마찰력을 동력으로 바꿔놓을 수도 있다.

아이디어를 적응시켜라

새로운 아이디어는 맥주와 같다. 맥주를 처음 마셨을 때 맛있었는가? 사실 그리 유쾌한 기억은 아니었을 것이다. 하지만 곧 익숙해진다. 그리고 시간이 지나면 한때는 불쾌했던 그 맛과 향이 긴 하루의 끝을 함께하는 달콤한 위안이 된다.

그런데 맥주를 딱 한 번 시도해 보고 앞으로 맥주를 또 마실지 말지 구속력 있는 의사결정을 내려야 한다고 상상해 보라. 많은 사람이 공연히 맥주를 거부하는 사태가 벌어졌을 것이다. 적응할 시간이 없었다는 이유만으로 말이다. 그게 만약 맥주 소비를 촉진하려는 시도였다면 참으로 끔찍한 접근법이 될 것이다.

그런데 수많은 리더와 혁신가가 바로 이렇게 행동하고 있다! 새로운 아이디어는 처음에는 맥주처럼 사람들의 입에 쓴맛을 남기는 경우가 많다. 그러나 차츰 익숙해지면 마찰력이 줄어든다. **우리는 새로운 아이디어를 처음으로 발표하면서 동시에 받아들일지 말지 결정하라고 요구하는 경우가 너무나 많다.** 흔한 일이지만 하나같이 끔찍한 접근법이다. 받아들일 것을 요구하기 '전에' 사람들이 새로운 아이디어에 적응할 시간을 주어야 한다. 3장에서 본 것처럼 무언가에 익숙해지려면 우선은 그 새로운 아이디어에 노출되어야 한다. 그런 노출 전략 다섯 가지를 살펴보자.

전략 1: 반복하라

'단순 노출 효과'란 접촉이 호감도를 높인다는 연구 결과다. 이 현상과 비슷한 것으로 심리학자들이 '진실성 착각illusion of truth' 효과라고 부르는 게 있다. 어떤 말을 많이 들으면 들을수록 그 말을 사실로 믿고 지지할 가능성이 커진다는 개념이다. 전형적인 어느 실험에서 사람들에게 참일 수도 있고 거짓일 수도 있는 일련의 진술을 제시하면서 참, 거짓을 판단해 보라고 했다. 예를 들면

"클라이즈데일(미국에서 짐마차용으로 많이 사용했던 몸집이 크고 힘센 말 - 옮긴이)은 말의 종류다."(참) 혹은 "마스티프(과거에 투견으로 많이 사용된 대형견의 한 품종 - 옮긴이)는 말의 종류다."(거짓) 같은 진술이었다.

그리고 몇 분, 며칠 혹은 몇 주를 쉰 다음에 사람들에게 실험의 두 번째 단계를 완료해 달라고 했다. 두 번째 단계에서 제시한 진술 중에는 새로운 것도 있고 1단계에서 보았던 것도 있었다. 이 실험을 통해 알아낸 핵심 사항은 사람들이 이전에 본 적이 있는 진술은 참이라고 생각할 가능성이 더 높다는 점이다. 해당 진술이 실제로 참인지 거짓인지와는 관계없이 그냥 이전에 본 적이 있다는 이유만으로 말이다. 해당 진술을 여러 번 볼수록 이 효과는 더 강력해졌다.[1]

'반복이 참을 만든다'는 말이 과학적으로 입증된 것은 최근이지만 영향력 있는 리더들은 수천 년간 이 현상이 가진 힘을 알고 있었다. 기원전 132년 로마의 정치가 카토Cato the Elder는 카르타고를 여행했다. 카르타고와 누미디아 왕국 사이의 평화 협상을 돕기 위해 로마가 카토를 파견한 것이었다. 국경을 들어서면서 카토는 카르타고의 부와 군사력이 그처럼 급성장 중인 것에 충격을 받았다. 카르타고가 강성해진다면 로마에는 위협이 될 터였기에 카토는 두려움을 느꼈다.

카토는 카르타고가 너무 강성해지기 전에 로마가 카르타고를

쳐야 한다고 믿었다. 그래서 카르타고를 상대로 전쟁을 일으키자고 원로원에 계속해서 요구했다. 그는 연설을 할 기회가 있을 때마다 연설 내용과는 관계없이 "카르타고는 파괴되어야 한다"라는 말로 마무리했다. 계속해서 반복하면 서서히 다들 동조할 것임을 알았던 것이다.

2000년쯤 후에 나폴레옹도 똑같은 지혜를 깨쳤다. 나폴레옹은 이렇게 말했다. "수사법에서 진지하게 중요한 것은 하나밖에 없다. '반복'이다. 반복된 단언은 마음에 고착되어 결국에는 검증된 진실로 받아들여진다."

반복 노출은 세상에 없던 아이디어도 친숙하게 만든다. 정치 캠페인에서는 이 전술이 기본 중에 기본이다. 메시지를 계속 이야기하라. 유권자들은 믿기 시작할 것이다. 제품의 경우에는 광고가 바로 반복 노출을 만드는 전형적인 방법이다. 그러나 기업 내에서는 반복이라는 기회의 창을 놓치는 경우가 많다. 우리가 지켜보면, 리더들은 종종 정식으로 발표할 준비가 될 때까지 본인의 생각을 숨긴다. 그 전에 먼저 세부 사항까지 완벽히 다듬고 싶어서다. 하지만 그렇게 되면 직원들은 새로운 계획에 적응할 기회나 시간을 가질 수가 없다.

그러지 말고 리더들은 카토의 사례를 거울삼아 기회가 있을 때마다 자신의 생각을 이야기해야 한다. 경영 컨설팅에서는 이런 행동을 아이디어의 '씨앗을 뿌린다seeding'라고 표현하기도 한다.

변화해 달라고 요구하기 훨씬 전부터 사람들의 마음에 해당 아이디어를 심어주는 게 목표다. 우리가 인터뷰했던 네덜란드의 어느 변화 전문 컨설턴트는 이렇게 말했다. "튤립은 봄에 피지만 가을에 심습니다."

반복을 반드시 혁신가가 해야 하는 것은 아니라는 점을 기억하라. **아이디어가 관심을 사로잡았다면 듣는 사람들이 마음속으로 해당 아이디어를 '곱씹으면서' 반복할 것이다.** 그러면 듣는 사람 스스로 해당 아이디어와 친해질 기회가 생긴다. 로런은 간단한 실험을 통해 이 점을 보여준 적이 있다. 그는 수업 중에 학생들에게 과제 제출일을 미루는 게 어떻겠냐는 제안을 했다. 그렇게 되면 과제를 완료할 시간은 더 생기지만 최종 학점이 나오는 날짜가 늦어진다. 먼저 화요일 저녁 수업에서 로런은 강의가 끝날 때쯤 이렇게 제안하고 곧장 학생 투표에 부쳤다. 대략 30퍼센트 정도의 학생이 새로운 아이디어에 반대했다. 한편 수요일 저녁 수업에서는 강의를 시작할 때 이 제안을 하면서 3시간 뒤인 수업이 끝날 때쯤 투표를 실시하겠다고 했다. 이렇게 시간을 더 주었더니 새로운 아이디어에 반대한 학생은 5퍼센트에 불과했다.

전략 2: 작게 시작하라

새로운 아이디어라고 해도 요구되는 변화의 범위는 다양하다. 점진적 조정이 필요한 경우도 있고 막대한 혼란이 불가피한 경우도 있다. 중대한 변화가 필요할 때는 첫 노출 때 새로운 아이디어를 조금만 잘라서 보여주면 받아들이기 쉬운 경우가 많다. 시간이 지나면 술맛을 알게 되지만 끝끝내 도저히 마시지 못하는 술이 있는 사람도 의외로 많다(데이비드의 경우에는 서던 컴포트Southern Comfort가 바로 그런 술이다). 이런 경우는 열이면 열, 다 그 술을 처음에 마셨을 때 과음을 한 경우다.

'작게 시작하라'에 근거를 둔, 다른 방법들과는 비교도 되지 않을 만큼 효과적인 공포증 치료법이 있다. **'점증 노출 요법'이라는 것이다.** 그 원리는 다음과 같다. 누군가 뱀을 병적으로 두려워한다고 치자. 그냥 흔히들 그러듯이 뱀을 기피하는 수준이 아니라 온몸이 얼어붙을 정도로 무서워한다고 말이다. 두려움이 너무 강해서 이 사람은 마당을 거닐지조차 못한다. 풀밭에 뱀이 숨어 있을까 두렵기 때문이다. 이제 그 공포증을 극복할 수 있는 방법이 있다고 상상해 보라. 몇 년 혹은 몇 달의 치료를 요하는 게 아니라 단 몇 시간 만에 극복할 수 있다고 말이다. 아마 45분을 넘기지 않을 것이다. 이게 바로 점증 노출 요법이 약속하는 내용이다.

치료는 환자가 건너편을 볼 수 있는 거울을 들여다보는 것으로 시작한다. 거기에는 뱀 한 마리가 유리 상자 안에 들어 있다. 처음에 환자는 뱀을 보고 겁을 먹지만 10분에서 15분 정도가 지나면 익숙해진다. 여기까지가 1단계다. 그다음에는 치료사가 환자에게 뱀이 들어 있는 방의 입구에 서 있도록 시킨다. 이게 편안해질 때까지 다시 기다린다. 여기까지가 2단계다. 3단계에서는 환자가 뱀에게서 3미터 떨어진 의자에 앉도록 한다. 이렇게 한 단계, 한 단계 높여나가다 보면 환자는 결국 뱀을 자기 무릎 위에 올릴 수 있고, 심지어 뱀이 아름답다고 감탄하는 경우도 많다.

그런데 치료사가 처음부터 환자에게 뱀을 손으로 잡으라고 시켰다고 상상해 보라. 이 방법은 절대 효과가 없었을 것이다. 변화가 버겁게 느껴지면 사람들은 변화에 맞서 싸운다. 인간의 심리는 어디에나 적용된다. 변화시키고 싶은 대상이 개인의 공포증이든, 소비자의 구매 습관이든, 조직의 관행이든, 그런 것은 중요하지 않다. 큰 변화를 일으키고 싶다면 작은 것부터 시작하는 편이 성공 확률이 높다.

퍼블릭 디지털Public Digital은 영국에 있는 컨설팅 회사로, 여러 정부나 대형 기관이 새로운 디지털 시대로 이행하는 과정을 돕고 있다. 마다가스카르 정부와 같은 기관과 협업하여 공공 서비스(예컨대 공공요금 납부 같은 것)를 더 빠르고 효율적이며 시민들이 접근하게 쉽게 만든다. 컨설팅 업계에서는 이런 유형의 조직 진화를 '디지털 전환digital transformation'이라고도 부른다.

그런데 수십 년간 그 자리에 있던 시스템과 기술을 (그것을 감독하는 사람과 함께) 대대적으로 정비하는 일은 상당한 마찰력을 만들어낸다. 조직의 리더들이 현대화의 필요성을 인식하고 받아들이는 것은 어렵지 않다. 그러나 일선 노동자의 시각은 다르게 마련이다. 이들은 직장 생활의 대부분을 특정한 방식으로 제품과 서비스를 생산하며 보냈다. 그런데 이제 하루아침에 일하던 방식을 바꾸어야 하는 것이다.

퍼블릭 디지털 같은 회사는 유구한 역사를 가진 기관들을 대체 어떻게 현대화시킬까? 비결은 '작은 것부터 시작'하는 것이다. 퍼블릭 디지털의 파트너급 임원으로 최고기술책임자CTO를 맡고 있는 제임스 스튜어트James Stewart에 따르면 대형 조직들은 커다란 변화는 시작부터 대규모여야 한다고 생각하는 경우가 많다고 한다. 실제로는 정반대인데 말이다. 그렇기 때문에 스튜어트는 대화 초기에는 '디지털 전환'이라는 용어를 사용하지 않는다. '전환'이라는 단어 자체가 대규모 변화를 시사하기 때문이다. 그 대신에 스튜어트는 눈에 보이는 목표의 범위를 줄이자고 제안한다.

"기관에 '디지털 전환'을 위해 어떤 목표를 갖고 있냐고 묻는 게 아니라 지금 당장 가장 중요하게 생각하는, 완수하고 싶은 일은 무엇인지 물어봅니다. 그런 다음 그 작은 프로젝트를 디지털 우선의 새로운 접근법이 갖는 가치를 직접 보

여줄 수 있는 기회로 삼습니다. 그러면 도전해야 하는 규모
가 좀 더 구미가 당길 만큼 줄어들지요. 그리고 이게 성공
하면 해당 기관도 어느 방향으로 가야 할지 감을 잡을 수
있어요."

퍼블릭 디지털이 또 하나 작게 시작하는 것이 있다. 이들은 단
번에 기관 전체가 현대화를 받아들이게끔 교육하는 게 아니라 작
은 팀을 하나 만들어서 시작한다. 기꺼이 새로운 방식으로 일해
볼 의향이 있는 대여섯 명의 개인으로 시작하는 것이다. 그런 다
음 이 '얼리어댑터early adopter'들이 자신의 경험을 조직과 공유한다.
이렇게 점진적인 접근법을 취하면 회의적인 구성원들도 새로운
방식에 적응할 시간을 벌 수 있다.

퍼블릭 디지털이 관성에 맞서 싸우기 위해 사용하는 또 하나의
중요한 전술은 반복이다. 퍼블릭 디지털은 작은 성공담을 자주
공유함으로써 메시지를 반복적으로 들려준다. 예를 들어 퍼블릭
디지털이 캘리포니아 주정부의 IT부서를 현대화하는 작업을 맡
았을 때 성공의 열쇠 중 하나는 블로그였다. 제임스는 다음과 같
이 말했다.

"팀원들이 '진행 중과 진행 완료'라는 제목으로 간단한 주
간 블로그를 만들었습니다. 단순한 형태였죠. 팀원들은 다

음 주에 완수해야 하는 목표와 지난주에 완료한 목표를 이 블로그에 공유했어요. 그게 전부였습니다. 하지만 관심이 있는 사람이라면 누구나 사용할 수 있게 했어요. 이런 작은 순간들을 공유함으로써 디지털 서비스 개발 과정과 전환 과정을 비밀스럽지 않게 진행했기 때문에 팀원들은 다른 직원들에게도 한번 시도해 보라고 권할 수 있었습니다. 알고 보니 기술 못지않게 이렇게 작은 발전의 과정들을 공개적으로 이야기하는 것 자체가 거듭나려고 노력 중이던 캘리포니아 주정부에는 커다란 혁신이었어요."

반복과 작게 시작하는 것은 익숙하지 않은 것을 익숙하게 바꿀 수 있는 두 가지 방법이다. **둘 다 시간과 기회가 필요한데, 그런 시간과 기회가 늘 있는 것은 아니다.** 관성을 극복하기 위해 사용할 수 있는 다른 전략 몇 가지를 소개한다.

전략 3: 익숙한 얼굴을 찾아라

우리가 설득하고 싶은 메시지는 익숙하지 않더라도, 메시지를 전하는 사람까지 그럴 필요는 없다. 사람들은 정보를 전해주는 사람이 누구인가에 따라 크게 영향을 받는다. 메시지를 전하는 사람이 내가 아는 사람 혹은 나와 비슷한 사람이라면 경청할 가능성이 크다.

네덜란드 네이메헌대학교의 심리학자 릭 반 바런Rick van Baaren은 일련의 광고에 대한 피드백을 요청하는 실험을 전행했다. 하지만 그것은 이 실험의 표면적 목적이었다. 실제로는 대화 도중에 진행자가 실험 참가자의 행동을 미묘하게 흉내 냈다. 진행자는 표가 나지 않게 조심하면서 참가자의 자세나 팔다리의 위치, 에너지 수준, 목소리 톤 등을 엇비슷하게 흉내 냈다. 심리학자들은 이런 행동을 '미러링mirroring'이라고 부른다. 대조군에서는 똑같은 실험을 미러링만 없이 진행했다.

대화 도중에 실험 진행자는 우연인 것처럼 가장해 펜 한 묶음을 바닥에 떨어뜨렸다. 미러링을 당하고 있던 참가자들은 그렇지 않았던 사람들보다 펜 줍는 것을 도와줄 가능성이 대략 세 배나 더 높았다. 겨우 몇 분 만에 미러링이 교감을 만들어내서 진행자에 대한 선의를 더 높인 것이다.[2]

세일즈나 공개 연설에서는 이를 '관객 동조audience tuning'라고 부른다. 노련한 발표자는 격식을 갖춘 관객에게는 진지함을 높이고 편안한 관객에게는 진지함을 낮춘다. 우리가 1장에서 만났던 세계 기록을 보유한 자동차 세일즈맨 알리 리다는 관객 동조와 관련해 흥미로운 이야기를 들려주었다. 알리는 자동차 세일즈 분야에서 본인이 접근할 수 없는 시장이 있다는 걸 알게 됐다. 미시간주에서 빠르게 성장하고 있던 멕시코계 미국인 시장이었다. 알리는 자신이 해당 공동체의 관심사나 니즈를 제대로 이해하지 못한다고 느꼈다. 거기에 스페인어까지 잘하지 못했기 때문에 사람을 중심으로 하는 그의 세일즈 접근법에서 중요한 '신뢰'를 형성하는 데 큰 장애물이 되었다. 그래서 제자를 받아들이기로 결심했을 때 알리는 카를로스를 선택했다. 카를로스는 세일즈 경험은 없었지만 미시간에 있는 멕시코계 미국인 커뮤니티의 일원이었다. 알리는 카를로스가 한 달에 30대 정도의 자동차를 팔고 있다고 자랑스럽게 이야기했다. 그 정도면 미국의 어느 대리점에 가도 곧장 취업이 될 수준의 실적이다. 무엇보다 가장 좋았던 것은 카를로스의 성공이 알리의 매출을 잠식하지 않는다는 점이었다. 카를로스는 새로운 시장에 접근해 파이를 키워놓았다.

전략 4: 전형적으로 보이게 하라

울새와 에뮤(호주에 주로 서식하는 날지 못하는 대형 조류 - 옮긴이)는 둘 다 새다. 하지만 울새가 훨씬 더 전형적이다. 사람들에게 새에 대해 말하면 울새 비슷한 것을 떠올린다. 에뮤도 새이긴 하지만 특이한 경우다. 새의 전형적인 이미지에 맞지 않는다. 혁신적인 제품이든 새로운 작업 절차든 새로운 아이디어는 대부분 어느 카테고리에 속해 있다. 해당 카테고리의 전형적 이미지에 맞는 아이디어는 그렇지 않은 아이디어보다 일반적으로 더 친숙하다 (따라서 더 호감을 산다). 새로운 아이디어가 전형에 맞지 않으면 마찰력을 유발한다. 그런 아이디어를 이해하려면 뇌가 일을 더 많이 해야 한다. 종이에 적혀 있을 때는 급진적 변화도 근사하게 들릴 수 있다. 왜냐하면 꿈이 크다는 자체를 높이 사는 경향이 있어서다. 그러나 '에뮤'에 해당하는 혁신을 하자고 설득한다면 많은 사람이 그 익숙하지 않은 개념 때문에 어려워할 것이다.

테슬라는 이 부분을 제대로 이해한 좋은 사례다. 테슬라가 처음 출범할 당시에는 사용할 에너지를 석유에서 전기로 바꾸는 것으로도 많은 사람에게 큰 변화였다. 테슬라처럼 앞을 내다보는 회사라면 자동차의 모든 면면을 완전히 새롭게 다시 디자인할 거라고 짐작할지도 모른다. 그러나 테슬라가 가장 먼저 제조에 들어간 '모델 S'는 전형적인 자동차처럼 생겼다. 구동 방식도 다르고 내부에는 처음 보는 근사한 사양도 많이 갖추고 있다는 걸 알지만 생김새는 눈에 친숙하다. 물론 후속 모델들은 매의 날개처럼 생긴 모델 X의 문짝이나 사이버트럭의 미래형 디자인처럼 덜 전형적이다. 하지만 이제는 테슬라라는 브랜드 자체가 입지를 다졌기 때문에(즉 메시지 전달자가 익숙하기 때문에) 전형을 벗어나도 될 여지가 좀 더 있다.

전략 5: 비유를 사용하라

"반려동물 보호자를 위한 우버Uber 같은 거예요." "마당에 설치하는 룸바Roomba(아이로봇iRobot 사에서 만든 로봇 청소기 - 옮긴이) 같은 거예요." 어느 혁신이 사람들에게 직접적으로 친숙하지가 않다면 익숙한 무언가에 비유하라. 이를 '유사 비교analogous comparison'라고 한다. 비유란 두 가지가 비슷하다고 서로 견주어 보여주는 것이다. 비유가 효과적인 이유는 익숙하지 않은 것을 익숙해 보이도록 만들어주기 때문이다. 비유는 새로운 영역을 이미 아는 영역과 닮게 만들어서 사람들이 새로운 영역도 잘 헤쳐 나갈 수 있게 도와준다.

대통령 연설문 작성가였던 존 폴락John Pollack은 그의 책 『지름길 Shortcut』에서 비유의 힘에 관해 이야기했다. 『지름길』은 PC 초창기에 스티브 잡스가 바로 이 비유를 통해 사람들이 PC라는 새로운 기술을 받아들이게 만든 과정을 이야기한다. 컴퓨터가 있기 전에 사람들은 물리적 세상에서 일하고 있었다. 종이와 펜, 실제 파일 폴더 같은 것들을 사용했다. 한편 가상 세계에서 일한다는 것은 근본적으로 다른 개념이었다. 혹은 적어도 그렇게 '보였다.' 잡스는 가상 세계 사무실이 기본적으로는 물리적 사무실과 비슷하다는 사실을 알고 있었다. 대중을 설득하기 위해 잡스는 **사람들이 잘 아는 전통적 작업 공간과 익숙하지 않은 새 작업 공간 사이에**

강력한 비유를 만들어냈다.

컴퓨터 이전 시대의 작업 공간에서는 아이디어를 종이에 쓰면 '문서'라고 불렀다. 이 문서를 저장할 때는 '폴더'에 넣었고, 그 폴더들은 '데스크'에 보관했다. 지금 우리가 가상 작업 공간에서 문서, 폴더, 데스크 같은 용어를 쓸 수 있는 것은 스티브 잡스가 익숙한 용어를 쓰면 사람들이 새로운 기술을 더욱 쉽게 이해할 수 있다는 사실을 알았던 덕분이다. 물리적 작업 공간과 가상 작업 공간이 서로 대칭관계를 이루는 것이 지금은 당연해 보인다. 그러나 1980년대에는 그렇지 않았다. 우리가 큰 무리 없이 PC 시대로 옮겨간 데는 스티브 잡스의 비유 본능이 한몫했다.

비교 대상을 관리하라

어느 아름다운 여름날 여러분이 시카고 시내를 거닐고 있다고 상상해 보라. 나이키 매장에 들어가 쇼핑을 하며 당신을 위한 근사한 운동화와 아이들에게 사줄 운동용품도 발견했다. 가격은 300달러. 그런데 계산을 하기 전 계산대의 직원이 예상치 못한 제안을 한다. 직원은 최근에 나이키 할인 매장이 문을 열었다며 다섯 블록만 걸어가면 그 매장이 있다고 말해주었다. 운이 좋았다. 내가 사려고 했던 똑같은 아이템이 그곳에도 있다니 말이다.

지금 사려고 하는 300달러어치를 할인 매장에서 구입하면 50달러를 아낄 수 있다. 이런 제안을 받으면 기분이 어떨까? 짜릿할 것이다. 아니면 적어도 반갑고 놀라울 것이다. 그리고 여러분 중에 절대 다수가 다섯 블록을 걸어가리라 생각한다.

이제 비슷한 다른 상황을 생각해 보자. 여러분은 새 자동차를 사려고 쇼핑 중이다. 원하던 차를 찾았다. 계약서에 서명을 하려는데 세일즈맨이 예상치 못한 제안을 한다. 길을 따라서 5분 정도만 내려가면 또 다른 자동차 전시장이 있는데, 여기서 사려고 했던 3만 달러짜리 자동차를 그곳에 가서 사면 50달러를 아낄 수 있다. 이제 기분이 어떨까? 어쩌면 약간 모욕적일 수도 있고, 전혀 감흥이 없을 수도 있으며 어리둥절할 수도 있다. 그렇지만 분명 기쁘지는 않을 것이다.

이상한 것은 이 부분이다. 합리적 존재라면 두 제안을 똑같이 평가해야 한다. 거의 비슷한 수고를 들여 50달러라는 똑같은 액수의 돈을 절약할 수 있기 때문이다. 50달러는 50달러다. 50달러면 동네 술집에서 거나하게 한잔할 수 있다. 하지만 인간은 합리적 동물이 아니다.

이 예시가 보여주는 것은 '상대성'이 가진 힘이다. **우리는 세상을 전적으로, 완벽하게, 상대적으로 이해한다.** 잠시 여러분의 성격에 관해 생각해 보자. 다음 질문에 답해보라.

1에서 5점 척도로 평가했을 때 당신은 얼마나 재미있는가?
얼마나 창의적인가? 얼마나 꿈이 큰가?

의식적으로 깨닫고 있지는 못했더라도 방금 여러분은 약간 다른 질문에 답을 했다. 실제 여러분이 스스로에게 물어본 질문은 '다른 사람에 비해서 나는 얼마나 재미있는가, 창의적인가, 꿈이 큰가?'였다. 아무 비교 잣대가 없다면 저런 것을 평가할 수가 없다. 로런이 네덜란드에 살 때는 자신이 외향적이고 춤을 꽤 잘 춘다고 생각했지만 브라질로 이주한 뒤에는 생각이 달라졌다.

상대성은 우리가 세상을 어떻게 보는지 알려준다. 뒤의 착시 현상 그림을 보라. 우리는 가운데에 있는 두 동그라미의 크기가 같다는 것을 알고 있다. 전에도 크기를 재본 적이 있다. 그러나 우리 '눈에는' 그렇게 보이지 않는다. 오른쪽에 있는 가운데 동그라미가 더 크게 보인다. 그것은 배경을 이루는 주변의 동그라미들이 작기 때문이다.

상대성은 우리가 나 자신이나 대상을 바라보는 방법만 결정하는 것이 아니다. 상대성은 우리가 아이디어나 기회를 바라보는 방식도 결정짓는다. 우리는 진공 상태에서 새로운 아이디어를 바라보는 게 아니다. **우리는 맥락을 가지고 새로운 아이디어를 바라본다.** 그런데도 남들에게 변화를 받아들이라고 설득할 때는 이 중요한 사실을 소홀히 여긴다.

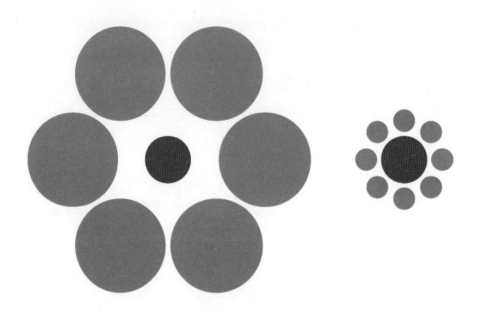

착시 현상을 일으키는 동그라미들

예를 들어 직원들이 새로운 비용 보고 소프트웨어를 받아들여 주기를 하고 바란다고 치자. 여러분이라면 어떻게 하겠는가? 아마도 틀림없이 동력 중심의 접근법에 따라 새로운 보고 시스템의 이점들을 설명할 것이다. 예컨대 새로운 절차가 시간을 절약해 준다고 말이다.

이때 큰 문제점이 무엇일까? 자문해 보라. 이 시나리오에서 상대성은 여러분에게 유리하게 작용하는가(A), 불리하게 작용하는가(B), 아무런 영향도 끼치지 않는가?(C) MBA 과정을 밟고 있는 학생들에게 이 질문을 제시해 보았더니 75퍼센트가 C라고 답했다. 직원들이 고려할 수 있는 선택지가 하나밖에 없으니 상대성은 아무런 영향을 주지 않는다고 직관적으로 판단한 것이다. 안타깝지만 틀렸다.

여러분이 어떤 새로운 방법을 제시할 때마다 암묵적인 비교 대상이 생긴다. 바로 '현 상태'다. 사람들은 새것을 편안하고 익숙한 것과 견주어 비교한다. 이 비교는 혁신에 방해가 된다. 사람들은 대개 불편하기보다는 편하고 싶기 때문이다.

하지만 좋은 소식이 있다. **상대성이 어떻게 작용하는지를 제대로 알면 관성의 힘을 마찰력이 아니라 동력으로 바꿀 수 있다.** 비교 대상을 관리하면 된다. 사람들에게 영향을 미치고 싶을 때 가장 중요한 규칙은 '절대로 선택지를 하나만 제시하지 마라'다. 사람들에게 선택지를 하나만 주면 본능적으로 새것을 익숙한 것에 비교한다. 그러면 대부분 익숙한 것이 승리한다. 따라서 우리는 복수의 (그리고 도움이 될 만한) 비교 대상을 만들어야 한다. 상대성을 나에게 유리하게 활용하는 두 가지 전략은 다음과 같다.

전략 1: 극단적 선택지를 추가하라

다음 페이지의 와인 리스트를 한번 보라. 무엇이 시선을 사로잡는가? 아마도 125달러짜리일 것이다. 이게 눈에 띄는 이유는 리스트에 있는 다른 와인들에 비해 극단적으로 비싸기 때문이다. 대부분의 와인이 20달러 전후인 가운데 125달러짜리는 눈에 확 띈다. 그러면 125달러짜리는 왜 거기에 있을까? 물론 여러분이 통 크게 125달러짜리를 산다면 식당 주인은 황홀해할 것이다. 하지만 125달러짜리 와인이 거기 있는 이유는 그 때문이 아니다. 바로 여러분이 그다음 가격대의 와인을 사는 것을 마음속으로 정당화하기 쉽게 만들어주기 위해서다. 즉 44.99달러짜리 보졸레 빌라지나 50.99달러짜리 코트 뒤 론을 쉽게 살 수 있도록 만들어주기 위해서다.

사람들은 평소에 내가 와인에 얼마를 쓰고 싶은지 또렷한 생각을 갖고 다니지 않는다. 와인 가격에 대한 사람들의 개념은 느슨한 편이고 그래서 선택을 할 때는 대개 맥락(즉 와인 리스트)에

레드 와인

피노 누아 2008년산	17.99달러
카베르네 소비뇽	23.99달러
시라 '라 비올레'	24.99달러
부르고뉴 루즈, 라포레	22.99달러
보졸레 빌라지	44.99달러
모르공, G 뒤뵈프	29.99달러
샤토 라 샤테니에	19.99달러
샤토 롤랑 드 비	25.99달러
샤토 오 몽당	125.99달러
샤토 라가르드, 생 에밀리	25.99달러
코트 뒤 론, 레자베이	50.99달러

125달러짜리 덕분에 다른 와인들은 합리적 가격처럼 보인다.

의지한다. 만약 리스트에서 50달러짜리가 가장 비싼 와인이라면 50달러짜리 와인을 주문하는 것은 과소비처럼 느껴질 것이다.

그러나 125달러짜리가 있기 때문에 50달러짜리 와인을 주문하는 게 좀 더 합리적으로 보인다. 동그라미 그림의 착시 효과와 마찬가지다. 값비싼 와인이 다른 모든 와인을 더 작아 보이게 만든다. 여기서 혁신가가 배울 수 있는 교훈은 **더 극단적인 선택지를 추가하면 다른 선택들이 상대적으로 합리적으로 보인다는 사실이다.**

극장에 갔을 때 팝콘 사이즈를 유심히 본 적이 있는가? 스몰, 미디엄, 라지, 엑스트라 라지가 있다. 메뉴판에 있는 엑스트라 라지는 125달러짜리 와인과 마찬가지로 전략적인 이유로 거기 있는 것이다. 여러분의 눈길을 미디엄에서 라지로 옮기기 위해서 말이다.

수치화가 어려운 경우

몇 년 전 성장에 어려움을 겪고 있던 어느 상업용 폐기물 관리업체에 관한 이야기다. 미국 중서부에서 식당이나 쇼핑몰, 상점의 쓰레기를 처리하는 업체였는데 경쟁이 치열한 업계에 새로 들어간 참이었다. 신규 진출자로서 회사는 크게 할인된 가격의 단기 계약을 통해 사업을 유치하고 있었다. 처음에 회사는 최소 1년 계약을 요구했다. 그랬더니 거의 모든 고객이 (짐작이 갈 것이다) 1년 계약에 서명했다. 회사의 목표는 가격을 깎지 않고 장기 계약에 서명하는 고객의 수를 늘리는 것이었다.

회사가 생각해 낸 해결책은 여러 가지 선택지를 제시하는 것이었다. 특히 1년, 3년, 5년짜리 계약을 제시했다. 결과는 어떻게 되었을까? 기업들은 즉각 3년짜리 계약에 서명하기 시작했다. 5년짜리 계약에 비하면 3년 계약은 별로 길어 보이지 않는다. 인식은 상대적이다. 사람들이 계약 기간을 인식하는 방법을 바꾸었더니 그들의 행동도 바뀌었다.

자세히 들여다보면 이 이야기에는 혁신과 관련해 우리에게 나쁜 습관이 있음을 알려주는 측면이 있다. 기업들은 그냥 3년 계약에 서명을 한 것이 아니다. 일부는 5년 계약에 서명을 했고, 회사는 매우 기뻐했다. 하지만 우리는 궁금했다. 만약 5년짜리 계약에 서명하는 게 회사 입장에서 좋은 일이라면 왜 처음부터 5년 계약을 제안하지 않았을까? 그 답이 의미심장했다. 회사는 너무 큰 요구가 될까 봐 두려웠다고 했다. 이 부분을 잠시 생각해 보자. 변화를 원할 때 우리는 종종 이상적인 안을 설득하려고 시도하지 않고, 그런대로 괜찮으면서 현실적이라고 생각하는 안을 설득하려고 한다. 이상적인 안을 들이밀면 너무 큰 요구가 될까 봐, 그래서 상대가 싫어할까 봐 두려워서 포기하는 것이다. 하지만 여러분이 이제 알고 있는 상대성의 심리를 고려하면 이는 극히 잘못된 선택이다. 우리는 늘 이상적인 안을 강조해야 한다. 왜냐하면 우리가 들이미는 최상의 안이 좀 과하다고 하더라도 그다음 안을 더 훌륭하게 보이도록 만들어줄 것이기 때문이다.

위 두 사례는 각각 가격이나 기간과 관련되어 있는데 이 둘은 특히나 수치화가 쉬운 변수들이다. 우리가 변화시키고 싶은 행동에 1회 제공량, 계약 기간, 금액처럼 정확한 측정 단위가 들어 있다면 '극단적 선택지를 추가하라' 전략을 사용하기가 용이하다. **하지만 조금만 창의적으로 생각하면 이 전략은 사실상 언제 어느 때나 사용할 수 있다.**

켈로그경영대학원에서 가을학기는 채용 시즌이다. 로런은 경영학과 동료들에게 그동안 한 번도 하지 않았던 일을 시도해보자고 설득하려고 오랫동안 노력해 왔다. 바로 신경과학자를 채용하는 일이다. 로런은 신경과학자를 채용하면 경영학과에 두 가지로 도움이 될 거라고 느꼈다. 첫째 경영학과가 계속해서 최첨단을 달릴 수 있다. 대학의 학과들은 과거에 갇히기 쉬운데, 행동 신경과학은 좋은 자극이 될 아이디어가 넘쳐나는 흥미진진한 새 분야다. 둘째 차별화 포인트가 될 것이다. 경영학과 교수진에 신경과학자가 있는 학교는 거의 없기 때문에 신경과학자를 한 명 보유하면 차별점이 될 것이다.

그러나 바로 이런 이유들이 또한 마찰력을 유발하기도 한다. 이건 새로운 시도다. 이전에 없던 일이다. 마찰력을 유발하는 요인은 관성만이 아니다. 정체성과 관련된 우려도 있다. 그 사람이 우리와 조화를 이룰 수 있을까? 첨단 방법론을 보유한, 떠오르는 샛별을 영입하면 지금의 교수진이 구닥다리처럼 보이지는 않을까?

만약 로런이 단순히 신경과학자를 영입했을 때의 이점만 설명했다면 동료들은 본능적으로 이 새로운 유형의 채용을 기존의 채용과 비교할 것이다. 평소에 학과가 채용했던 사람들, 편안한 사람들과 비교할 것이다. 즉 로런이 혁신에 관한 전통적 접근법을 따랐다면 상대성은 혁신을 거스르는 마찰력으로 작용했을 것이다. 왜냐하면 익숙하지 않은 선택을 익숙한 선택과 비교하게 만들기 때문이다. 상대성을 마찰력이 아니라 동력으로 작용하게 만들려면 로런은 과연 어떻게 해야 하는 걸까?

로런은 자신의 아이디어에 유리하게끔 맥락을 구성하려면 영입 가능한 모든 신경과학자를 몇 가지 유형으로 나눠야 한다는 사실을 깨달았다. 로런은 사람들이 채용이라고 하면 두 가지 유형을 떠올릴 수 있다는 점에 착안했다. 결합형 채용과 순수 채용이 그것이다. 결합형 채용은 경영학자가 하는 전형적인 질문(예컨대 어떻게 하면 직원들에게 더 동기를 부여할 것인가 혹은 협업을 촉진할 것인가)을 하면서도 다른 도구(신경과학)를 사용하는 사람을 채용하는 것이다. 그리고 '순수한' 신경과학자를 채용하는 방법도 있다. 순수 신경과학자는 예컨대 정서가 사람들의 정보 처리 방식을 어떻게 바꿔놓는가 하는 질문처럼 인간 행동에 대해 좀 더 기초적인 질문을 하는 사람이다.

로런이 최종 후보 목록으로 교수진에 제출한 사람들은 결합형 인재들이었다(앞으로도 쭉 그럴 것이다). 하지만 상대성의 심리를 생각해 보면 비교 대상으로 좀 더 극단적인 유형(순수 채용)을 만들어두는 편이 새로운 아이디어에 대한 저항을 줄일 것이다. 그렇게 하면 결합형 후보를 채용하는 게 더 이상 낯설어 보이지 않을 것이기 때문이다.

전략 2: 열등한 선택지를 강조하라

비용 보고 소프트웨어 사례로 돌아가보자. 여러분은 지금 사용하는 제품이 마음에 들지 않아서 더 좋은 제품을 찾고 싶다. 시장에는 세 가지 제품이 나와 있다. A제품은 지금 사용하는 소프트웨어와 동일한 문제점을 안고 있다. 사용 후기에 따르면 인터페이스가 정교하지 않다고 한다. 초창기에 나온 제품 중 하나이고 실제로도 그렇게 보인다. A제품은 옳은 선택이 아닌 게 분명하다. B제품은 A제품과 전혀 다르다. 세련된 모양과 느낌을 갖고 있다. 사용자 친화적이라고 극찬하는 후기가 많고 고객 지원도 훌륭한 것으로 정평이 나 있다. 그러나 함정이 있다. 가격이 기존 제품의 두 배다. 제품은 좋지만 엄두를 못 낼 수준의 가격이다. 그리고 C

제품이 있다. C제품 역시 사용자 인터페이스는 훌륭하다. 고객 지원은 B제품만큼 좋지는 않지만 그래도 지금 사용하고 있는 제품보다는 업그레이드된 것이 분명하다. 그런데 B제품과 달리 C제품은 지금 지불하고 있는 가격보다 약간 더 높은 수준의 가격이다. 이렇게 세 가지 안을 검토해 보면 답은 분명하다. C제품을 사야 한다.

그렇다면 C제품을 팀원들에게 어떻게 설득할 것인가? 전통적인 접근법은 동료들에게 우월한 제품을 보여주고 칭찬을 늘어놓는 것이다. 그러나 이제 우리는 그 전략의 문제점을 알고 있다. 그렇게 하면 비교 대상이 관리되지 않을 것이다. 직원들은 본능적으로 C제품을 기존 제품과 비교할 것이다. 기존 제품은 완벽하지는 않지만 적어도 우리가 잘 아는 제품이고 새롭게 제안하는 제품보다 가격도 더 싸다.

이 마찰력을 제거하려면 비교 대상을 바꾸어야 한다. C제품을 기존 소프트웨어와 비교할 것이 아니라 '더 열등한' 제품들과 비교해야 한다. 아마도 다음과 같은 말로 시작하면 될 것이다. "알다시피 지금 사용하고 있는 비용 보고 소프트웨어는 문제가 많잖아요. 시장에 나와 있는 다른 제품은 세 가지가 있어요. 제 생각에 선택은 분명해 보이는데요. C제품이라는 소프트웨어예요. 그래도 정보를 모두 알고 결정을 내리는 게 더 좋으니까 나머지 두 제품의 장단점도 간단히 설명해 드릴게요."

흠이 있는 안을 꺼내놓으면 당첨될 안의 가치가 더 크게 느껴질 수 있다. 우리가 모든 안을 같은 선상에 올려두지는 않았다는 사실에 주목하라. 우리는 "셋 중 하나를 고르세요"라고 말하지 않았다. 우리는 열등한 제품들을 '비교 대상'으로 사용해 당첨될 안의 맥락을 구성했다.

유인 효과

소비자 심리학에서 '유인 효과decoy effect'라고 부르는 현상이 있다. 그 원리는 아래와 같다. 두 가지 긍정적 특성을 각각 하나씩밖에 만족시키지 않는 두 제품이 있을 때(예컨대 가격 대 사양) 소비자는 개인적 선호를 따른다. 가격에 민감한 사람은 사양이 훌륭한 제품보다 값이 싼 제품을 고른다. 그런데 사양이 좋긴 한데 기존의 것보다 조금 열등한 제품을 세 번째 선택지로 제시하면 가격에 민감했던 사람들까지 모두 사양이 훌륭한 제품을 선택한다.

이 개념을 한눈에 알아볼 수 있도록 유인 효과를 사용해 사람들이 미디엄 사이즈가 아닌 라지 사이즈 팝콘을 사게 만드는 원리를 한번 살펴보자. 첫 번째 상황에서는 극장 관객들에게 3달러짜리 스몰 사이즈 팝콘 또는 7달러짜리 라지 사이즈 팝콘이라는 선택을 제시한다. 대부분의 사람은 스몰 사이즈를 고른다. 사이즈가 큰 것보다는 돈을 아끼는 쪽을 선호하는 것이다.

그런데 두 번째 상황에서는 사람들에게 세 가지 선택 가능성을 제시한다. 3달러짜리 스몰 사이즈, 7달러짜리 라지 사이즈 그리고 유인용으로 6.5달러짜리 미디엄 사이즈 팝콘을 제시한다. 이게 유인용 제품인 이유는 라지 사이즈와 가격 차이는 별로 없으면서 크기 차이는 많이 나기 때문이다. 이런 선택지가 제시되면 대다수의 사람은 이제 라지 사이즈를 선택한다. 이유가 뭘까? 거의 같은 값으로 더 많은 팝콘을 살 수 있기 때문이다. 상대성이라는 측면에서 유인용 제품은 마치 라지 사이즈가 좋은 선택인 것처럼 보이게 만든다.

유인용 제품을 만드는 것은 마케팅 업계에서 특히 효과적인 상술이다. 이 같은 상술이 불편하지 않은 독자도 있겠지만 많은 사람은 그렇지 않을 것이다. 우리는 '열등한 선택을 강조'하는 전략과 유인용 선택지를 만드는 것 사이에 분명한 선을 긋고 싶다. 앞서 소프트웨어 사례에서는 사람들의 사고 과정을 왜곡하기 위해 가짜로 선택지를 만들어낸 것은 아니었다. **그저 사람들이 내가 선호하는 선택지의 맥락을 구성하도록 도와준 것에 불과하다.** 만약 사람들이 나와 똑같은 가정을 한다면 열등한 선택지는 관성이라는 마찰력을 줄여줄 것이다. 하지만 이는 또한 정직한 행동이고 사람들이 '더 많은' 정보를 가지고 의사결정을 내릴 수 있게 한다.

개구리와 와인 리스트

　동물의 왕국에서 암컷은 교미 상대를 신중하게 고르는 경향이 있다. 풍금조(새의 종류) 암컷은 특정 진홍색 깃털을 가진 수컷을 찾아다닌다. 푸른발부비새의 암컷은 춤을 가장 잘 추는 수컷을 찾아다닌다(푸른발부비새의 짝짓기 춤을 아직 못 봤다면 꼭 검색해보기 바란다). 퉁가라개구리는 목소리가 중요하다. 봄이면 수백 마리의 퉁가라개구리 수컷이 연못에 모여 노래를 부르기 시작한다. 사실 이 개구리들은 평생의 대부분을 최대한 소리를 적게 내려고 애쓰면서 보낸다. 박쥐가 이들의 주된 포식자인데 한두 번만 울음소리를 내도 음파탐지로 단번에 먹잇감을 찾아내기 때문이다. 그런 위험이 있는데도 퉁가라개구리 수컷들은 짝을 찾을 수 있으리라는 희망으로 최대한 큰 소리로 노래를 부른다.

　어맨다 리Amanda Lea와 마크 라이언Mark Ryan이라는 두 과학자는 개구리의 짝짓기 소리를 연구한다(이들과 비교하니 우리 직업이 상당히 지루해 보인다). 두 학자는 퉁가라개구리 암컷이 정확히 무엇을 원하는지 안다. 암컷들은 길고(목소리를 길게 뽑을 수 있는 수컷) 낮으면서(바리톤을 선호한다) 자주 울리는(반복 간격이 짧을수록 좋다) 소리를 찾는다.

　이 세 가지 변수(길이, 높이, 간격)를 가지고 리와 라이언은 번식에 성공할 수컷과 실패할 수컷을 상당히 정확하게 구분할 수 있다. 2016년에 두 사람이 진행한 실험은 어디를 가나 상대성이 강력한 힘을 발휘한다는 사실을 잘 보여준다. 두 사람은 퉁가라개구리 암컷을 아쿠아리움에 넣고 한쪽 구석에 스피커를 설치했다. 그리고 인상적인 정도에서 차이가 나는 짝짓기 노래들을 들려주었다. 1등급 수컷(암컷의 기준에 부합하는 수컷)이 낸 소리를 들려주자 암컷은 소리가 나는 쪽으로 풀쩍 뛰어갔다. 2등급 수컷(암컷의 기준에 미달하는 수컷)이 낸 소리를 들려주자 암컷은 소리가 나는 곳에서 멀어졌다.

　과학자들은 이때 열등한 비교 대상을 만들면 과연 어떻게 될까 궁금했다. 개구리도 똑같이 상대성 법칙을 따를까? 이 질문의 답을 찾기 위해 두 사람은 아쿠아리움 반대편에 두 번째 스피커를 설치했다. 그리고 두 가지 서로 다른 수컷의 소리를 들려주었다. 하나는 2등급 수컷에게서 나온 소리였고, 다른 하나는 3등급 수컷에게서 나온 소리였다. 암컷은 이전에는 2등급 수컷의 소리에 관심을 보이지 않았으나 3등급 수컷(열등한 선택지)의 소리가 동시에 울리자 2등급 수컷의 소리도 이제 기준을 통과했다.

상대성의 원칙

　흔히 변화를 추진하는 과정을 시간순으로 정말 간단하게 표시하면 아래와 같다.

1단계: 문제를 발견한다.

2단계: 잠재적 해결책을 수집한다.

3단계: 최선의 해결책을 정한다(나쁜 해결책 또는 훌륭하지만 비현실적인 선택은 버린다).

4단계: 해당 해결책을 들려준다.

상대성의 원칙은 우리가 혁신을 추진할 때 실수를 저지르는 부분이 3단계와 4단계임을 환기시켜 준다. 우리는 습관적으로 나쁜 안은 골라내서 버린다. 때로는 내키지 않으면서도 이상적인 안을 포기한다. 너무 큰 요구가 될까 두려워서다. 안타깝게도 우리는 사람들에게 한 가지 길만 제시한다. 괜찮은 (그렇지만 이상적이지는 않을 수도 있는) 선택 말이다. 여러분은 그게 괜찮은 선택이라는 것을 알고 있다. 이미 열등한 선택들을 고려해 본 후 폐기했기 때문이다. 여러분은 그 사실을 알지만 저들은 모른다. 그러니 **아이디어가 있다면 맥락을 구성하라. 사람들에게 비교 대상을 제시하라. 왜냐하면 세상의 모든 건 상대적이기 때문이다.**

관성 마찰력을 극복하는 전략

인간의 마음은 익숙한 것을 선호하게끔 만들어져 있다. 그러나 새로운 아이디어는 사람들에게 낯설고 잘 모르는 것을 받아들이라고 요구한다. 따라서 혁신가들 앞에는 언제나 관성이라는 마찰력이 놓여 있을 것이다. 이 마찰력을 해결하고 싶다면 익숙하지 않은 것을 익숙한 것으로 변모시켜야 한다. 관성의 힘이 커지는 상황은 두 가지다. 혁신이나 변화가 현 상태에서의 큰 이탈을 의미하거나 사람들이 변화에 적응할 시간이 없을 때다. 여러분의 아이디어를 기다리고 있을 관성의 크기가 얼마나 될지 알고 싶다면 다음 세 가지 질문을 해보라.

1. **이 혁신이 현 상태에서의 큰 이탈에 해당하는가 아니면 이제까지 해오던 것을 살짝 손보는 것에 불과한가?** 급진적인 아이디어는 관성이 만들어내는 커다란 역풍에 부딪힐 가능성이 크다. 왜냐하면 사람들은 익숙하지 않거나 검증되지 않은 아이디어는 불신하고 거부하게끔 타고났기 때문이다.

2. **사람들이 해당 아이디어에 적응할 시간이 있었는가?** 새로운 사고방식에 적응할 시간이 없었다면 당연히 저항이 따를 것이다.

3. **제안하는 변화가 서서히 진행되는가 아니면 단번에 크게 진행되는가?** 관행이나 사고방식의 갑작스러운 큰 변화야말로 사람들에게 익숙하지 않은 일이기 때문에 강한 저항을 만들어낸다.

만약 관성이 여러분의 혁신을 위협한다면 익숙하지 않은 것을 익숙한 것으로 변모시켜야 한다. 익숙한 것일수록 마찰력은 줄어들기 때문이다. 우리의 목표는 새로운 아이디어가 외부에서 온 침략자처럼 보이지 않고 오래된 친구처럼 느껴지게 만드는 것이다. 4장에서는 관성을 극복하는 두 가지 접근법을 알아보았다. '아이디어를 적응시켜라'와 '비교 대상을 관리하라'가 그것이었다. 적절히 사용하면 이 두 가지 기법은 새로운 아이디어에 대한 저항을 줄여줄 뿐만 아니라 익숙한 것을 좋아하는 우리 본성의 편향을 마찰력이 아닌 변화의 동력으로 바꿔줄 수 있다.

아이디어를 적응시켜라

1. **사람들이 아이디어를 처음 알게 되는 때와 그것을 받아들일지 말지 결정해야 하는 때 사이의 시간 간격을 늘릴 수 없는가?** 숙고해 볼 시간이 많을수록 해당 아이디어가 더 친숙하게 느껴진다.

2. **아이디어를 얼마나 자주 상기시키는가?** 아이디어에 반복적으로 노출되면 익숙해진다. 메시지의 씨앗을 뿌릴 기회를 찾아낸다면 사람들이 서서히 메시지를 받아들일 것이다.

3. **급진적이기보다는 점진적인 변화 과정을 이끌어낼 수 있는가?** 혁신이 무언가 크게 다른 모형이나 운영 방식을 받아들이도록 요구한다면 한 번에 조금씩 진행하는 편이 사람들이 변화에 적응하는 데 도움이 된다.

4. **아이디어가 전형적인가 아니면 지금까지 한 번도 보지 못한 형태인가?** 혁신은 무언가를 이전과는 다르게 하라고 요구한다. 하지만 그렇다고 해서 아이디어의 모든 면면이 현 상태와 근본적으로 달라져야 하

는 것은 아니다.

5. **변화를 대표하는 얼굴이 누구인가?** 대변인이 될 사람은 낯선 얼굴보다
   는 듣는 이와 동일한 배경이나 경험을 가진 사람이 좋다. 변화를 대표하
   는 얼굴이 듣는 사람도 알고 좋아하는 사람이라면 더욱 좋다.

6. **혁신의 외양과 느낌이 듣는 사람에게 어울리는가?** 영향을 미치고 싶
   은 사람의 언어나 스타일을 똑같이 차용하거나 미러링하면 상대는 더
   친숙하게 느낀다.

7. **익숙하지 않은 아이디어라면 비유로 사용할 수 있는 익숙한 아이디어
   에는 뭐가 있을까?** 비유는 새로운 영역도 익숙하게 느껴지게 한다.

비교 대상을 관리하라

1. **사람들에게 두 가지 이상의 선택지를 제공하고 있는가?** 그렇지 않다면
   관성의 힘이 여러분에게 불리하게 작용할 가능성이 크다. 그러지 말고
   복수의 선택지를 만들어서 사람들의 눈을 현 상태가 아닌 다른 곳으로
   돌려라.

2. **극단적 선택지를 추가할 수는 없는가?** 더 극단적이거나 야심 찬 선택
   지를 추가하면 비교가 되어 다른 선택지들이 더 합리적으로 보인다.

3. **열등한 선택지를 비교 대상으로 쓸 수는 없는가?** 열등한 선택지를 강
   조하면 대조가 되어 다른 아이디어들이 더 훌륭해 보인다.

제2마찰력 노력

_더 쉬운 경로를 선호한다

태평양 연안의 바위틈이나 바닷가 물웅덩이에서 흔히 볼 수 있는 게는 이상한 습관을 갖고 있다. 놀랄 만큼 먹잇감 선택이 까다롭다. 게는 홍합을 먹고 산다. 그리고 동화 『골디락스와 곰 세 마리』에 나오는 소녀처럼(동화 속 소녀는 뜨겁거나 차갑지 않은 딱 맞는 수프를 먹고, 딱딱하거나 물렁하지 않은 딱 맞는 침대에서 잠을 잔다 - 옮긴이) 껍질이 작은 홍합은 던져버리고 껍질이 큰 홍합은 무시한다. 그리고 중간 크기의 딱 알맞은 홍합을 골라 먹는다. 겉으로 보면 뭔가 문제가 있는 전략처럼 보인다. 게들은 왜 그토록 많은 먹잇감을 그냥 지나쳐버리는 걸까? 그 답은 '최적 섭식 이론optimal foraging theory'이라고 하는 동물 행동 모형에서 찾아볼 수 있다.

모든 생물은 영양 섭취를 해야 살아남을 수 있다. 식물과 달리 동물은 필요한 자원을 찾아 돌아다닐 수가 있다. 평생 작은 웅덩이 안에서 먹잇감을 찾든, 수천 킬로미터를 여행하며 먹이를 구하든, 원칙은 동일하다. 동물은 먹이를 찾기 위해 주변을 뒤진다.

이동할 수 있다는 것은 아주 큰 장점이다. 인근 지역에 자원이 희소하면 동물은 더 좋은 지역으로 이동할 수 있다. 그러나 이동은 그 자체로 문제를 갖고 있다. 이동하려면 에너지를 소모해야 한다. 최적 섭식 이론은 모든 동물이 가장 효율적인 방식으로 자원을 수집하도록 프로그래밍되어 있다고 본다. 에너지 섭취를 극대화하기 위해서 동물은 먹이를 수집할 때 비용(쓰는 에너지)과 효익(얻는 에너지)을 따져보게끔 설계되어 있다.

게들이 그처럼 까다로운 것은 바로 이 비용-효익 분석 때문이다. 홍합은 당연하게도 열기 어렵게 생겼다. 게가 홍합 껍데기를 열려면 두 가지 비용이 든다. 먼저 껍데기를 벌리는 데 많은 에너지가 소요된다. 다음으로 껍데기를 여는 과정에서 집게발이 많이 닳는다. 조심하지 않으면 홍합 껍데기를 열려다가 집게발이 부러지거나 손상될 수 있다. 게는 집게발이 없으면 먹이를 먹지 못하기 때문에 집게발이 부러지는 것은 치명적인 타격이다.

홍합이 작다는 것은 게가 먹을 양도 적다는 뜻이다. 그러나 작은 홍합도 열기가 어렵기는 매한가지다. 따라서 작은 홍합은 섭취할 에너지보다 소모할 에너지가 더 크다. 큰 홍합은 훨씬 더 많은 양의 먹이가 들어 있다. 그러나 홍합은 나이가 들수록 껍데기가 두꺼워져서 열기가 특히나 더 어렵다. 이런 경우에는 게의 집게발이 부러지기 십상이다. 따라서 큰 홍합을 먹잇감으로 삼는 전략은 장기적으로 보았을 때 리스크가 크다. 역시나 '순손실net negative'이 되는 것이다.

중간 크기의 홍합은 얘기가 다르다. 작은 홍합보다 열기가 어렵지는 않으면서도 먹이는 더 많이 들어 있다. 중간 크기의 홍합에서 얻는 칼로리는 들이는 수고를 능가한다. 그렇기 때문에 바닷가의 게들이 오직 중간 크기의 홍합만 노리는 것이다.[1]

게와 마찬가지로 사람도 에너지 소비에 아주 민감하다. 우리는 **수고를 최소화하면서 최대의 보상을 얻을 수 있는 경로를 찾아다**

니고 또 선호하게끔 프로그래밍되어 있다. 이런 특성을 '최소 노력의 법칙law of least effort'이라고 한다.

새로운 아이디어나 혁신에 처음 맞닥뜨렸을 때 본능적으로 우리의 마음은 실행에 드는 비용을 계산한다. 수고가 크면 저항도 커진다. 안타깝게도 대개의 혁신은 어떤 식으로든 수고를 요한다. 새로운 작업 절차를 배우는 과정은 수고스럽다. 오래된 습관을 버리는 일도 수고스럽다. 익숙하지 않은 웹사이트를 헤매는 것은 수고스럽다. 새로 나온 제품들을 하나씩 훑어보는 것도 수고스럽다. 미팅을 잡고 새로운 제안을 논의하는 일도 수고스럽다. **혁신에 수반되는 수고는 새로운 아이디어의 호소력을 갉아먹는 심리적 마찰력으로 작용한다.**

최소 노력의 법칙

우리는 그 영향력을 미처 깨닫지 못하는 경우가 많지만 무언가에 관한 의사결정을 내릴 때 아마도 가장 강력한 심리적 요인으로 작용하는 것이 바로 '수고를 최소화하려는 본능'일 것이다. 매일 출퇴근길에 여러분이 내리는 의사결정을 한번 생각해 보라. 이용하는 주유소, 주행하는 도로, 선택하는 교통수단(자가용이냐 대중교통이냐), 이 모든 의사결정이 최소 노력의 법칙을 따른다. 우리가 가장 중시하는 것은 편의와 효율이다. 여러분은 집에서 가장 가까운 주유소를 선택하고 가장 빠른 길로 달리며 자가용을 이용할 가능성이 크다. 왜냐하면 그게 가장 쉽고 효율적인 선택이기 때문이다. 개인적 비용을 최소화하는 선택인 것이다.

최소 노력의 법칙은 시간이 갈수록 사람들은 수고를 가장 덜 하면서 최대의 보상을 얻을 수 있는 경로를 따를 것이라고 말한다. 이 원칙을 처음 제안한 사람은 1949년 하버드대학교의 언어학자 조지 지프George Zipf였다(그래서 '지프의 법칙'이라고도 부른다). 다들 알다시피 언어는 시간이 지나면 변한다. 지프는 언어의 진화가 무작위적인 게 아니라는 사실을 눈치챘다. 물이 아래로 흐르는 것과 같이 단어나 어구는 시간이 지나면 간소해진다. '굿바이goodbye'라는 단어를 한번 보자. 1500년대 영국에서 누군가의 안녕을 빌어줄 때는 4어절의 어구를 사용했다. 'God be with ye.'라고 말이다. 1600년대에는 이 어구를 글로 쓰면서 'God b'wi ye'라고 줄여서 썼다. 1700년대에는 'God b'ye'가 됐다. 다시 100년이 지난 후에는 'good-bye'가 됐다. 그리고 1900년대가 되자 하이픈마저 쓰지 않고 'goodbye'라고 쓰게 됐다. 오늘날에는 이제 'bye'가 표준이다.

역사적으로 단어나 어구가 짧아지는 것은 우리가 자연스럽게 더 쉬운 경로를 찾기 때문이다. '매스math'가 '매스매틱스mathematics'보다 말하기 쉽다 보니 이제 '매스매틱스mathematics'는 거의 사용하지 않는 말이 됐다. 쉽고 효율적인 것을 찾는 경향 때문에 당초의 의미가 희생되는 일까지 벌어진다. '잭 오브 올 트레이드Jack of all trades'라는 표현을 들어보았을 것이다. 처음에 이 표현은 'jack of all trades, master of none, though oftentimes better than master of one(만물박사가 종종 진짜 박사보다 낫다 - 옮긴이)'이었다. 즉 당초의 표현은 만물박사를 칭찬하는 내용이었다. 이 표현이 나중에 'jack of all trades, master of none(팔방미인이지만 아주 뛰어난 것은 하나도 없다 - 옮긴이)'으로 압축됐고, 만물박사가 아는 게 별로 없다는 뜻을 풍기게 됐다. 그리고 마침내 이 어구는 더 압축되어 지금과 같은 'Jack of all trades'가 됐고 다시 한번 만물박사를 칭찬하는 표현이 됐다.

간소화가 언어 진화의 유일한 방식은 아니다. 하지만 시간이 지나면서 단어나 어구가 변형되는 주된 방법 중 하나임은 분명하다. 언어가 그 반대 방향으로 진화하지는 않는다는 사실은 많은 것을 시사한다. 시간이 지나면서 길이가 길어지는 단어나 어구는 매우 드물다. 왜냐하면 그건 우리의 본성에 반하기 때문이다.

언어의 진화는 지난 150년간 미국 소매업의 지형이 바뀌어온 과정과 상당히 유사하다. 처음에 마을과 도시가 형성될 때 사람들은 작은 상점에서 물건을 샀다. 당시 다수의 인구가 시골 농장에 살았고 쇼핑을 하려면 시내까지 나가야 했다. 그래서 미국의 주요 거리마다 부부가 운영하는 작은 상점들이 즐비했다. 그런데 시어스Sears가 나타나 쇼핑을 더 쉽게 만들어주었다. 시어스가 개발한 '우편주문 카탈로그' 덕분에 사람들은 이제 집에서 편안하게 쇼핑을 할 수 있게 됐다. 그러다가 많은 이가 교외의 주택가로 옮겨 가자, 물건을 구매하기에 가장 효율적인 방법은 백화점과 쇼핑몰이 됐다. 편리한 곳에 위치한 한 장소에 가면 모든 게 해결됐고, 주문한 제품이 우편으로 올 때까지 몇 주씩 기다릴 필요도 없었다. 그다음에 나타난 것이 월마트를 비롯한 창고형 대형 마트였다. 그리고 지금은 클릭 한 번이면 쇼핑이 끝나는 아마존의 시대에 살고 있다.

언어와 마찬가지로 사람도 물건을 구매할 더 효율적인 방법을 끊임없이 찾고 있다. 더 쉬운 방법이 나타났을 때 사람들이 새로운 쇼핑 방식을 기꺼이 받아들이는 모습을 보면 놀라울 정도다. 어느 지점이 되면 우리는 또다시 더 쉬운 경로를 찾아갈 것이다. AI 비서나 드론 배달과 같은 신기술은 온라인 쇼핑의 마찰력을 줄이면서 소매업의 지형을 다시 한번 완전히 바꿔놓을 것이다.

우정도 편의를 따른다

우리 삶에서 최소 노력의 법칙이 지배하는 또 하나의 중요한 영역이 있다. 바로 '사회적 관계'다. 우리는 흔히 내가 친구의 미덕이나 능력, 공통의 경험처럼 의미 있는 기준을 갖고 친구를 선택한다고 생각한다. 그러나 실제로 대개의 우정은 용이성과 기회를 기준으로 형성된다. 학자들은 이것을 '근접성 원칙proximity principle'이라고 부른다. **근접성 원칙은 사람들의 우정이 놀라울 만큼 편의성에 토대를 두고 있다는 개념이다.** 직장에서는 사무실이나 책상 위치가 가까운 동료들과 시간을 보낸다. 거리가 멀어지면 접촉의 빈도도 급격히 떨어진다. 실제로 직장 내 대화에 관한 연구를 보면 동료 간의 거리가 50미터를 넘을 경우 소통이나 협업은 거의 전무하다고 한다. 이메일도 이 패턴을 깨지는 못하는데 왜냐하면 우리는 보통 아는 사람에게 이메일을 보내기 때문이다.

가장 의미 있는 우정 중에는 대학에서 쌓은 우정이 있다. 알고 보니 대학에서도 우정의 원동력은 역시나 근접성 원칙이었다. 사람들은 대학에서 만난 친구와의 관계를 떠받치는 것은 깊고 의미 있는 유대감이라고 생각할지 모른다. 그러나 친구를 '고르는' 과정은 대부분 근접성을 따른다. 대학에서 만난 여러분의 친구 대부분은 우연히도 1학년 때 같은 기숙사에 살았던 친구일 가능성이 크다. 그리고 그 친구들 중에서 여러분이 졸업 후에도 관계를 이어가는 사람은 누굴까? 아마도 같은 도시에 살고 있는 몇 안 되는 친구일 것이다.

더 쉬운 경로를 선호하는 인간의 성향은 기초 중에 기초여서 우리의 지각 시스템조차 더 쉬운 선택이 더 매력적으로 보이게 만들어져 있다.[2] 사람들은 자신이 세상을 있는 그대로 지각한다고 생각하지만 실제로는 그렇지 않다. 다음의 명쾌한 연구를 보라. 실험 참가자들이 보고 있는 화면에는 수많은 점이 구름 떼처럼 왼쪽으로 혹은 오른쪽으로 움직였다. 참가자들은 구름이 왼쪽으로 움직이면 조이스틱의 핸들을 왼쪽으로, 구름이 오른쪽으로 움직이면 조이스틱의 핸들을 오른쪽으로 움직이라고 지시를 받았다. 간단한 과제였고 모든 실험 참가자가 당당히 테스트를 통과했다. 그런데 이번에는 연구진이 미묘한 설정을 추가했다. 조이스틱을 조작해서 핸들의 한 쪽 방향을 다른 쪽 방향보다 움직이기가 약간 더 힘들게 만들어놓은 것이다. 연구진이 발견한 바에 따르면 핸들을 오른쪽으로 움직이기가 힘들 경우 사람들은 실제 점들이 오른쪽으로 움직여도 마치 왼쪽으로 움직이는 것처럼 보았다. 실험 참가자들은 자신이 조종당하고 있는지 전혀 몰랐고, 저항이 작은 방향으로 점들이 움직이고 있다고 전적으로 확신했다.

이 같은 결과를 '동기 부여된 지각motivated perception'이라고 한다. 여러 연구를 통해 밝혀진 바에 따르면 무거운 배낭을 메고 있으면 배낭이 없을 때보다 거리는 더 멀어 보이고 언덕은 더 가팔라 보인다고 한다. 이런 지각상의 착각이 내재되어 있으면 진화론적으로 이점이 있다. 사과를 따는 사람은 나무의 아래쪽에 달린 사과를 선호해야 한다. 그게 수고가 덜한 방식이기 때문이다. 비용에 민감한 우리의 마음은 아래쪽에 달린 과일을 더 맛있게 보이

게 하여 경제적인 루트를 따르게 만든다.[3]

수고가 지배한다

최소 노력의 법칙은 혁신과 관련해 대단한 시사점을 던져준다. 최소 노력의 법칙은 사람들이 새로운 아이디어나 기회를 생각할 때 가장 먼저 고려하는 게 아이디어의 가치나 이점이 아니라고 이야기한다. **사람들의 최대 관심사는 행동에 드는 비용이다.**

영화나 TV, 음악처럼 창의적인 상품을 소비하는 방식이 그동안 어떻게 바뀌어왔는지 한번 생각해 보라. 음악을 예로 들어보자. 우리 부모 세대는 우리보다 더 훌륭한 음악을 들었다. 적어도 음질 측면에서는 그렇다. 오늘날에는 대부분의 사람이 음악을 전화기로 스트리밍해서 값싼 무선 이어폰을 통해 듣는다. 이렇게 하면 이전의 플랫폼에 비해 훨씬 더 쉽게 음악을 들을 수 있다. 전화기를 열면 지금까지 세상에 녹음된 음악이란 음악은 거의 다 즉각 들을 수가 있다. 그러나 이런 편리함에는 음질 손상이라는 대가가 따른다. 모든 스트리밍 서비스는 파일을 작게 만들기 위해 오디오 압축 기술을 사용한다. 오디오 압축 기술은 아티스트가 여러분에게 들려주기를 바랐던 음악의 일부를 말 그대로 '내다 버린다.' 파일의 크기를 줄이기 위해서다.

누구나 음질이 훌륭한 음악을 원하다고 해도 다른 방법이 없는 한 편리함을 희생시킬 만큼은 아니다. 영화도 마찬가지다. 집 안의 엔터테인먼트 시스템이 아무리 훌륭해도 영화관에서 얻는 관람 경험에 비할 바는 아니다. 그러나 집에서 (혹은 전화기로) 영상을 스트리밍할 수 있게 되면서 이제는 이 방법이 영화를 시청하는 일반적 방식으로 자리 잡아가고 있다.

채용 결정에 관한 데이터 역시 수고가 우리의 생각을 지배한다는 관점을 뒷받침한다. 관리자들에게 매우 유능하지만 함께 일하기 힘든 사람과 능력은 좀 부족하지만 함께 일하기 쉬운 사람 중 한 명을 고르라고 하면 '말'로는 전자를 고르겠다고 한다. 그러나 실제 채용 결정을 보면 실력은 뛰어나지만 까다로운 지원자보다는 남들과 잘 어울려 지내는 지원자를 초지일관 선호한다.

수고가 가치를 압도한다는 사실을 보여주려고 우리는 MBA 과정을 밟고 있는 학생들에게 5분이면 끝낼 수 있는 설문조사를 부탁했다. 그리고 설문에 응하는 학생 1명당 3달러를 자선단체에 기부할 예정이라고 했다. 그런데 자선단체의 종류가 달랐다. 절반의 학생에게는 설문을 완성하면 우리 지역 유기견 보호소에 후원금이 기부된다고 했다. 나머지 절반에게는 기부금이 '시카고 파충류 학회Chicago Herpetological Society'로 간다고 했다.

예상대로 사람들은 개구리보다는 강아지를 돕는 데 참여할 의향이 훨씬 컸다. 평범한 사람들은 강아지에 훨씬 더 관심이 많기 때문이다. 동력의 가치를 보여주는 결과였다. 사람들은 자신이 중요하게 여기거나 높이 평가하는 아이디어에 동참할 가능성이 더 크다. 만약 듣는 사람의 눈에 여러분의 아이디어를 개구리(낮은 가치)에서 강아지(높은 가치)로 격상시킬 수만 있다면, 아이디어의 성공 가능성을 높일 수 있다.

우리는 다른 수업에서도 동일한 실험을 진행했는데 중요한 차이가 있었다. 이번에는 설문 응답 시간으로 5분이 아니라 20분을 요구했다. 전보다 더 수고스러운 요청은 결과를 어떻게 바꾸었을까? 설문에 응하겠다는 비율이 현격히 감소했다. 이건 예상했던 일이었다. 정작 놀라웠던 것은 사람들이 더 이상 개구리와 강아지 사이에 선호의 차이를 보이지 않았다는 점이다. 개구리냐 강아지냐에 따라 설문에 참여하는 비율 간에는 유의미한 차이가 없었다. 그렇다면 이 집단은 개구리보다 강아지를 중시하지 않는다는 뜻일까? 물론 아니다. 우리는 이런 현상을 '구축驅逐 효과crowding-out effect'라고 부른다. 사람들은 여전히 개구리보다는 강아지에 더 관심이 있다. 하지만 요청에 응하는 데 드는 비용이 다른 모든 고려 사항을 압도했다. 이 증명이 바보 같은 실험으로 보일 수도 있다. 그리고 어떤 의미에서는 실제로도 그렇다. 하지만 이 실험은 또한 사람들이 다른 그 무엇보다 수고(이 경우 설문지를 작성하는 데 걸리는 시간)를 우선시한다는 사실을 여실히 보여준다. **여러분이 추진하는 그 혁신이 사람들에게 많은 것을 요구한다면, 큰 저항**

에 직면하게 될 것이다. 여러분이 만들어내려고 하는 그 변화를 사람들이 높이 평가한다손 치더라도 말이다.

이렇게 수고가 생각을 지배하는 현실은 비즈니스와 관련된 수많은 전통적 계산이 빗나가는 한 요인이기도 하다. 소비자 서비스를 예로 들어보자. 고객 충성도를 높이는 원동력은 뭘까? 고객 서비스 책임자 100명에게 물었더니 89명이 '기대치를 뛰어넘는 것'을 주요 전략으로 꼽았다. 고객이 '설마 이 정도까지?'라고 느낄 정도로 노력한다고 했다. 그러나 고객 충성도에 관한 심층 조사 결과를 보면 이런 관점이 무색해진다. 해당 조사는 7만 5000명에게 고객 충성도를 가장 크게 느끼는 기업이 어디인지 물었다. 그리고 그 이유를 알아내기 위해 일련의 질문을 했다.

조사 결과, 환불을 해주거나 작은 사은품을 나눠주는 것처럼 고객의 기대치를 뛰어넘도록 설계된 동력 중심의 전술은 고객 충성도를 높이지 못했다. **오히려 서비스 현장에서 고객들이 흔히 겪는 마찰력(예컨대 같은 문제를 이 사람, 저 사람에게 여러 번 설명해야 하는 것 등)을 줄이는 게 고객 충성도를 높였다.**

그렇다면 기업들은 고객 서비스를 바라보는 방법을 근본적으로 바꾸어야 한다. '고객을 어떻게 기쁘게 할 것인가?'라고 물을 게 아니라, '어떻게 하면 고객과의 소통이 쉬워질 것인가?'라고 물어야 한다.[4] 질문을 이렇게 바꾸면 새로운 가능성과 우선순위가 펼쳐진다. 남아프리카공화국의 네드뱅크Nedbank는 최근 고객의 수고를 덜어주는 것을 고객 서비스 부서의 근간으로 정했다. 네드뱅크는 문제 해결 시점까지 직원 단 한 사람과만 이야기를 나누면 되는 '한 번만 묻습니다Ask Once' 약속을 만들었다.

수고의 함수를 바꿔라

최소 노력의 법칙이 암시하는 것은 명확하다. '새로운 아이디어를 실행하는 데 드는 비용을 줄인다면 사람들이 그 아이디어에 더욱 마음을 열 것이다.' 그렇기 때문에 '얼마나 수고스러울 것인가'는 매우 중요하다. 매년 세계은행은 각국에서 새로운 사업체를 차리는 게 얼마나 용이한지 측정한다. 요구되는 수고의 정도는 나라별로 크게 차이가 난다. 2020년 뉴질랜드는 전 세계에서 사업체를 차리기 가장 쉬운 국가로 평가됐다(그다음은 싱가포르, 홍콩, 덴마크, 대한민국, 미국 순이었다). 뉴질랜드에서 자기 사업을 시작하고 싶다면 서류 한 장과 평균 4시간 정도의 시간만 들이면 된다. 해당 순위에서 63위를 차지한 인도에서 사업체를 차리려면 평균 17일이 걸린다(그리고 서류 한 장으로는 어림도 없다). 순위가 바닥권에 가까운 아프리카 차드에서 기업가가 되고 싶다면 9개 기관에서 승인을 받는 데 평균 62일이 걸린다.

당연하게도 사업체를 차리는 데 드는 수고의 정도는 회사를 차리고 싶은 의향에 막대한 영향을 끼친다. 세계은행이 조사한 순위에서 상위권에 드는 국가들은 하위 절반의 국가보다 기업 활동이 네 배 정도 활발하다. 국가 차원에서 혁신이 늘어나기를 바랄 때 동력 중심의 사고방식을 갖고 있다면 사업체 설립을 장려하는 기회나 개혁을 만들어내는 데 힘쓸 것이다. 그러면서 정작 혁신으로 나아가는 길을 막는 마찰력은 등한시하는 경향이 있다.

별로 중요하지 않게 보이는 작은 변화라고 해도, 수고의 함수를 조금만 바꾸면 사람들의 행동에 크나큰 영향을 줄 수 있다. 최근에 이 점을 잘 보여주는 실험이 있었다. 실험 참가자들은 IQ를 무료로 측정해 준다는 말을 듣고 실험에 참가 신청을 했다. 연구진은 IQ 테스트가 3단계로 진행된다고 설명했다. 먼저 30분간 IQ 테스트를 실시한다. 그다음 10분간 휴식 시간이 있다. 마지막으로 두 번째 IQ 테스트를 실시한다.

사실 실험을 진행한 연구진은 IQ 결과에는 관심이 없었다. 연구진이 실제로 관심이 있었던 것은 실험 참가자들이 쉬는 시간에 하는 행동이었다. 참가자들이 첫 번째 테스트를 끝내고 나면 진행 요원이 잡지와 사탕 그릇을 들고 들어왔다. 진행 요원은 휴식 시간 동안 참가자들이 긴장을 풀어야 한다면서 잡지를 보거나 사탕을 먹는 게 권장된다고 설명했다.

그런데 여기에 한 가지 교묘한 조작이 있었다. 진행 요원이 사탕 그릇을 두는 위치가 달랐다. 한 상황에서는 참가자로부터 75

센티미터 정도 떨어진 곳에 사탕을 두었다. 다른 상황에서는 참가자로부터 25센티미터 떨어진 곳에 사탕을 두었다. 25센티미터는 팔만 뻗으면 사탕이 손쉽게 닿는 거리다. 75센티미터면 몸을 앞으로 숙여야 사탕을 집을 수 있다. 10분의 휴식 시간이 지나면 연구진은 사탕 그릇을 가져와 무게를 재서 실험 참가자가 사탕을 얼마나 먹었는지 확인했다. 50센티미터라는 거리 차이는 결과를 크게 바꿔놓았다. 실험 참가자들은 손이 닿기 쉬운 곳에 놓인 사탕을 대략 두 배나 더 많이 먹었다. 여기서 혁신가들은 교훈을 얻어야 한다. 작은 차이도 결과에 큰 영향을 줄 수 있다는 사실 말이다. **여러분이 원하는 바로 그 행동을 조금만 더 쉽게 할 수 있는 방법을 찾아낸다면 사람들의 행동은 크게 바뀔 것이다.**[5]

수고 경시

사람들의 행동에 영향을 미치는 가장 강력한 요인 중 하나가 '수고'인데도 혁신이나 변화를 주도할 때 이 점을 계산에 넣는 경우는 거의 없다. 이 사각지대를 우리는 '수고 경시輕視, Effort Neglect'라고 부른다. 로런의 연구소는 오랫동안 수고나 수고의 영향력을 사람들이 직관적으로 어떻게 생각하는지 조사해 왔다.

한 실험에서 우리는 사람들에게 설문에 응할 의향이 있는지 물

었다. 설문 문항은 각각 1문항, 5문항, 20문항이었다. 1문항 설문
에서는 84퍼센트가 응하겠다고 했다. 5문항 설문에서는 절반이
살짝 넘는 56퍼센트가 응하겠다고 했다. 20문항 설문에서는 단
11퍼센트만이 응하겠다고 했다. 그런 다음 우리는 다른 집단에게
5문항 설문의 결과를 미리 알려주었다. 56퍼센트의 사람이 5문항
설문에 응하겠다고 답했다고 말이다. 비교 대상으로 이 정보를
준 다음, 1문항과 20문항 설문에는 각각 몇 퍼센트의 사람이 응하
겠다고 했을지 한번 추정해 보라고 했다. 1문항 설문에는 56퍼센
트보다 많은 사람이, 20문항 설문에는 그보다 적은 사람이 동의
했을 것은 충분히 짐작 가능한 일이었다.

　실험 참가자들은 1문항 설문에는 59퍼센트의 사람이, 20문항
설문에는 32퍼센트의 사람이 동의했을 것 같다고 예측했다. 다
시 말해 설문을 쉽게 만들어봤자 설문에 응하겠다는 의향은 조금
밖에(56퍼센트에서 59퍼센트로) 증가하지 않을 것으로 생각한 것이
다. 그리고 설문 문항을 15개나 추가한다면 의향은 어느 정도 줄
어들(56퍼센트에서 32퍼센트로) 거라고 생각했다.

　위 결과를 보면 두 가지가 분명하다. 첫째 사람들은 수고나 노
력이 중요하다는 사실은 알고 있다. 둘째 그게 얼마나 중요한지
는 거의 모른다. 이 실험에서는 요구되는 수고의 양이 행동의 주
된 동인動因이었다. 수고는 사람들이 예상한 것보다 훨씬 큰 영향
을 미치고 있었다. 수고를 보지 못하는 이 사각지대는 혁신에서

매우 중요하다. 왜냐하면 수고가 사람들에게 미치는 힘을 제대로 이해하지 못한다면 새로운 아이디어를 전개할 때도 그 힘을 간과할 것이기 때문이다.

복수지원 원서

시카고대학교는 전 세계에서 가장 훌륭한 학술기관 중 하나다. 하지만 세계적 명성에 맞지 않게 시카고대학교는 오랫동안 믿기지 않는 문제를 겪고 있었다. 비슷한 명성의 다른 대학들, 예컨대 하버드대학교, 프린스턴대학교, 예일대학교에 비해 시카고대학교는 신입생 지원자 수가 훨씬 적었다. 한 예로 2005년에 프린스턴대학교에 지원한 학생은 2만 8000명이었는데, 시카고대학교는 4000명이 채 되지 않았다.

이는 큰 문제였다. 대학 순위를 결정하는 요소 중에는 선발의 까다로움도 포함되어 있다. 지원자가 적다는 것은 그만큼 큰 비율이 합격한다는 뜻이고 이는 대학 순위를 끌어내리는 요인이 된다. 비슷한 다른 대학들의 합격률은 5퍼센트 내외인 데 반해 시카고대학교의 합격률은 40퍼센트에 육박했다. 대학 총장이나 학과장들은 〈US 뉴스US News〉 등이 만들어내는 대학 순위 시스템이 별의미가 없다고 종종 평가절하를 했지만, 그 영향력이나 중요성은 누구도 부인할 수 없었다. 학부모나 학생들은 주로 그런 순위를 통해 대학의 명성을 알게 되기 때문이다.

시카고대학교의 의문은 지원자가 왜 이토록 적은가 그리고 이걸 어떻게 해결할 것인가 하는 점이었다. 학문적으로 엄격하다는 명성 때문에 학생들이 겁을 먹는다는 게 그때까지 교수진이 가졌던 생각이었다. 시카고대학교의 비공식 모토가 '재미가 살아남지 못하는 곳'이기 때문이다. 하지만 학문적 엄격성은 또한 시카고대학교의 핵심 가치이기도 했다. 그걸 바꾼다는 것은 시카고대학교를 특별하게 만들어주는 요소를 제거하는 것이나 마찬가지였다. '아이비리그'에 속하지 않는다는 점이 학생들의 희망 대학 명단에서 아래로 밀리는 이유라고 생각하는 교수도 있었다.

그런데 알고 보니 문제는 시카고대학교 자체나 대학의 명성과는 아무 관련이 없었다. 문제는 지원 절차였다. 대부분의 대학은 '코먼 애플리케이션Common Application'이라는 제품을 사용했다. 대학 지원 절차를 표준화시켜 놓은 애플리케이션이었다. 고등학생들은 거의 대부분 여러 대학에 복수 지원을 한다(평균 다섯 곳). 지원서 하나로 그 모든 대학에 지원한다면 시간을 엄청나게 절약할 수 있었다.

하지만 코먼 애플리케이션을 사용하지 않았던 시카고대학교는 독특한 지원 절차로 유명했고 그 중심에는 도발적인 에세이 문항이 있었다. 예를 들면 다음과 같은 것이다.

'간장 공장 공장장은 강 공장장이고 된장 공장 공장장은 공 공장장이다'처럼 발음하기 어려운 말장난(원래 영어로 된 것 또는 다른 언어를 번역한 것) 중에 좋아하는 것을 하나 골라 본인이 선택한 방법을 써서 해결책을 내놓으라. 수학, 철학, 언어학 … 어떤 방법을 사용하든 상관없다.

여러분이 만약 명문대 입학 지원자라면 에세이 하나로 모든 명문 대학에 지원할 수 있지만 유일하게 시카고대학교에만 지원할 수 없다. 시카고대학교에 지원하려면 따로 에세이와 지원서를 작성해야 한다. 비용-효익 관점을 따져보면, 합격률이 상당히 높다는 것은 엘리트 대학 중에서 시카고대학에 들어가기가 가장 쉽다는 뜻이다. 평생 이력서 최상단에 '시카고대학교'라고 쓸 수 있는 확률이 40퍼센트라면, 하루 이틀 걸려서 새로운 에세이를 한 편더 쓰는 것 정도는 충분히 해볼 만한 가치가 있는 일이라는 데 대부분의 경제학자가 동의할 것이다.

2009년 시카고대학교는 새로운 총장을 임명했다. 논란에도 불구하고 새 총장은 전통과 이별하고 코먼 애플리케이션을 받아들이기로 결정했다. 이듬해 지원자는 기존 5000명에서 3만 3000명으로 급증했다.

이렇듯 입학 지원자 수를 극적으로 높인 핵심 열쇠는 동력 중심의 해결책이 아니었다. 캠퍼스 미화 계획에 큰 투자를 해야 했던 것도 아니었다. 기막히게 멋진 암벽 등반용 인공 벽을 설치할 필요도 없었다. 핵심은 지원 절차를 더 쉽게 만드는 것이었다.

위 사례는 수고가 얼마나 강력한 힘을 발휘하는지 그리고 그걸 과소평가하는 일이 얼마나 위험한지 잘 보여준다. 수고가 많이 드는 일은 매력적으로 보이지 않는다는 사실은 누구나 알고 있다. 그러나 혁신가들이 좀처럼 이해하지 못하는 부분은 수고가 사람들에게 미치는 힘의 '진짜 크기'다. 시카고대학교의 교수진은 코먼 애플리케이션을 쓰지 않는 것 때문에 일부 학생들이 지원하지 않는다는 사실은 알고 있었다. 그러나 아무도 몰랐던 것은 그로 인한 마찰력의 진짜 크기였다. 코먼 애플리케이션을 쓰지 않는다는 것은 문제의 일부가 아니라 '문제 그 자체'였다. 그 점을 알았다면 시카고대학교는 벌써 오래전에 코먼 애플리케이션을 받아들였을 것이다.

수고가 높은 평가를 받는 드문 경우

사람들이 언제나 저항이 가장 작은 길만 가는 것은 아니다. 남이 가지 않는 길을 적극적으로 찾아다니는 경우도 많이 있다. 집에서 힘들게 요리를 하는 것보다는 패스트푸드를 먹는 것이 훨씬 편하지만 우리는 종종 요리를 한다. 흔히 수고가 높은 평가를 받는 네 가지 상황은 아래와 같다.

1. 경험 그 자체가 목적일 때

다른 모든 신체 활동과 마찬가지로 섹스도 수고를 요한다. 그러나 섹스는 즐거운 활동이다. 일반적으로 섹스는 격렬한 섹스가 더 좋은 걸로 여겨진다. 왜냐하면 경험 그 자체가 기쁨을 주기 때문이다. 비디오 게임도 마찬가지다. 극도로 힘든 비디오 게임도 많다. 그런데도 사람들이 믿기지 않을 만큼의 시간을 들이고, 집중하고, 정신적 수고를 마다하지 않는 이유는 비디오 게임이 너무나 즐겁기 때문이다.

2. 나의 미덕을 알리는 신호의 역할을 할 때

수고를 감내하는 것은 어떤 대의에 대한 헌신을 증명하거나 나의 미덕을 알리는 한 방편이기도 하다. 매달 자원봉사에 어느 정도의 시간을 쓰느냐는 내가 얼마나 인도적인 사람인지를 나타내는 강력한 신호다. 봉사를 더 많이 할수록 남들 앞에서 더 많이 뻐길 권리가 생긴다.

3. 수고스러운 만큼 질이 더 높아진다고 생각할 때

사람들은 노력이 더 많이 들어갔으면 질이 더 우수하다고 생각한다(아닌 경우도 많다). 몇 년에 걸쳐 완성된 그림은 며칠 만에 그린 그림보다 더 가치가 있다고 생각한다. 그래서 연구자들은 데이터 수집 과정이 얼마나 힘들었는지 언급하기를 좋아한다. 연구 결과와는 무관한 부분인데 말이다. 그래도 이 점을 강조하는 이유는 '다른 학자들이' 연구자의 고생과 결과의 질을 연관시켜 생각하기 때문이다.

4. 따분함을 해결하고 싶을 때

사람들은 종종 따분함을 해결하기 위해 육체적·정신적으로 자신을 혹사할 기회를 찾는다. 따분함은 사람들이 기피하는 부정적인 정서 상태다. 어려운 과제에 몰두하면 따분함을 덜 수 있다.

여러분이 원하는 바로 그 행동을
조금만 더 쉽게 할 수 있는 방법을 찾아낸다면
사람들의 행동은 크게 바뀔 것이다.

6

THE HUMAN ELEMENT

노력 최소화 법칙

_공기역학적
아이디어를 만들어라

공중보건 분야에서 오늘날 전 세계가 직면한 가장 큰 난제 중에 하나는 깨끗한 식수를 확보하는 일이다. 전 세계 인구의 약 30퍼센트가 안전한 식수를 확보하지 못하고 있다. 그 결과는 가슴이 미어진다. 세계보건기구who는 안전하지 못한 물을 마셔서 해마다 75만 명의 어린이가 숨지는 것으로 추산하고 있다.

물에 염소 처리를 하는 것은 가장 흔히 사용하는 정수 방법이다. 미국에서는 공공 정수 처리장의 98퍼센트가 염소를 사용해서 수돗물을 마시기 안전한 상태로 만들고 있다. 정수 처리 인프라가 부족한 개발도상국에서는 물을 정수해서 먹으라고 구호 단체들이 염소를 병에 담아 각 가정에 일상적으로 나눠준다. 염소는 수인성 질병을 예방할 수 있는, 믿을 만하면서도 비용 대비 효과가 뛰어난 방법이다. 그런데 안타깝게도 실제로 이 염소를 사용하는 사람은 극소수다. 염소를 받은 가정 중에서 정기적으로 염소를 사용하는 가정은 10퍼센트 정도에 불과하다.

문제를 조금만 파고들어 보면 그 이유를 금세 알 수 있다. 물을 모아서 처리하는 과정이 여간 힘든 게 아니기 때문이다. 먼저 물을 한곳에 모아야 한다. 마을에 있는 우물이나 기타 공용 수원까지는 대게 걸어서 가야 한다. 그다음에는 그 물을 다시 집까지 짊어지고 와야 한다. 집에 도착하면 염소로 물을 처리해야 한다. 그러려면 물의 양을 측정한 다음 정확한 양의 염소를 넣어야 한다. 염소를 너무 적게 넣으면 효과가 없고, 너무 많이 넣으면 불쾌하다. 그런 다음 기다려야 한다. 염소가 물을 정화하는 데는 시간(대략 20분)이 걸리기 때문이다.

행동과학자 마이클 크레머Michael Kremer가 이끄는 비영리단체 IPAInnovations for Poverty Action는 정수 과정을 원활하게 할 수 있는 시스템을 설계해 염소 사용을 촉진하기로 했다. 첫 시범사업을 벌인 곳은 케냐 서부의 시골이었다. IPA는 사람들에게 개별적으로 염소를 나눠주는 대신 공용 수원에 염소 디스펜서(dispenser, 버튼을 누르거나 손잡이를 돌리면 내용물이 나오게끔 만들어진 통 - 옮긴이)를 설치했다. 물통에 물을 받자마자 염소를 넣을 수 있게 한 것이다. 집으로 다시 출발하기 전에 염소를 넣게 한 것은 가장 큰 마찰력 중 하나(염소가 효과를 낼 때까지 '기다려야 하는 것')를 제거했다. 이제는 집에 도착하면 물이 이미 정화되어 있었다. 염소 디스펜서를 설치함으로써 줄어든 또 하나의 마찰력이 있다. 마을 사람들은 물을 받아 올 때 흔히 5갤런짜리 제리캔을 사용했다. IPA가 설치한 디스펜서는 이 5갤런짜리 제리캔에 딱 맞는 양의 염소가 나오도록 설계됐다. 마을 사람들이 디스펜서 밑에 제리캔을 놓고 손잡이를 한 번만 돌리면 정확한 양의 염소가 나왔다. 설계상의 특징이 또 하나의 커다란 불편을 제거한 것이다. '정확한 양의 염소를 측정'해야 하는 불편 말이다. 설계상의 마지막 특징은 디스펜서를 밝은 색으로 칠한 것이었다. 디스펜서를 눈에 띄게 만들자 염소를 넣어야 한다는 사실을 기억하기도 쉬웠다.

결과는 사람들을 깜짝 놀라게 만들었다. 각 가정마다 개별적으로 염소가 든 병을 나눠줬을 때는 겨우 14퍼센트의 가정만이 지속적으로 물을 정화해서 먹었다. 그런데 같은 동네에 이 공용 디스펜서를 설치하자 깨끗한 물을 먹는 가정의 비율이 61퍼센트로 급증했다. 이 변화는 시범사업을 진행한 2년간 계속 유지됐다. 이후 에비던스 액션Evidence Action이라고 하는 단체가 이 사업을 확대해 케냐, 말라위, 우간다 전역에 2만 5000개가 넘는 디스펜서를 설치했다. 에비던스 액션은 이 공용 디스펜서 덕분에 400만 명이 넘는 사람이 깨끗한 물을 마시게 된 것으로 추산하고 있다.

IPA가 이처럼 놀라운 결과를 얻을 수 있었던 것은 두 가지를 잘했기 때문이다. 먼저 IPA는 마찰력이 발생하는 지점이 어디인지 철저히 진단했다. 그리고 해당 지점을 파악한 후에는 행동에 작용하는 저항력을 없앨 수 있는 창의적인 해결책을 생각해 냈다. 노력 또는 수고 때문에 생긴 마찰력을 해결하려고 할 때는 기본적으로 두 가지를 자문해 봐야 한다. 이 행동을 하기 어려운 이유는 무엇인가? 어떻게 하면 그 부분을 하기 쉽게 만들 수 있는가? 6장에서는 이 두 가지 질문에 답하는 요령들을 알아본다.

수고의 정의

수고를 줄이려면 먼저 그 뜻부터 제대로 알아야 한다. 어떤 아이디어나 계획을 실행하기 쉽게 혹은 어렵게 만드는 속성은 무엇일까? 수고에는 두 가지 차원이 있다. 하나는 누구나 아는 것이지만, 다른 하나는 그렇지 않다. 명백하고 직관적인 차원의 수고는 양적 측면에서 본 '노력exertion'이다. 이는 어느 과제 또는 어느 행동에 얼마만큼의 에너지가 드느냐를 말한다. 50페이지짜리 서류를 작성하려면 5페이지짜리 서류를 작성하는 것보다는 더 많은 노력이 필요하다.

두 번째 차원의 수고는 '모호함'이다. 노력이 목표 달성에 들어가는 작업의 양과 관련된다면 모호함은 그 목표를 달성하는 방법을 사람들이 아느냐와 연관된다. 새로운 땅을 헤매고 있는 최초의 탐험가나 처음 보는 미로를 더듬고 있는 한 마리 쥐를 떠올려보라. 길을 모르면 스스로 개척하는 수밖에 없다. 이 말은 곧 시행착오가 있을 거라는 뜻이다. 엉뚱한 길로 들었다가 막다른 길에 이르기도 할 것이다. 모호함이 수고의 중요한 차원이 되는 이유는 혁신가에게는 쉽게만 보이는 아이디어가 남들에게는 모호함으로 뒤덮여 있는 경우가 너무나 많기 때문이다.

기업의 승인 절차를 한번 생각해 보라. 대학의 경우라면 새로운 수업 개설을 승인받는 과정일 수도 있겠다. 승인 절차가 얼마나 수고스러우냐는 들이는 노력과 모호함이 합쳐진 결과다. 노력은 승인을 받기 위해 들어가는 작업의 양이다. 어떤 대학에서는 이 부분이 비교적 쉽다. 학과장에게 수업 내용을 설명하는 이메일 한 통만 보내면 된다. 하지만 그게 일반적인 경우는 아니다. 대부분의 대학에서는 새로운 수업 개설을 승인받으려면 지난한 행정 절차를 거쳐야 한다.

모호함은 승인 절차가 잘 알려져 있느냐에 따라 정해진다. 어느 교수가 신규 수업을 간절히 개설하고 싶다면 그 방법을 아는가? 만약에 모른다면 누구와 이야기해야 필요한 정보를 구할 수 있는지는 아는가? 만약 동료에게 묻는다면 일관된 정보를 얻는가 아니면 모순된 정보가 나오는가? 경험상 이들 질문에 대한 답은 '아니요'인 경우가 많다. 어디 가서 정보를 구해야 할지 모른다면 첫발조차 떼기가 어렵다. 이처럼 어느 과제를 둘러싼 혼란이 작업 그 자체보다 더 큰 장애물인 경우가 많다.

수고의 두 가지 차원을 이해하는 게 중요한 이유는 수고를 극복하기 위한 토대가 되기 때문이다. **모호함을 극복하는 데는 우리가 '로드맵을 작성하라'라고 부르는 과정이 필요하고, 양적 노력에 따른 마찰을 극복하려면 우리가 '행동을 원활화하라'라고 부르는 과정이 필요하다.**

전략 1: 로드맵을 작성하라

지금은 아무도 기억하지 못하겠지만 제2차 세계대전 때 미국 정부가 맞닥뜨린 가장 큰 어려움의 하나는 막대한 비용이었다. 전쟁 기간에 미국은 대략 3000억 달러 정도를 썼다. 이게 얼마나 큰 금액인지 비유를 좀 해보면, 전쟁 이전에 역대 미국 정부가 쓴 모든 비용을 합친 것보다도 두 배나 많은 금액이었다. 전쟁 자금을 마련하기 위해 프랭클린 루스벨트 대통령과 대통령 자문들은 민간에 도움을 청하기로 했다. 막대한 양의 '전쟁 채권'을 발행하여 전쟁 비용을 대기로 한 것이다.

그런데 그러려면 수백만 명의 미국인이 채권을 사줘야 했다. 그래서 미국 정부는 캠페인 홍보를 위해 광고업계 최고의 전문가들을 초빙했다. 채권 판매를 장려하는 데는 포스터가 큰 역할을 했다. 짐작이 가겠지만 홍보 포스터는 정서적 동력에 크게 의존해 구매를 유도하려 했다. 전형적인 한 포스터에는 부상당한 병사가 전장에 쓰러져 이렇게 말하고 있었다. "동지여, 최선을 다해주길." 또 다른 포스터에는 늠름한 전투기 조종사가 비행 중이었고 그 위로 이렇게 쓰여 있었다. "사주시면, 제가 조종하겠습니다!" 적군에 대한 두려움에 초점을 맞춘 광고들도 있었다. 한 포스터에서는 나치 병사가 어린 소녀를 음흉하게 바라보는 가운데 이런 불길한 대사가 쓰여 있었다. "소녀를 적군의 손에 넘기지 마세요."

하지만 가장 효과적인 슬로건은 심금을 울리는 말들이 아니었다. 두려움을 이용한 전술도 아니었다. 즉 가장 효과적인 슬로건은 동력 중심의 슬로건이 전혀 아니었다. **최고의 슬로건은 미국인들이 '왜' 돈을 내야 하는지를 설명하는 내용이 아니라, '언제' 돈을 내야 하는지 알려주는 내용이었다.** 이 포스터는 사무실에서 근무 중인 직원들을 그려놓고 다음과 같이 썼다. "사내 변호사가 등록하라고 할 때 구매하세요." 이 표어가 너무나 효과적인 것으로 드러났기 때문에 이내 모든 전쟁 채권 포스터에는 이 메시지를 쓰게 됐다. 전쟁 채권 판매액은 두 배로 늘어났다.

애국심이나 적군에 대한 공포를 자극한 메시지보다 그렇지 않은 메시지가 더 효과가 있었던 이유는 뭘까? 바로 사람들에게 로드맵을 제시했기 때문이다. 이 문구는 사람들에게 언제 참여할지 말해줌으로써 참여 경로를 쉽게 만들었다. 로드맵이 없다면 어떤 마찰력이 생길지 한번 생각해 보라. 사내 변호사에게서 전쟁 채권을 사야 한다는 사실을 모른다면 변호사가 사무실을 방문했을 때 시간을 내지 않을 수도 있다. 혹은 다음 달 급여가 나오면 참여하겠다고 생각하면서 미룰 수도 있다. 언제 어떻게 참여하는지에 대한 모호함은 돕고 싶은 마음보다 훨씬 더 강력한 힘을 발휘한다.

로드맵의 힘을 보여주는 또 하나의 초창기 사례는 파상풍 예방 접종 캠페인과 관련된 것이다. 심리학자들은 파상풍 주사를 맞게끔 사람들을 설득할 수 있는 메시지를 설계해 달라는 과제를 받았다. 당시 많은 미국인이 파상풍 주사를 맞지 않으려 했다. 설득에 관한 여러 이론에 기초해서 다양한 메시지가 제시되었다. 한 메시지는 백신의 이점을 강조했고, 다른 메시지는 파상풍이라는 질병의 위험성과 생명을 위태롭게 하는 파급력을 강조했다. 그러나 전쟁 채권 사례에서와 마찬가지로 가장 효과적이었던 것은 동력에 초점을 맞춘 메시지가 아니었다. 세 번째 메시지는 전혀 다른 접근법을 취했다. 이 메시지는 그냥 파상풍 주사를 맞을 수 있는 동네 병원을 잘 표시한 지도를 보여주면서 이번 주에 병원을 방문할 수 있는 때가 언제인지 본인의 스케줄을 확인해 보라고 했다. 동력 중심의 메시지를 받은 사람들 중에서는 약 3퍼센트만이 접종을 하겠다고 말했다. 그러나 로드맵 메시지를 받은 사람들 중에서는 28퍼센트가 결국 파상풍 주사를 맞았다.

비슷한 접근법으로 성공했던 투표 독려 캠페인도 있다. 선거에서 가장 중요한 것은 투표율이다. 투표를 독려하기 위해 해마다 수십억 달러가 든다. 이들 캠페인은 대부분 사람들이 투표를 해야 하는 '이유'에 초점을 맞추어 투표의 중요성을 강조한다. 그러다 보니 투표의 부담을 덜어주게끔 설계되어 있지는 않았다. 투표에 드는 수고는 투표율에 막대한 영향을 미친다. 집에서 투표장까지의 거리는 투표 가능성을 알려주는 유력한 예측변수다. 어린 자녀가 있느냐 여부도 마찬가지다. 자녀가 있다는 것이 시민의 의무에 영향을 미치기 때문이 아니다. 그저 자녀를 키우는 데

들어가는 일상의 수고(아침을 차려주고, 옷을 입히고, 학교에 데려가고, 데려오고 등등)가 나 혼자 먹고 입으면 되는 사람에 비해 투표장에 가는 것을 훨씬 더 어렵게 만들기 때문이다.

그러나 투표 독려 활동이 투표 과정의 모호함을 줄이는 데 초점을 맞추면 전통적 캠페인보다는 좋은 성과를 낸다. 하버드대학교 공공정책대학원의 행동과학자 토드 로저스Todd Rogers는 2008년 선거 기간에 전통적인 투표 독려 프로그램과 모호함을 줄이는 접근법 사이의 효과를 비교했다. 연구는 대략 30만 명을 대상으로 했다. 한 그룹에게는 민주당 전국위원회DNC가 사용하는 일반 안내문을 사용해 투표를 독려했다. 해당 안내문은 다가오는 선거에 얼마나 많은 게 걸려 있는지에 초점을 맞췄다. 또 다른 그룹에게는 똑같이 많은 것이 걸려 있다는 내용의 안내문을 보내면서, 투표의 구체적 실행 방안에 초점을 맞춘 내용을 포함시켰다. 투표자들에게 다음 세 가지를 묻는 내용이었다.

· 하루 중 언제 투표하실 건가요?
· 투표장까지 어떻게 가실 건가요?
· 어디를 다녀오는 길에 투표장에 가실 건가요?

전통적인 안내문을 받은 경우는 투표율이 2퍼센트 올랐다. 전통적인 안내문과 로드맵을 함께 받은 경우는 투표율이 4퍼센트

올랐다. 다시 말해 짧은 질문 세 가지만 추가해도 민주당 전국위원회에서 준비한 최선의 안내문보다 효과가 두 배로 높아졌다. 2 퍼센트 포인트의 상승이 어떤 의미일지 한번 생각해 보자. 2012년 미국 대통령 선거에서 투표율을 이 정도 높일 수 있었다면 주요 경합주였던 플로리다주와 오하이오주, 노스캐롤라이나주의 결과가 바뀌었을 것이다.

로드맵이 이처럼 효과적인 이유는 뭘까? **한 가지 장점은 직접 알아봐야 하는 비용을 줄여주고 곧장 행동에 이를 수 있게 길을 터준다는 점이다.** 리더들에게 직원들이 어떤 행동을 더 많이 해 줬으면 좋겠냐고 물어보면 똑같은 화두가 등장하고 또 등장한다. 수많은 리더가 '혁신'을 이야기한다. 어느 경영자는 이렇게 썼다. "저는 사람들에게 끊임없이 혁신을 독려하지만 혁신은 일어나지 않습니다. 심지어 인센티브도 제안해 봤습니다. 제가 뭐라고 하든, 저희 직원들은 지금 방식 그대로가 괜찮은 모양입니다." 세일즈에서는 새로운 세일즈 기회를 창출하는 데 시간을 투자하는 게 화두다. 직원들이 지역 사회에 나가서 인맥을 쌓아야 한다는 사실을 알고 있는 상사들은 세일즈 팀원들이 기존 고객에게만 시간을 쓰고 밖에 나가서 인맥을 쌓지 않는 게 불만이다. 규모가 큰 조직에서는 '협업'이 화두다. 리더들은 각 부서가 높다랗게 담을 쌓고 제 밥그릇만 챙긴다고 걱정한다.

이런 불평이 나오면 우리는 경영자들에게 다음과 같이 숙제를 내준다. '여러분이 더 많이 보고 싶은 그 행동이 실제로 하루 중에, 일주일 중에, 한 달 중에, 언제 일어나야 하는지 써보세요.' 세일즈 직원들이 현장에 나가서 새로운 세일즈 기회를 창출하길 바란다면 그 행동은 언제 어떻게 일어나야 하는가? 일상적으로 일어나야 하는 일이라면 하루 중 언제 일어나야 하는가? 어떤 식으로 일어나야 하는가? 세일즈 직원들이 참석해야 하는 행사가 있는가? 콘퍼런스가 있는가? 부서 간 협업은 어떤 식으로 일어나야 하는가? 함께 논의를 해볼 만큼 직원들이 서로를 잘 아는가? 만약에 잘 안다면 그런 논의를 할 수 있는 시간과 장소는 있는가?

혁신이나 세일즈 기회 창출, 협업이 잘 일어나지 않는 조직의 경영자들은 대부분 위 질문에 제대로 답하지 못한다. 경영자들은 이런 부분에 대해서 직원들이 솔선수범하고 스스로 답을 찾아야 한다고 말한다. 그래, 뭐 그렇다고 치자. 하지만 **행동이 일어날 수 있는 분명한 경로가 없다면 행동은 좀처럼 일어나지 않는다.** 무관심처럼 보이는 직원들의 수많은 행동이 실은 그냥 '모호함' 때문에 벌어지는 일이다.

행동을 언제 어떻게 해야 하는지 알려주면 행동하고 싶은 사람의 앞길을 막고 있는 실질적 장해물들을 해결하는 데 도움이 된다. 동력 중심의 사고방식에서는 일정 조율과 같은 실천상의 문제들이 사소한 일처럼 보일 것이다. 그러나 수고가 인간에게 미치는 막대한 영향력을 아는 사람에게는 바로 그런 장해물이 관심의 초점이 된다.

페덱스데이

행동의 로드맵을 제시한 멋진 사례가 있다. 다양한 프로젝트 관리 툴을 개발하는 호주의 소프트웨어 회사 애틀래시언Atlassian이 그 주인공이다. 나이키나 코카콜라, 넷플릭스, 구글 같은 기업도 중요한 프로젝트를 관리할 때는 애틀래시언의 제품을 사용한다. 소프트웨어 개발 기업이 다들 그렇지만 애틀래시언도 혁신을 핵심 가치로 내걸고 있다. 당연한 일이다. 기업들에게는 새로운 문제가 속속 출현하고, 애틀래시언은 그것을 해결할 창의적인 솔루션을 계속해서 생각해 내야 하기 때문이다.

그러나 매일 감당해야 할 업무만으로도 스케줄이 꽉 찬 가운데 짬을 내서 미래를 위한 제품을 생각한다는 것은 결코 쉬운 일이 아니다. 그래서 애틀래시언은 혁신(기업 성공에 요구되는 행동)이 일어날 기회를 열어줄 의식적인 문화 행사를 생각해 냈다. 애틀래시언은 분기마다 팀을 짜서 24시간을 주고 새로운 콘셉트나 아이디어를 개발한다. 규칙은 단 하나, 현재 작업 중인 제품 아이디어는 안 된다는 것뿐이다. 직원들은 이 하루짜리 혁신 기간을 '페덱스데이FedEx day'라고 부른다. 뭐가 되었든 하루 만에 분명한 결과를 내놓아야 하기 때문이다.

애틀래시언의 리더들은 장황한 연설이나 인센티브로 혁신의 '정신'을 고취하려고 들지 않는다. 대신에 혁신을 업무체계 속에 집어넣었다. 페덱스데이가 어찌나 성공적이었던지, 지금은 혁신을 원하는 다른 기업들에 이 방법을 전수해 주고 있다.

'~라면 ~하라' 방아쇠

로드맵을 제시할 때 또 하나 좋은 점은 그 행동을 해야 한다는 사실을 기억하기 쉬워진다는 점이다. 사람들이 새로운 아이디어를 받아들이는 데 실패하는 큰 이유 중에 하나는 (적극적 저항과는 달리) 단순히 해당 행동을 해야 한다는 사실을 '잊어버리는 것'이다. 예를 들어 어느 연구를 보면 유방암 자가 진단을 하지 않는 여성의 70퍼센트가 그 주된 이유로 '잊어버렸다'를 꼽았다. 로드맵은 미래의 어느 순간(예컨대 '사내 변호사가 방문할 때')과 그 순간의 올바른 행동(예컨대 '전쟁 채권을 사라') 사이에 분명한 연결점을 만들어 무심결에 잊어버리는 것을 막아준다. 이렇게 어느 순간과 특정 행동이라는 짝은 종종 '~라면 ~하라'의 관계를 갖고 있다. 'X 상황이 일어나면 Y 하라.'

로런의 부동산 중개사 토니 G가 바로 이런 경우다. 로런은 거의 열 명이 넘는 동료에게 토니를 소개해 주었다. 그 이유 중 하나는 토니가 일을 아주 잘하기 때문이다. 토니는 시카고 부동산 시장을 잘 알고 있고 고객을 위해서라면 기꺼이 나서서 무슨 일이든 해줄 뿐만 아니라 함께 일하기에 즐겁다. 다시 말해 토니는 동력이 많다. 그러나 로런이 그를 추천하는 데는 또 다른 중요한 이유가 있다. 토니가 아주 영리한 행동을 했기 때문이다. 토니는 로런에게 소개를 부탁하면서(부동산 중개인이라면 누구나 하는 일이다) 이렇게 말했다. "켈로그대학에 새로 들어온 동료에게 좋은 일을 하나 하고 싶으시면 혹시 부동산 중개인이 필요하지는 않은지 한번 물어봐주세요. 제가 잘 챙길게요."

이 말은 작지만 강력한 두 가지 효과를 냈다. 누구나 그렇듯이 로런도 새로 들어온 동료를 도와주고 싶고 좋은 관계를 쌓고 싶다. 토니는 그 분명한 경로를 알려줌으로써 로런이 쉽게 훌륭한 동료가 될 수 있게 만들어주었다. 그러면서 토니는 자신에게도 분명한 기회의 창을 만들었다. 토니는 로런에게 그냥 소개를 부탁한 게 아니다. 토니는 이렇게 말했다. "새로운 동료를 처음 만나면 부동산 중개인이 필요한지 물어봐주세요." 그러니까 토니는 가장 먼저 이 말이 생각나게끔 '~라면 ~하라'의 방아쇠를 만들어둔 것이다. 로런은 새로운 동료를 만나 '이런저런 얘기를 주고받을 때'마다 자동으로 부동산 중개인이 필요한지 물어본다. 왜냐하면 노력하지 않아도 그 생각이 머리에 떠오르기 때문이다.

애틀래시언에서 혁신이 가능했던 것은 일상적인 마찰력과 장해물을 제거한 덕분이 크다. 로드맵을 만들면 내가 의도한 일을 행동으로 옮기는 데 도움이 된다. 하지만 로드맵을 만드는 것 자체가 직관적이거나 흔한 일은 아니다. 아이러니하게도 **해당 아이디어에 대한 신념이 깊은 사람들이 새로운 아이디어의 실행을 가장 소홀히 하는 경향이 있다.** 최근 연구에 따르면 어떤 행동을 하겠다는 결심이 아주 강한 사람들은 자신의 의도를 무위로 만들 수 있는 마찰력을 가장 소홀히 여기는 경향이 있다고 한다. 왜냐하면 본인의 결심이 강한 만큼 그 어떤 장해물이 있더라도 결승선을 넘을 수 있다고 착각하기 때문이다.[1]

전략 2: 행동을 원활화하라

수고의 또 다른 차원은 양적 측면의 노력이다. 노력은 길을 막고 있는 장애물의 크기와 심각성에 따라 달라진다. 더 많은 수고를 요할수록 변화에 대한 저항도 거세진다. 여러분의 아이디어에 포함된 수고가 저항을 유발하고 있다면 더 쉽게 변화를 만들어낼 방법을 찾아야 한다. 여러분의 아이디어를 더 매끄럽게 공기역학적으로 만들어서 저항력을 제거해야 한다. 이 과정을 우리는 '원활화 작업'이라고 부른다. 원활화 작업에는 장해물을 제거하고 지름길을 찾는 것이 포함된다.

원활화 작업의 시작은 마찰력이 생기는 지점을 파악하는 것이다. 때로는 그 지점이 자명할 때도 있다. 줄을 길게 서서 기다려야 하는 것은 분명히 마찰력이다. 그런데 또 어떤 때에는 마찰력이 숨어 있어서 주의 깊게 찾아내지 않으면 드러나지 않을 때도 있다. 비치 하우스(1장 참조)가 좋은 예다. 당시 마찰력(기존의 소파를 어떻게 해야 할지 모르는 것)은 숨어 있었고 회사는 고객들과 심층 인터뷰를 진행한 후에야 이 마찰력을 찾아낼 수 있었다.

그러나 행동 설계 전문가를 고용해야만 이런 마찰력을 찾아낼 수 있는 것은 아니다. 몇 가지 좋은 질문을 던지고 조금만 숙고해 보면 마찰력을 찾아낼 수 있는 경우도 많다. 예를 들어 우리 친구 중에 직업 강연가가 있다. 훌륭한 자영업자들이 으레 그렇듯이 이 친구도 본인의 강연 결과를 늘 데이터로 남기며 추적한다. 친구가 유심히 모니터링하는 데이터 중에 하나는 한 번의 강연을 통해 만들어진 소개 건수다. 친구의 사업은 주로 소개를 통해 성장하기 때문에 소개 건수는 주요 성공 지표 중 하나다. 어느 날 저녁 술을 한잔하면서 친구는 소개 건수에 재미난 패턴이 있다고 했다. 모 아니면 도라는 것이다. 강연을 하고 나면 소개가 우수수 쏟아지거나 아니면 아예 한 건도 없다고 했다. 친구는 아래와 같은 데이터를 보여줬다.

2019년 10월 15일 0건
2019년 10월 19일 6건
2019년 11월 05일 9건

2019년 11월 16일 0건

2019년 11월 17일 4건

2019년 12월 10일 0건

2019년 12월 13일 8건

친구는 왜 어떤 강연은 소개를 수두룩하게 만들어내고 다른 강연은 그렇지 않은지 궁금해했다. 연습한 대사처럼 들리지는 않지만 친구의 강연에는 면밀히 작성한 대본이 있다. 그러니 강연마다 내용이 많이 달랐다고는 할 수 없다. 이것저것 캐물어 보다가 우리 중에 한 명이 결국 제대로 된 질문을 했다. "소개를 어떤 식으로 받는데? 이메일로 연락이 오는 거야 아니면 일단 얼굴 보고 이야기를 하는 거야?" 친구는 거의 100퍼센트 대면 대화를 나눈다고 했다. "그게 언제인데?" 친구는 강연 직후라고 답했다. 친구는 강연이 끝나면 사람들이 자신에게 다가와 말을 걸 수 있도록 최대한 오랫동안 자리를 지킨다고 했다. 왜냐하면 대부분의 소개가 그때 이뤄지는 것처럼 보였기 때문이다. 그 순간 친구가 무언가를 떠올렸다. 휴식 시간! 소개를 많이 받게 되는 강연은 강연 직후가 휴식 시간이거나 저녁 시간인 경우였다. 다시 말해 소개를 받을 수 있는 분명한 기회가 열려 있을 때였다. 소개를 전혀 받지 못했던 경우는 친구의 강연이 끝난 후에 곧장 '다른 강연'이 이어졌을 때였다. 강연이 끝나면 각종 브로슈어나 기념품 등에 친구의 이메일 주소가 또렷이 표시되어 있고, 강연을 끝낼 때마다 친구는 참석자들에게 자신을 팔로해 달라고 부탁했다. 그러나 지금 막 의욕이 샘솟고 강연자가 같은 방에 있을 때 이야기를 이어나가기는 쉬워도, 따로 시간을 내서 강연을 부탁하는 신중한 이메일을 보내는 것은 한 다리 건너야 할 너무나 요원한 일이었다. 이 작은 깨달음은 친구에게 엄청난 보상으로 돌아왔다. 이제 친구는 가능하면 휴식 시간이나 저녁 시간 직전에 강연을 잡는 것을 원칙으로 하고 있다.

혁신의 원활화 작업을 진행할 때 우리는 두 단계를 밟는다. 첫 단계는 사용자의 입장에서 해당 절차나 경험을 밟아나가는 모습을 처음부터 끝까지 그림으로 그려보는 것이다. 우리는 이 과정을 '경험 타임라인' 만들기라고 부른다. 경험 타임라인에는 우리가 바라는 그 행동을 완료하기까지 사용자가 거쳐야 하는 전 과정이 단계로 표시된다. 왼쪽 끝은 경험의 시작, 오른쪽 끝은 최종 결과를 나타내는 긴 막대 위에 중요한 순간들이 하나씩 시각적으로 표시된다.

경험 타임라인을 만드는 목적은 변화를 방해하는 마찰력이 발생하는 순간을 혁신가가 시각화할 수 있게 돕기 위해서다. 타임라인에 있는 '긍정적 경험'은 사용자 만족도가 높거나 긍정적 기분이 만들어지는 순간들을 나타낸다. 즉 사용자의 전체 여정에서 혁신가가 더 증폭시켜야 할 경험이 무엇인지 알려준다. '부정적

경험 타임라인

경험 타임라인: 사례

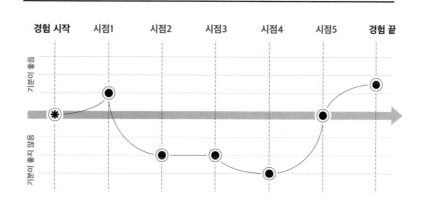

경험 타임라인을 여러 개 그려서 비교해 보면 개선이 필요한 영역이 드러난다.

경험'은 사용자가 평소보다 많은 양의 수고나 불만족을 감내해야 하는 순간들이다. **타임라인 위의 이 부정적인 순간들은 원활화 작업을 진행할 수 있는 분명한 기회를 나타낸다.**

경험 타임라인을 만들 때는 먼저 사용자에게 최근에 특정 경험을 했던 과정을 처음부터 끝까지 떠올려보게 한다. 그리고 그중에 가장 중요하다고 느꼈던 순간들을 구체적으로 말해보게 한다. 그리고 개인적 경험을 타임라인 위에 '사인 곡선(물결 모양으로 오르내리는 상태를 일정 주기마다 반복하는 그래프 - 옮긴이)' 형태로 '그려보게' 한다. 각각의 순간이 어떤 느낌(긍정적, 부정적, 중립적)이었는지 표시해 보는 것이다.

곡선의 높이나 깊이는 경험의 과정 중에 기분이 좋고 나쁜 정도를 나타낸다. 여러 명의 사용자를 통해 7개에서 10개 정도의 경험 타임라인을 확보하면 뚜렷한 패턴이 드러난다. 그러면 개선이 가장 필요한 순간의 원활화 작업에 집중할 수 있다.

염소를 사용해서 식수를 정화한 사례로 돌아가보자. 만약 여러분이 깨끗한 식수를 최대한 확보해 주려는 비영리단체의 일원이라면 사람들에게 염소를 나눠주는 게 '쉬운' 해결책인 것처럼 보인다. 표면적으로 이 작업은 간단한 한 단계만 거치면 된다. 염소를 물에 타는 것 말이다. 그러나 IPA는 이게 보기보다 어려운 행동이라는 사실을 깨달았다. IPA는 식수 정화 과정에 필요한 수고스러운 순간들을 다섯 개로 나눠보았다.

경험 타임라인 : IPA 사례

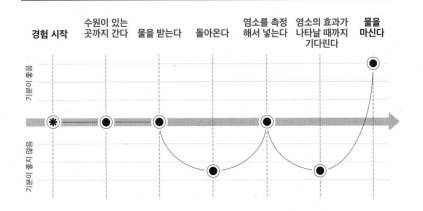

IPA 식수 정화 연구 혁신을 위해 작성한 경험 타임라인

시점1은 수원이 있는 곳까지 가는 과정이다. 시점2는 물을 받는 행동이다. 시점3은 받은 물을 가지고 집으로 돌아오는 과정이다. 시점4는 염소의 양을 측정해 물에 넣는 것이다. 시점5는 물이 정화되도록 20분을 기다리는 것이다.

타임라인을 통해 부정적 순간들이 확인되면 원활화 작업의 다음 단계는 부정적 순간들을 제거하는 것이다. 원활화 작업의 **첫 단계가 마치 형사가 된 것처럼 어느 지점이 수고스러운 순간인지 단서를 찾으려고 노력하는 과정이라면, 두 번째 단계는 마치 엔지니어가 된 것처럼 행동을 더 쉽게 할 수 있도록 환경을 재구성하는 과정이다.** IPA는 사용자의 전체 경험에서 가장 번거로운 마찰력 두 가지가 물을 가지고 집으로 돌아오는 과정과 염소가 효과를 낼 때까지 20분을 기다리는 과정임을 알았다.

IPA는 물을 가지고 집으로 돌아오는 과정 자체를 제거할 수는 없었지만, 물을 받는 시점에 염소를 넣을 수 있게 전체 과정을 '재설계'할 수는 있었다. 이렇게 하면 집으로 돌아오는 동안 정화 과정이 진행되기 때문에 전체 과정에서 20분이 단축된다. 원활화 작업의 (그리고 경험 타임라인의 도움을 받을 수 있는) 핵심 열쇠는 전체 여정에서 가장 큰 마찰력을 발생시키는 단계를 정확히 집어내는 것이다. 그래야 가장 중요한 순간을 해결하는 데 에너지와 자원을 집중할 수 있다.

지금까지 우리가 이야기했던 여러 사례에 이미 원활화 작업이

들어 있었다. 비치 하우스 사례로 돌아가보자. 비치 하우스가 내놓은 해결책은 고객의 기존 소파를 수거해 기부함으로써 고객의 구매 의사결정을 쉽게 만드는 것이었다. 이 제안은 가장 큰 마찰력을 완화하고 있다. 그러나 비치 하우스가 취할 수 있었던 방법이 그것만 있는 것은 아니다. 어쩌면 물류상의 어려움도 있고 기존 가구를 수거하고 기부하는 데 비용이 너무 많이 들었을 수도 있다. 그럴 경우에는 해비타트Habitat for Humanity나 구세군 같은 기관들과 협업관계를 맺어 기존 소파를 가져가서 새로운 목적에 쓰게 한다면 여전히 고객의 짐을 덜어줄 수 있다. 고객을 대신해 이런 기부 서비스와의 연락을 도맡는다면 고객의 부담은 한층 더 줄었을 것이다. 새 소파가 배달되는 날에 기존 소파의 기부 수거 작업이 동시에 진행되도록 일정을 조율한다면 수고라는 함수는 정말로 바뀐다. 고객의 달력에서 약속을 하나 더 없애줄 수 있기 때문이다. 이런 가능성 하나하나가 불편을 제거하여 소파 구매라는 과정을 원활화한다.

시카고대학교의 원활화 작업은 코먼 애플리케이션으로 옮겨간 것이었다. 아마존의 원활화 작업은 원클릭 결제 시스템으로 바꾼 것이었다. 우리 친구 강연가의 원활화 작업은 참석자가 접근하기 쉽게 기회의 창(휴식 시간)을 만든 것이었다.

희망선

두 지점 사이의 가장 짧은 거리는 직선이다. 그러나 우리가 한 지점에서 다른 지점으로 가려고 할 때마다 세상이 늘 직선이라는 선택권을 주는 것은 아니다. 그래서 우리는 직접 길을 낸다. '희망선希望線'은 인간이 만든 지름길이다. 공원이나 산림보호구역에서 잔디가 닳거나 자국이 나서 생긴 흙길을 본 적이 있을 것이다. 희망선은 이미 만들어져 있는 보도나 기존의 길을 따르지 않으면서 목적지로 가는 더 짧고 편한 경로를 찾는 과정에서 우리가 직접 걸어서 낸 길이다. 이 길이 희망선desire path인 이유는 더 '쉬운' 길이 우리가 '희망하는desired' 길이기 때문이다.

전통적으로 희망선은 흉물로 인식됐다. 그러나 이제는 도시 계획자들 사이에서 희망선을 사용자에게 피드백을 받을 수 있는 귀중한 자료로 보는 시각이 늘고 있다. 희망선을 포장해서 인도나 작은 길을 만드는 식으로 설계를 개선해 나가는 것이다. 일부 설계자들은 여기서 한발 더 나아가 아예 사람들이 자연스럽게 길을 낼 때까지 기다렸다가 그 자국을 보고 영구적인 도로를 만들기도 한다.

희망선은 우리가 제품이나 서비스, 경험 등을 접할 때도 나타난다. 뭔가가 너무 복잡하거나, 느리거나, 수고스럽다고 느껴지면 우리는 스스로 지름길이나 편법을 만들어낸다. 도시 계획자들처럼 혁신가들도 사람들이 내 아이디어를 내가 의도한 방식대로 사용하지 않을 때는 좌절을 느끼는 경우가 많다. 그러나 사람들이 자발적으로 만든 지름길을 발견하는 것은 가치 있는 일이다. 왜냐하면 사람들이 더 쉬운 방법을 찾고 싶어 하는 자신들의 욕망을 표현해 주고 있기 때문이다.

@FAKEGRIMLOCK은 기술 관련 인플루언서의 트위터 계정이다. 이 계정의 페르소나는 미래에서 온 로봇 티라노사우루스인데 불완전한 문장으로 모든 트윗을 대문자로만 쓴다. 어쩌면 어이없다고 생각할지 몰라도 사실 FAKEGRIMLOCK은 종종 슬기로운 지혜를 나눠주기도 한다. 시간 여행을 하는 이 '배운' 공룡이 내놓은 사색들 중에 저자들이 아주 좋아하는 게 있다. 희망선이나 지름길에 기회가 있다는 내용이다. "강력 접착 테이프가 둘둘 감긴 게 보인다면, 근사한 걸 한번 만들어볼 기회다."

원활화 작업 2.0

원활화 작업은 하나의 기술이다. 때로는 해결책이 명백히 보인다. 50페이지짜리 보고서가 부담스러울 때는 25페이지로 줄여주면 마찰력이 어느 정도 줄어들 것이다. 그러나 가장 효과적인 원활화 작업 기법 중에는 자주 간과되는 것들이 많다. 혁신가라면 누구나 도구상자에 넣어두어야 할, 원활화 작업 기법 두 가지는 다음과 같다.

거절하기 힘들게 만들어라

일반적으로 원활화 작업은 우리가 원하는 행동을 좀 더 하기 쉽게 만든다. 그런데 이와는 다른 전략으로 '거절'을 더 어렵게 만드는 방법이 있다. 과학 논문 발표를 예로 들어보자. 과학의 기초는 동료 심사 시스템이다. 과학 논문을 발표하려고 제출하면 해당 분야를 잘 아는 다른 과학자들이 요청을 받아 그 논문을 심사한다. 그런데 이 시스템이 제대로 작동하려면 다른 과학자들이 기꺼이 심사에 응해주어야 한다. 심사를 하려면 반나절 정도 시간을 내야 하고, 학자들은 한 달에도 여러 건 심사 요청을 받는다. 그러니 심사자를 구하는 게 쉬운 일이 아니다. 전통적인 요청 형태는 과학자에게 심사에 응할지 거절할지만을 간단히 묻는 이메일을 보내는 것이다. 이때 '거절' 버튼을 누르는 것이 '수락' 버튼을 누르는 것만큼이나 쉽다는 사실에 주목하라. 그런데 몇몇 학술지가 그보다 나은 방법을 발견했다. 이들은 단순히 '예' '아니요'를 묻는 게 아니라 다음과 같은 두 가지 선택을 제시한다. 요청을 받아들이든지 아니면 당신을 대신할 수 있는 사람의 이름과 이메일 주소를 쓰라고 한다.

다섯 시간 동안 따분한 작업을 해야 하는 것에 비하면 동료의 이름과 이메일을 쓰는 게 대수로운 일은 아니다. 그렇다고 할지라도 이 방법이 사람들의 행동에 미치는 영향은 어마어마하다. 왜냐하면 **거절과 수락을 결정해야 하는 순간에 이 방법은 수고의 함수를 바꿔놓기 때문이다.** 이 방법은 노력과 모호함이라는 두 가지 측면 모두에서 마찰력을 추가한다. 우선 적당한 심사자가 누가 될 수 있을지 생각해 봐야 한다(분명할 때도 있지만 아닐 때도 있다). 심사자를 찾고 나면 이메일 주소를 알아내야 한다. 이럴 땐 차라리 '수락'이 더 쉬운 선택이다.

이 전략을 실천하는 간단한 방법이 하나 더 있다. 누군가의 동조를 얻고 싶으면 "이 아이디어 어떻게 생각하세요?"라고 묻지 말고 "이 아이디어 마음에 드시나요? 아니면 혹시 더 좋은 생각이 있으신가요?"라고 물어보라. 질문을 이렇게 살짝만 바꿔도 '거부'에 수반되는 부담이 달라진다. 단순히 아이디어를 거부하는 게 아니라 더 좋은 대안을 생각해 내야 하기 때문이다. 이 간단한 마찰력이 수많은 사람을 '동조' 쪽으로 옮겨줄 것이다.

디폴트로 만들어라

원활화 작업의 목표는 우리가 원하는 행동을 하기 쉽게 장해물을 제거하는 것이다. 여기서 한발 더 나아갈 수 있다면 어떨까? 수고의 함수를 바꿔서, 원하는 행동이 단순히 쉽기만 한 것이 아니라 아예 아무런 수고조차 할 필요가 없게 만든다면? 이렇게 할 수 있는 방법이 있다. 여러분이 원하는 행동을 디폴트default(기본 선택)로 만들면 된다. 디폴트란 아무것도 하지 않았을 때 벌어지는 결과다.

만약에 행동과학 분야에서 가장 강력한 툴을 뽑는 시상식이 있다면 1등상은 분명 '기본 선택'이 탈 것이다. 몇 가지 증거를 살펴보자. 디즈니월드는 놀이공원에서 아이들이 더 건강한 선택을 하게 만들려고 오랫동안 노력해 왔다. 그러나 과일과 채소를 홍보하는 마케팅과 메시지를 아무리 많이 전개해도, 상상이 가겠지만, 아이들을 피자나 탄산음료에서 멀어지게 하는 데는 별 효과가 없었다. 그래서 디즈니월드는 좀 다른 접근법을 시도해 보았다. 아동용 식사 메뉴에서 기본 선택 사항을 바꾼 것이다. 샌드위치에 (과거처럼) 감자튀김과 탄산음료가 자동으로 딸려 오는 게 아니라, 과일과 주스를 기본 선택 사항으로 만들었다. 아이들은 (추가 비용 없이) 감자튀김과 탄산음료를 요청할 수는 있지만 적극적으로 요구해야 하는 사항이었고, 대부분의 아이들은 그냥 최소 저항 경로를 따랐다. 이렇게 기본 선택 메뉴를 바꾸었더니 칼로리와 지방 섭취가 각각 21퍼센트와 40퍼센트가 줄었고, 나트륨 섭취는 45퍼센트나 낮출 수 있었다.

기본 선택을 바꾸면 생명을 살릴 수도 있다. 독일에서 장기 기증에 등록한 사람은 12퍼센트에 불과하다. 등록률이 99퍼센트에 달하는 이웃 나라 오스트리아와 비교하면 현저히 낮은 수치다. 덴마크는 독일보다도 사정이 나쁜데 장기 기증에 등록한 사람이 5퍼센트도 채 되지 않는다. 반면에 스웨덴은 85퍼센트에 달한다. 이런 차이는 대체 어디서 비롯되는 걸까? 장기 기증 비율이 낮은 국가에서는 태어날 때 비기증자이고 이후 일정 양식을 작성해야 등록부에 올라간다. 반면 장기 기증 등록이 거의 보편화된 국가에서는 정확히 반대 구조로 되어 있다. 국민들은 태어날 때부터 기증자이고 등록부에서 이름을 내리는 게 선택 사항이다. 등록을 신청하거나 거부하는 게 많은 수고가 따르는 일은 아니다. 그냥 서류 하나만 작성하면 된다. 하지만 비교적 쉽게 선택을 바꿀 수 있다고 해도 사람들 대부분은 최소 노력 경로를 따른다.

최근에 수업을 듣던 한 경영자가 기본 선택 원칙을 이용해 변화에 대한 저항을 해결한 자신만의 방법을 공유했다. 뭔가를 새로 시작하려고 할 때 쏟아지는 불평에 그는 종종 정신을 차리기 힘들었다. 회사 정책을 아주 약간만 바꿔도 이구동성으로 비판이 쏟아졌다. 그래서 이 경영자는 '예스'를 기본 선택으로 만들었다. 그는 조찬을 겸해서 업무를 보는 습관이 있었다. 새로운 변화를 발표할 때 그는 직원들에게 새로운 조치에 관해 의문이나 우려, 아이디어가 있는 사람은 함께 조찬을 하자고 했다. 정당한 우려가 있는 직원들은 조찬 자리에 나타났다. 그가 의견을 듣고 싶었던 바로 그 직원들이었다. 그러나 새로운 조치가 익숙하지 않아서 혹은 약간의 수고가 필요해서 살짝 저항감을 느낀 것뿐이었던 대부분의 직원은 일부러 시간을 내서 그를 만나러 오지는 않았다. 그리고 적응할 시간을 갖고 나면 새로운 지침에 따랐다.

기본 선택을 이용하면 여러분의 시간 부담도 줄일 수 있다. 여러분에게 도움을 청하거나 조언을 구하는 수많은 요청을 한번 생각해 보라. 이런 요청들은 난감하다. 누구나 남을 도와주고 싶지만 요청이 올 때마다 모두 수락한다면 지쳐 쓰러질 것이다(그런데도 많은 리더가 그렇게 한다). 이때 기본 선택을 잘 활용하면 여러분의 구세주가 될 수 있다. 만약 상대를 도와주고 싶다면 요청을 수락하라. 하지만 첫발은 반드시 상대가 떼도록 하라. 예를 들어 누가 커피를 한잔 살 테니 조언을 해달라고 한다면 스케줄에 넣을 테니 정식으로 날짜를 잡아서 연락하라고 하라. 누가 커리어에 관한 조언을 구한다면 이렇게 말하라. "얼마든지 도와줘야지. 자네가 생각하는 커리어 목표를 간단하게 써서 이력서랑 같이 내 이메일로 좀 보내줘."

요청이 뭐가 되었든 상대가 첫발을 떼게 하라. 로런은 학생들과 소통할 때도 이 원칙을 철저히 지킨다. 로런의 경험에 따르면 아주 작은 거라도 무언가를 함께 요청하면 열에 아홉은 이후 연락이 없다고 한다. 정말로 여러분의 시간을 존중하는 사람은 소수다. 그 외의 사람들은 여러분의 시간을 원하긴 하지만 오직 자신에게 편할 때만 원한다. 여러분은 전자에게 내어줄 시간밖에 없다. 기본 선택을 제대로 만들어놓으면 여러분의 시간을 정말로 귀하게 여기는 사람이 누구인지 알 수 있다.

사용자 경험 디자이너처럼 생각하라

웹사이트나 애플리케이션을 사용하면서 왜 어떤 것들은 다른 것보다 더 이용하기가 쉽고 즐거운지 궁금했던 적이 있는가? 이게 바로 사용자 경험ux 디자인의 세계다. 사용자 경험 디자이너들은 인터페이스를 만들고 우리가 소프트웨어 제품과 관계 맺는 방식을 정한다. 사용자 경험에서 수고스러운 부분을 없애 디지털 제품이 '직관적으로' 느껴지게 만드는 것도 이들이 하는 일이다. 사용자 경험 디자이너처럼 생각한다면 마찰력을 찾아내고 원활화 작업을 진행하는 데 도움을 얻을 수 있다. 아래에 소개하는 사용자 경험 디자인의 핵심 원칙 네 가지를 참조한다면 수고를 줄이는 방법에 관해 힌트를 얻을 수 있을 것이다.

1. 부담을 줄여라

사용자 경험 과정에 단계가 많을수록 사용자가 중도에 그만둘 가능성도 커진다. 사이먼 킹simon King은 듀오링고DuoLingo, 어브리지 AIAbridge AI 등 저명한 UX회사에서 디자이너로 큰 족적을 남기고 책까지 펴냈다. 그는 사용자 경험의 매 단계가 (겉으로는 무해한 것처럼 보여도) 사용자로 하여금 전체 여정을 포기하게 만드는 '문제의 그 단계'가 될 수 있다고 지적한다. 사용자 경험 디자이너들은 이를 두고 사용자를 '튕겨낸다'고 표현한다.

새로운 웹사이트나 모바일 애플리케이션에 들어가서 사용자 프로필을 작성하는 간단한 행위만 해도 그렇다. 이 과정을 완료하는 데 단계가 더 많이 요구될수록 사용자는 작성을 완료하지 않고 튕겨나갈 가능성이 높다. 초반 몇 단계(이름과 이메일을 쓰는 것) 중에도 사용자는 튕겨나갈 수 있다. 세 번째(전화번호 추가)나 네 번째(신용카드 정보 입력) 단계에서 튕겨나갈 수도 있다. 매 단계가 모두 리스크다. 매 단계는 아주 작은 마찰력을 만들어내고, 그 과정에서 사용자는 문득 딴생각을 하게 되거나 입력 과정을 중단하고 구매를 재고할지도 모른다.

그렇다면 해결책은 뭘까? '자동 완성 기능'이다. 아마도 지난 몇 년간 나온 사용자 경험 혁신 중에서 가장 기발한 것 중 하나일 것이다. 자동 완성 기능은 디지털 애플리케이션에 들어 있는 코드인데 정보를 요구하는 칸에 여러분의 이메일 주소나 전화번호, 심지어 신용카드 세부 정보까지 예측을 통해 미리 채워넣는다. 이렇게 데이터를 미리 채워두면 사용자가 밟아야 할 단계를 줄일 수 있고, 사용자가 '등록'이라는 전체 과정을 완료할 가능성이 크게 높아진다.

2. 간결함을 추구하라

어느 제품에 사양을 추가할 수 있다고 해서 꼭 해야 하는 것은 아니다. 제품에 수많은 사양을 넣으면 인터페이스가 복잡해져서 사용자를 버겁게 만든다. 그러면 노력(시간과 에너지)과 정서(버거운 느낌)라는 양 측면 모두에서 마찰력이 생긴다. 간결성 원칙을 완벽하게 보여주는 예시는 서로 다른 스타일의 검색 페이지를 가지고 있는 구글과 야후다. 물론 구글이 겉보기에 꼭 예쁜 것은 아니다. 그러나 구글은 사이트를 처음 방문하는 사람도 이걸 어떻게 사용해야 하는지 헷갈리고 말고 할 것이 아예 없다. 간결성은 구글이 변화무쌍한 검색 엔진의 세계에서 일관되게 가지고 가는 경쟁 우위 요소 중 하나다. 사이먼 킹은 조심스레 다음과 같이 강조한다. "간결하다는 게 늘 '더 적은' 것만을 의미하지는 않는다. **간결함의 진정한 의미는 사용자가 무심코 돌이킬 수 없는 실수를 저지르는 게 거의 불가능할 정도로 새로운 경험을 디자인하는 것이다."**

3. 힉의 법칙을 따라라

메뉴가 너무 많아서 메뉴판이 전화번호부처럼 생긴 식당에 가본 적이 있는가? 제한된 메뉴만 파는 식당에 가면 우리는 '제한된 선택이 주는 호사'를 누린다. 선택의 여지가 적으면 수고도 줄어들고 '잘못된' 음식을 고를지도 모른다는 두려움도 줄어든다. 제품 디자인을 할 때도 마찬가지다. 힉의 법칙Hick's Law(심리학자 윌리엄 에드먼드 힉William Edmund Hick의 이름을 딴 것이다)은 누군가에게 더 많은 선택을 제안할수록 상대는 의사결정을 내리는 과정이 더 오래 걸리고 더 수고스럽다고 말한다. 사용자 경험 디자인에서는 '적은 게 많은 것'이다. 왜냐하면 사용자 입장에서는 너무 많은 선택이 오히려 버거울 수 있기 때문이다.

4. 진척 정도에 대한 피드백을 제공하라

사용자 경험 디자인의 마지막 원칙은 사람들이 내가 지금 이 웹사이트에서 활동할 때 뭔가 진척이 있는 것인지 알 수 있게 하라는 것이다. 혼자서 사용자 경험이라는 여정을 끝까지 헤쳐 나가는 게 개인에게는 벅찬 일일 수도 있다. 특히나 여정의 끝이 어떻게 될지 불분명하다면 말이다. 그럴 때 진척 정도를 알려주면 사용자는 전체 과정을 덜 성가시고 덜 모호하게 느낄 수 있다. 소프트웨어 디자인에서 이런 피드백은 진척사항 막대나 확인 버튼의 형식으로 제공된다. 막대나 버튼을 통해 사용자는 디지털 경험이 어디까지 진척됐는지 시각적으로 알 수 있다. 번거롭게 느껴질 수도 있는 사용자 경험에서 강화와 확인을 제공하는 이런 작은 순간들은 조그만 보상의 역할을 한다.

노력 마찰력을 극복하는 전략

인간의 마음은 저항이 가장 작은 길을 선호한다. 새로운 아이디어나 혁신을 처음 접하면 마음은 본능적으로 실행에 들어가는 비용을 계산한다. 수고가 많이 들수록 저항도 커진다. 안타깝게도 혁신은 일반적으로 모종의 수고를 요한다. 수고스러움에는 두 가지 차원이 있는데, 노력과 모호함이 그것이다. 노력은 목표를 달성하는 데 들어가는 작업의 양을 말한다. 모호함은 사람들이 목표 달성의 방법을 아는지 여부를 나타낸다. 여러분의 아이디어가 얼마나 수고스러울지 알고 싶다면 아래 두 질문을 해보라.

1. **해당 변화를 실천하는 데 얼마만큼의 육체적·정신적 노력이 요구되는 가?** 노력을 많이 요할수록 해당 아이디어는 더 많은 저항에 부딪힐 것이다.
2. **바라는 행동을 실천하는 방법을 사람들이 아는가, 아니면 거기에 이르는 길이 모호한가?** 혁신가에게는 간단해 보이는 아이디어도 남들에게는 모호함으로 둘러싸여 있다.

6장에서는 수고를 극복하는 방법으로 크게 두 가지를 알아보았다. 모호함은 '로드맵을 작성하라'라고 부르는 과정을 통해 극복되고 노력은 '행동을 원활화하라'라고 부르는 과정을 통해 달라질 수 있다. 아래의 질문들은 여러분의 새로운 아이디어가 어떤 수고를 동반하게 될지 미리 진단하고 마찰력을 제거하는 데 도움을 주기 위한 것들이다.

로드맵을 작성하라

1. 바라는 행동을 실천하는 방법을 사람들에게 보여줄 수 있는가? 변화를 실천하는 방법이 모호해 보일 때는 사람들에게 단계별 지시사항을 알려주면 혁신을 받아들이기가 쉽다.

2. 바라는 행동을 언제 해야 하는지 사람들이 아는가? 분명한 기회의 창이 있으면 혁신에 사용할 시간을 따로 낼 수 있고, 혁신을 해야 한다는 사실을 기억하는 데도 도움이 된다.

3. '~라면 ~하라' 방아쇠를 만들 수는 없는가? 사람들이 새로운 아이디어를 받아들이는 데 실패하는 큰 이유 중에 하나는 (적극적 저항과는 달리) 단순히 그 행동을 해야 한다는 사실 자체를 '잊어버리는 것'이다. '~라면 ~하라' 방아쇠는 미래의 순간과 그 순간의 올바른 행동 사이에 분명한 연결점을 기억하게 만듦으로써 해야 할 일을 잊어버리는 것을 막아준다. X 상황이 벌어진다면 Y 하라.

행동을 원활화하라

1. 여러분의 아이디어를 실행하기 위해 사용자가 취해야 하는 단계들을 (중요하지 않아 보이는 것까지) 모두 나열하면 어떻게 되는가? 경험 타임라인을 이용하면 혁신을 거스르는 숨은 고충들을 알 수 있다.

2. 어떻게 하면 혁신을 더 쉽게 실행할 수 있을까? 겉으로는 작은 마찰력처럼 보여도 제거하고 나면 엄청난 결과를 얻을 수도 있음을 기억하라.

3. 혁신에 반대하는 것을 더 '수고스럽게' 만들 방법은 없는가? 일반적으로 원활화 작업은 원하는 행동을 더 하기 쉽게 만드는 것이지만, '거절'

을 더 어렵게 만드는 것도 하나의 전략이다.

4. 여러분이 바라는 그 행동에 사용자의 수고가 전혀 들지 않게끔 수고의 함수를 바꿀 수는 없는가? 여러분이 원하는 혁신을 디폴트 값으로 만들 수만 있다면 성공은 이미 보장된 것이나 다름없다.

제3마찰력 정서

_부정적 감정을 피한다

케이크를 한 번이라도 구워봤다면 케이크 믹스를 써봤을 것이다. 요즘은 미국만 봐도 케이크 재료를 처음부터 하나하나 다 따로 준비하는 사람보다는 미리 포장되어 나오는 케이크 믹스를 사용하는 사람이 6000만 명 이상 더 많다. 케이크 믹스가 왜 매력적인지는 어렵지 않게 이해할 수 있다. 케이크를 처음부터 만들려면 훨씬 더 많은 작업(즉 수고)을 해야 할 뿐만 아니라 완벽히 정확해야 한다. 오븐의 온도가 정확히 맞지 않거나 반죽이 고르지 않다면 케이크는 부풀지 않을 것이다. 케이크 믹스는 이런 번거로움을 없애고 완벽한 결과를 보장하다시피 한다. 어디를 가나 의심의 여지없이 케이크 믹스는 빵 굽는 사람들에게는 근사한 혁신임이 분명하다.

이렇게나 이점이 많은데, 열렬한 베이킹 순수주의자가 아닌 이상, 케이크 믹스는 당연한 선택이 아닌가 생각할 것이다. 그러나 1929년 케이크 믹스가 처음 시장에 출시됐을 때는 하루아침의 성공과는 거리가 멀었다. 이점이 명백한데도 케이크 믹스가 보편적 해결책으로 자리를 잡는 데는 25년이 더 걸렸다.

'맛'이 문제는 아니었다. 맛 테스트를 실시해 보면 사람들은 케이크 믹스로 만든 케이크를 지금과 마찬가지로 아주 좋아했다. 가격이 문제도 아니었다. 직접 재료를 하나하나 준비해서 만드는 것보다는 케이크 믹스를 사용하는 편이 오히려 저렴했다. 사실 문제는 케이크 자체와는 아무 관련이 없었다. 문제는 케이크가

'대표하는 것'과 관련되어 있었다. 우리가 케이크를 왜 만드는지 한번 생각해 보라. 케이크를 구울 때 나 혼자 먹으려고 굽지는 않는다. 보통은 누군가를 축하하기 위해 케이크를 굽는다. 내가 상대를 사랑한다는 사실을 표현하기 위해 케이크를 굽는다. 중요한 사건이나 성과를 기념하기 위해 케이크를 굽는다. 케이크는 아끼는 사람을 향한 근사한 형태의 축하 카드 같은 것이다. 케이크를 굽는 데 들이는 시간은 나의 애정을 증명한다. 케이크 자체는 이런 마음이 형상화된 하나의 결과물에 불과하다.

처음 도입됐을 당시에는 케이크 믹스를 사용한다는 게 성의 없는 행동처럼 보였다. 케이크 믹스로 케이크를 만든다는 건 마치 친구에게 집으로 식사 초대를 해놓고 전자레인지에 냉동 피자를 돌려서 대접하는 것과 비슷했다. 제2차 세계대전 직후 시대의 주부들에게 케이크 믹스로 케이크를 만든다는 건 마치 이렇게 말하는 것과 같았다. "나는 케이크를 직접 만들 만큼 당신을 아끼지는 않아." 케이크 믹스가 널리 받아들여지는 데는 이런 낙인이 가장 큰 마찰력의 역할을 했다. 케이크 믹스로 케이크를 만든 사람은 누가 이 사실을 알아채고 정성이 없다고 비난하지나 않을까 전전 긍긍했다.

1950년대에 케이크 믹스를 만들던 대표적인 회사 제너럴 밀스 General Mills는 케이크 믹스의 호소력이 언제나 제한적일 수밖에 없다는 사실을 받아들이기로 했다. 케이크 믹스는 케이크를 제대로 만들 시간이 없을 때 의존하는 '플랜 B'의 처지를 결코 벗어날 수 없을 것이었다.

그러다가 등장한 사람이 어니스트 딕터Ernest Dichter였다. 어니스트 딕터는 오스트리아 빈 출신으로 전쟁이 임박한 유럽을 피해 미국으로 이주한 심리학자였다.[1] 딕터는 노이로제를 찾아내고 치료하는 데 사용하는 심리학 원칙을 똑같이 사용한다면 소비자들의 니즈를 더 깊이 이해할 수 있다고 믿었다. 딕터의 방법론에서 탄생한 가장 유명한 마케팅 기법이 바로 '심층면접focus group interview'이다. 심층면접은 조사 대상자들이 다른 사람과 함께 정성적定性的인 토론에 참여함으로써 자신의 욕망을 더 깊이 있게 표현할 수 있는 환경을 만든다. 설문조사나 소비자 투표처럼 당시 널리 퍼져 있던 정량 조사와는 확연한 대조를 이루는, 마케팅 조사의 일대 혁신이었다. 딕터는 사람들의 '행동 자체'를 밝히는 데는 설문조사가 도움이 될 수도 있겠으나, **심층면접을 사용하면 '왜' 그렇게 행동하는지까지 밝힐 수 있을 거라 생각했다.** 사람들이 내리는 선택의 기저에 있는 '동기' 말이다.[3]

전해지는 바에 따르면 제너럴 밀스는 딕터를 고용했고, 자신들이 만든 베티 크로커Betty Crocker라는 브랜드에서 케이크 믹스에 붙어 있는 낙인을 제거할 방법을 찾아달라고 했다. 딕터는 케이크 믹스 사용을 꺼리는 이유를 알아보기 위해 빵 굽는 사람들을 직접 만났다.[4] 가장 큰 문제는 처음부터 모든 재료를 직접 준비해서 만드는 정성을 들이지 않은 것에 대해 남들이 비난할지도 모른다는 두려움이었다. 그러나 딕터는 케이크 믹스 제조사들이 미처 깨닫지 못한 더 깊은 문제를 찾아냈다.

베티 크로커의 케이크 믹스에는 필요한 재료가 모두 다 들어 있었다. 그래서 케이크를 오븐에 넣기 전에 필요한 일이라고는 믹스에 물을 넣는 것뿐이었다. 여기서 더 깊은 문제는 케이크 믹스를 사용하는 게 베이킹처럼 '느껴지지' 않는다는 점이었다. 케이크를 굽는 사람은 베이킹 과정에서 별로 하는 일이 없을 뿐만 아니라 단 하나의 재료도 추가할 필요가 없었다! **무언가를 만들었다는 자부심이야말로 사람들이 베이킹을 좋아하는 큰 이유 중에 하나다.** 케이크 믹스를 사용하면 바로 그 자부심을 빼앗기게 되는 것이었다.

딕터는 케이크 믹스가 혁신적인 바로 그 이유, 즉 케이크 믹스를 사용하는 과정이 너무나 쉽다는 게 실은 케이크 믹스의 문제점임을 제너럴 밀스에 알려주었다. 그가 추천한 해결책은 케이크 믹스의 사용 과정에 약간의 '수고'를 추가하는 것이었다. 여러 가지 이유로, 특히 매우 프로이트적인 이유까지 포함하여, 딕터는 케이크를 굽는 사람들이 추가해야 할 단 하나의 재료를 '신선한 달걀'로 정했다. 케이크 믹스로 만든 반죽에 달걀을 넣고 휘젓는다는 꼭 알맞은 정도의 '일'이 추가됐다. 처음부터 온갖 재료를 직접 준비하는 것보다는 여전히 훨씬 쉽지만 그래도 만들어진 케이크를 '내가 만든 것'이라고 느낄 수 있었다.

제너럴 밀스가 케이크 믹스의 원재료에서 분말 달걀을 없애고 레시피에 달걀을 추가하라고 고객에게 요구하자 성취감과 만족감이 다시 돌아왔다. 사용자들은 자신이 실제로 '베이킹'을 하고 있다고 느꼈다. 매출은 급증하여 천장을 뚫었고, 미국의 가정에서 빵을 굽는 사람들은 다시는 과거로 돌아가지 않았다. 이게 바로 지금까지도 대부분의 케이크 믹스가 '달걀을 추가하라'고 요구하는 이유다.

정서적 마찰력

케이크 믹스의 역사는 정서가 어떻게 혁신을 방해할 수 있는지 잘 보여준다. 우리가 정의하는 정서적 마찰력은 새로운 아이디어나 혁신을 방해하는 의도치 않은 부정적 감정이다. 정서적 마찰력에는 여러 형태가 있다. 새로운 제품을 시도하는 것에 대한 불안과 의구심은 흔히 볼 수 있는 정서적 마찰력이다. 선생님의 애제자가 되는 것을 창피하게 여기는 관행은 많은 학생이 학업적 잠재력을 펼치지 못하게 하는 정서적 마찰력이다. 사회생활에 대한 불안은 내성적인 사람들이 인맥을 형성할 수 있는 귀중한 기회들을 놓치게 만드는 마찰력이다. 우리는 크고 작은 의사결정을 내리면서 일상적으로 정서적 마찰력에 직면한다. 2장에서 이야기한 미국 육군 신병 모집 사례를 떠올려보자. 그 사례도 바로 정서적 마찰력에 관한 이야기였다. 군인이 될 수도 있는 수많은 학생들이 입대를 하고 싶어도 하지 않는 이유는 어머니의 반응이 두려워서였다.

정서적 마찰력은 우리가 의도하는 것과는 정반대의 것이다. 새로운 아이디어를 소개하는 사람은 긍정적 정서에 불이 붙기를 희망한다. 우리는 우리가 낸 아이디어가 사람들을 기쁘게 하고, 신나게 하고, 자신감을 불어넣기를 바란다. 그런데 우리가 깨닫지 못하는 사이에 듣는 사람은 정반대의 정서적 반응을 일으키는 경우가 종종 있다. **아무리 전도유망한 아이디어도 의도치 않은 부정적 정서를 촉발할 수 있고, 그 정서 때문에 아이디어가 받아들여지는 데 심각한 장벽이 생길 수 있다.** 이때 그 부정적 정서가 바로 마찰력이다. 그리고 다른 마찰력과 마찬가지로 정서적 마찰력이 가지는 저항력도 반드시 해결해야만 진정한 변화가 일어날 수 있다.

경쟁자가 놓치거나 해결하지 못한 정서적 마찰력을 알아차린다면 어마어마한 기회가 생길 수도 있다. 데이팅 앱 틴더의 성공을 한번 생각해 보자. 틴더가 나오기 전에 온라인 데이팅 시장을 장악하고 있던 것은 매치닷컴Match.com이나 이하모니eHarmony 같은 기업들이었다. 이들 기업은 사용자에게 본인에 대한 자세한 프로필을 작성할 것을 요구했는데, 그중에는 정치관이나 연봉, 신체

사이즈처럼 내밀한 사항들도 포함되어 있다. 프로필을 작성하고 나면 다음 단계에서는 나에게 맞는 사람이 있는지 어마어마한 데이터베이스를 검색해야 한다. 그리고 마지막 단계에서는 내가 관심이 가는 사람들에게 이메일을 보내야 한다.

매치닷컴 모형에서 분명한 한 가지 마찰력은 이 과정이 정말로 수고스럽다는 점이다. 사람들은 완벽한 온라인 프로필(그렇다고 꼭 정확한 내용도 아니었다)을 작성하려고 무던히 노력한다. 나에게 맞는 사람이 있는지 검색하는 데는 더 많은 시간을 쓴다. 그리고 내가 찾는 사람이 어떤 사람인지를 설정하는 일도 단순하지 않다. 반경 10킬로미터 이내에 사는 사람만 찾아봐야 하나, 아니면 더 멀리까지 찾아봐야 하나? 검색 조건을 설정하려면 이런 조건을 수십 가지는 결정해야 한다. 조건을 하나만 바꿔도 결과가 완전히 다르게 나온다. 그리고 마음에 드는 사람을 찾았다면 완벽한 이메일을 써야 한다. 이 사람이 내가 찾던 '바로 그 사람'일지도 모른다. 그래서 사람들은 종종 한 단어도 삐끗하지 않는 완벽한 메시지를 작성하려고 몇 시간씩 공들여 내용을 쓰고 또 고쳐쓴다.

이 전체 과정은 많은 시간과 노력을 필요로 한다. 누군가에게는 재미나고 흥미진진한 일일 수도 있지만, 많은 사람에게는 아주 지치는 작업이다. 틴더가 성공한 데는 데이트 상대를 찾는 과정에서 수고를 많이 덜어낸 덕분도 있다. 틴더에서는 몇 분이면 프로필을 작성할 수 있다. 그러고 나면 틴더가 알아서 후보자를 찾아준다. 메시지를 작성할 필요도 없다. 그냥 손가락으로 한 번 '밀기'만 하면 된다.

그러나 사용 방법을 더 쉽게 만든 것은 틴더가 그토록 성공한 이유의 일부에 불과하다. 틴더는 괴로운 정서적 마찰력을 제거하는 법도 알아냈다. 매치닷컴을 사용할 때는 누가 나에게 관심이 있는지 전혀 모르는 상태에서 상대에게 연락을 해야 한다. 누군가에게 관심을 표현하는 것은 용기가 필요한 일이다. 거절당할 수도 있는 처지로 스스로를 내모는 것이기 때문이다. 나와 완벽하게 어울릴 것 같은 후보를 한 명 찾아냈다고 치자. 만나서 커피 한잔할 수 있는지 신중한 메시지를 보냈다. 매치닷컴 사용자라면 종종 다음과 같은 답장을 받게 된다.

"저는 좀 더 젊은 사람을 찾고 있어요."
"미안하지만 보수당 지지자랑은 데이트 안 해요!"
"제 타입이 아니세요."

더 최악인 것은 아무런 답장이 오지 않을 수도 있다는 점이다. 그러니까 전통적인 온라인 데이팅 플랫폼들은 수많은 거절을 양산한다. 많은 사용자가 잦은 거절을 도저히 견딜 수가 없어서 매치닷컴 같은 사이트를 탈퇴한다. 틴더는 상호 관심에 기초한 시스템을 만들어서 온라인 데이팅의 정서적 마찰력에 기름칠을 했다. 틴더에서 누군가에게 연락을 하려면 두 사람이 모두 서로에게 '오른쪽으로 밀기'를 해야 한다. 상호 관심이 확인된 '후에만' 거절당할 수 있는 위치에 서게 된다. 사람들은 내가 다가가는 걸 상대도 원한다는 걸 알 때 더 마음 편하게 다가갈 수 있다. 이 사실을 잘 간파한 것이 틴더의 핵심적인 발견이다. 전통적인 온라인 데이팅 사이트에 포함된 고충을 찾아내고 그걸 해결함으로써 틴더(와 이를 본뜬 많은 후발주자들)는 온라인 데이팅 시장의 지배적 모형이 될 수 있었다.

정서란 무엇인가?

정서는 우리 행동에 심대한 영향을 미친다. 우리는 감정을 느끼며 정서를 경험한다. 그러나 정서는 주관적 경험보다 훨씬 큰 의미다. 정서는 우리의 생각과 행동을 바꿔놓는다. 정서는 우리의 관심을 옮겨놓고, 우리가 정보를 처리하는 방식을 바꾸고, 우리가 어떤 아이디어와 기억을 떠올릴지를 결정한다.

정서는 그동안 우리가 진화 과정에서 직면했던 중요한 상황들에 적응하는 과정에서의 반응을 나타내도록 설계되어 있다. 예를 들어 두려움은 주위에서 잠재적 위협을 감지했을 때 나온다. 두려움이라는 경험은 리스크를 피하라는 목표를 던져준다. 두려움은 시각을 확장시켜 위협을 감지하기 쉽게 한다(두려움은 말 그대로 주변시周邊視를 확대한다). 그리고 투쟁 또는 도주라는 행동을 할 수 있게 신체를 준비시킨다. 정서는 우리 삶에 건설적인 영향을 미칠 수도 있고, 파괴적인 영향을 끼칠 수도 있다. 정서는 자제력과 관련된 문제 대부분의 근원이다. 분노, 자존심, 두려움은 우리가 후회할

결정을 내리게 할 수도 있다. 그러나 또한 정서는 사람 구실을 제대로 하는 데도 매우 중요하다. 정서를 느끼지 못하는 사람(보통은 심각한 뇌 손상 때문이다)은 타인을 이해하고 타인과 소통하는 데 고전하며, 훌륭한 의사결정을 내리는 데도 엄청난 어려움을 겪는다.

세 가지 차원의 가치

정서적 마찰력을 잘 이해하려면 정반대의 것부터 시작해야 한다. 바로 '정서적 가치' 말이다. 정서적 가치를 이해할 수 있는 훌륭한 틀 중에 '할 일 이론'이라는 것이 있다. 이 말을 만들어낸 사람은 제품 혁신가 밥 메스타다. 할 일 이론은 나중에 하버드비즈니스스쿨 교수이자 혁신 사상가인 클레이턴 크리스텐슨의 책 『일의 언어』(원제는 Competing Against Luck이다)를 통해 더욱 진화했고 대중화됐다.

할 일 이론의 기본 원리는 사람들이 제품과 서비스를 '고용'하는 이유는 세 가지 기본적 니즈를 충족시키기 위해서라는 것이다. 기능적 가치(예컨대 '시간을 절약해 준다'), 사회적 가치(예컨대 '친구에게 좋은 인상을 준다'), 정서적 가치(예컨대 '기쁨을 준다')가 바로 그것이다. 밥 메스타에 따르면 "우리가 무언가 새로운 것을 구매할지 말지 혹은 시도할지 말지를 결정할 때는 늘 세 가지 차원의 가치가 존재한다."

예를 들어 겨울 외투를 새로 장만한다고 치면 여러분이 내리는 의사결정에는 이 세 가지 가치가 다음과 같이 작용하고 있을 가능성이 크다.

- **기능적 가치:** 이 외투를 입었을 때 얼마나 따뜻하고 보송한가?
- **사회적 가치:** 이 외투의 스타일과 브랜드를 본다면 남들은 내 게서 어떤 신호를 읽을까?(옷을 잘 입는다, 부자다, 수수하다, 최신 유행을 잘 안다)
- **정서적 가치:** 이 외투를 입었을 때 (심지어 옷장에 걸려 있는 것만 봐도) 나는 나 자신을 어떻게 느낄까?

이 틀의 적용 대상은 제품과 서비스에 한정되지 않는다. 아이디어나 혁신에도 언제나 이 틀을 적용할 수 있다. 코로나 바이러스가 교육에 미친 영향을 한번 생각해 보자. 2020년 봄에 미국이 전국적으로 록다운에 들어가면서 초중고 모든 학교가 서둘러 온라인 교육으로 옮겨갔다. 교사들은 하루아침에 자신의 콘텐츠와 지도 내용을 온라인으로 옮겨야 했다. 다행히도 줌이나 마이크로소프트 팀스Microsoft Teams와 같은 화상회의 기술 플랫폼들은 밀려드는 새로운 수요에 맞춰 규모를 확장할 수 있었다. 그러나 화상회의라는 새로운 기술의 기능적 가치는 퍼즐의 첫 번째 조각에 불과했다. 훨씬 더 복잡하고 어려운, 퍼즐의 두 번째 조각은 학생과 교수진이 온라인 소통이라는 개념을 편안하게 느끼도록 만드는 것이었다. 이 경우 교사들에게 세 가지 차원의 가치는 다음과 같은 질문들을 통해 결정된다.

- **기능적 가치:** 전통적인 대면 수업에 비해 온라인 수업에서도 학생들이 잘 배우는가? 화상회의 기술이 학생들의 서로 다른 니즈를 충족시키는 데 필요한 특징들을 잘 갖추고 있는가? 사용하기 쉬운가?

- **사회적 가치:** 화상회의 기술은 교사와 학생이 바라는 대인對人 소통을 얼마나 잘 지원하는가? 화상회의 기술을 사용하는 교사는 학생이나 동료들에게 어떻게 비칠 것인가? 화상회의 기술을 적극적으로 받아들일 경우 교사가 기술에 능통해 보일 것인가? 화상회의 기술 사용을 꺼릴 경우 시대에 뒤처진 것처럼 보일 수도 있는가?

- **정서적 가치:** 화상회의 기술을 사용할 때 교사는 얼마나 자신감 혹은 위태로움을 느끼는가? 이런 변화는 기술 주도적 세상에 대해 낙천적 시각을 불러일으키는가 아니면 비관적 시각을 불러일으키는가?

할 일 이론이 이뤄낸 가장 큰 발전은 가치가 다면적임을 인식한 것이다. 그러나 어떤 사람이 정서적인 이유로 새로운 아이디어를 환영할 수 있다면, 같은 이유로 변화를 거절할 수도 있다.

동물의 집

스테이시 알론소Staci Alonso는 동물에게 치유 능력이 있다는 사실을 안다. 스테이시가 임신 중 약혼자를 잃었을 때 인생에서 가장 힘든 시기를 버틸 수 있도록 도와주었던 것도 반려동물들이었다. 이 경험을 통해 스테이시는 동물이 가진 사랑과 애정이 가장 견디기 힘든 인생의 경험조차 조금 더 감당할 수 있게 해준다는 사실을 직접 경험으로 배웠다.

스테이시는 늘 힘든 시기를 겪고 있는 사람들을 도와야겠다고 느끼고 있었다. 그래서 2003년 '셰이드 트리The Shade Tree'의 이사회에 합류했다. 네바다주 라스베이거스에 위치한 셰이드 트리는 학대받거나 집이 없는 여성 및 그 자녀들에게 음식과 거처, 안전을 제공함으로써 위험한 상황을 벗어날 수 있게 돕는 쉼터였다. 셰이드 트리는 1989년부터 이 일을 해오면서 네바다주 각계각층의 여성들에게 봉사하고 있었다. 셰이드 트리는 모두를 환영했지만 딱 하나 중요한 예외가 있었다. '반려동물'은 허용되지 않았다.

반려동물을 키우지 않는 사람이라면 이 원칙이 뭐 그리 대수인가 싶을 수도 있다. 반려동물을 입양 보내거나 지인에게 맡기면 되지 않는가. 그러나 반려동물을 키우는 사람이라면 누구나 알겠지만 이 동물들은 결코 단순한 애완용 동물이 아니다. 학대받고 있는 여성들에게 이 동물들은 말로는 설명하기 힘들 만큼 큰 의

미를 지닌다. 스테이시는 우리에게 이렇게 말했다. "반려동물은 치유와 사랑, 지원의 과정에서 엄청나게 중요한 역할을 해요. 학대받는 여성에게 사랑하는 동물을 두고 오라는 건, 그건 그냥 생각해 볼 가치도 없는 일인 거죠." 그녀는 이렇게 덧붙였다. "정서가 시키는 일이잖아요." 종종 반려동물을 두고 오고 싶지 않아서 위험한 환경에 계속 머무는 여성들도 있을 정도였다. 이들에게는 본인의 삶에서 그 동물이 따뜻함과 기쁨, 우정을 전해주는 유일한 대상인 경우도 많다. 스테이시는 다음과 같이 설명했다.

> "저희가 자주 보는 장면이 있어요. 여성들이 쉼터 주차장에 차를 대고 반려견을 전봇대에 묶어두거나 반려묘 캐리어를 보도에 내려놓고 걸어오지요. 그리고 '반려동물 금지'라는 문구를 보자마자 한동안 우두커니 서 있는 거예요. 어떻게 해야 하나 생각하는 거죠. 쉼터를 한 번 보고, 다시 반려동물을 한 번 보고, 그렇게 당황한 채로 몇 분이 지나면 그대로 뒤돌아서 자신이 왔던 곳으로 되돌아가는 거지요."

동일한 패턴은 전화 통화에서도 나타났다. 스테이시는 이렇게 말했다. "(여성들은) 전화를 해서 쉼터에 관해 몇 가지 물어봐요. 도착하는 과정이나 체크인하는 방법 같은 기초적인 것부터 시작하지요. 그렇게 몇 분간 대화가 이어지다가 이렇게 물어요. '제 강아지를 데려가도 되나요?' 안 된다고 하면 그대로 전화를 끊어버리지요." 이렇게 똑같은 이야기가 수십 번 반복되는 것을 지켜본 스테이시는 '반려동물 금지'라는 정서적 장벽을 제거하지 않으면 안 되겠다고 결심했다.

2007년 스테이시는 '동물의 집'을 만들었다. 셰이드 트리 쉼터의 땅에 별도의 시설을 지어 쉼터에서 안전하게 머무르고 싶은 여성들이 동물을 맡길 수 있게 한 것이다. 셰이드 트리가 여성들에게 피난처가 된 것처럼 동물의 집은 여성들의 반려동물에게 피난처가 되었다. 그리고 같은 구내에 있었기 때문에 여성들이 본인의 삶을 재건하는 동안 자신의 동물을 방문해서 함께 놀아줄 수도 있었다. 더 이상 여성들은 스스로를 치유하는 동안 자신의 가장 큰 사랑의 원천이자 기쁨의 원천과 이별할 필요가 없었다. 반려동물과 함께 치유해 나갈 수 있었다.

스테이시 알론소와 동물의 집 이야기를 보면 알 수 있듯이 종종 정서적 마찰력은 우리가 도와주고 싶은 이들의 여정 '전체'를 관찰할 때 드러난다. 변화의 순간으로 이끈 일련의 사건과 동기, 감정들, 그리고 그러한 의사결정이 내려진 (혹은 내려지지 않은) 후에 펼쳐질 사건과 감정들까지 말이다. 반려동물을 데리고 셰이드 트리를 향해 다가오는 단 한 명의 여성을 관찰했다면 그녀의 앞을 가로막고 있는 저 중대한 정서적 마찰력을 알아채지 못했을 것이다. 그러나 **'여러 명'의 사용자들을 자세히 관찰하고 그들을 관통**

하는 패턴을 찾아보면 문제(와 그 출처)는 분명히 드러난다.

의학적 이미지를 또렷이 분석하기 위해 우리 몸에 조영제를 투여하듯이 복수의 사용자의 여정 전체를 검토하고 비교해 보면 핵심적인 마찰력이 발생하는 순간들을 밝힐 수 있다. 이는 특히 정서적 마찰력을 찾아내는 데 도움이 된다. 왜냐하면 전통적 형태의 시장조사에서는 정서적 마찰력이 드러나는 경우가 아주 드물기 때문이다. 이런 중요한 순간들을 진단하고 원인을 찾고 나면 이제 무언가 조치를 취할 수 있다. 스테이시와 동료들이 했던 것처럼 말이다.

2020년에는 미국에 있는 쉼터의 10퍼센트 이상이 반려동물 보호시설을 갖추었다. 불과 3년 전만 해도 4퍼센트에 불과했는데 말이다. 이런 성공에도 불구하고 스테이시는 아직 끝나지 않았다고 단언한다. 동물의 집은 자신들의 절차와 운영 모형을 '오픈소스'로 제공해 미국의 그 어느 쉼터나 비슷한 모형을 만들 수 있게 자원과 조언을 무료로 제공하고 있다. 다시 말해 스테이시는 사람들에게 분명한 행동의 '로드맵'을 제시함으로써 동물 친화적인 쉼터를 만드는 데 필요한 수고를 줄였다. 스테이시는 이렇게 말했다. "저의 목표는 국내 쉼터들의 문에 붙어 있는 모든 '반려동물 금지' 표시를 떼 내는 겁니다." 지금 돌아가는 상황을 보면 그렇게 될 것도 같다.

구매팀이 진짜 바라는 것

스테이시 알론소가 전국적 운동에 불을 붙일 수 있었던 것은 필요한 도움을 얻으려는 여성들을 가로막고 있던 정서적 장해물을 발견하고 제거한 덕분이었다. 그러나 정서적 마찰력과 관련해서는 의도치 않게도 혁신가들이 자신이 써 내려가는 바로 그 이야기의 악역이 될 수도 있다.

2년 전에 데이비드가 전 세계 최고구매책임자Chief Purchasing Officer 들의 연례행사에 강연 초청을 받았다. 그들은 데이비드에게 자신들을 (농담이 아니라) '구매 책임자들의 다보스 포럼'이라고 소개했다. 그 비유만으로도 거부하기 힘든 초청이었다. 구매 책임자란 대형 조직에서 외부 공급자의 선택과 관리, 가격 협상 등을 돕는 구매 부서를 책임지고 있는 사람이다. 냉정한 협상 전술과 집요한 비용 절감으로 유명한 구매 책임자들은 기업 내부에서나, 외부에서나 종종 악역으로 비치기도 한다. 실제로 구매 부서는 조직 혁신에 대한 무궁무진한 아이디어의 원천이 될 수도 있다.

강연이 끝나고 데이비드가 자리한 점심 식탁에는 전 세계 대형 기업의 최고구매책임자들이 둘러앉아 있었다. 대화를 들어보니 구매 책임자 대부분은 서로 아주 비슷한 목표와 목적을 갖고 있는 게 분명했다. 비용을 최대한 낮게 유지하면서도 회사가 운영되고 성장할 수 있게 만드는 게 그것이었다.

데이비드는 그중 글로벌 대형 은행에서 최고구매책임자로 있는 사람에게 다음과 같은 아이디어를 어떻게 생각하는지 물었다. "여러분의 목표가 비용을 최대한 낮게 유지하는 것이니까요, 이상적인 시나리오는 공급자가 세일즈 첫날부터 '가장 낮은 최종 가격'을 가지고 나타나는 거겠네요? 그러면 여러분 부서의 일이 더 쉬워지니까?" 은행의 최고구매책임자는 "절대 아니죠!"라고 단호하게 대답했다.

그는 (오프 더 레코드로) 설명을 해주었다. 만약 모든 공급자가 가장 낮은 최종 가격을 들고 나타난다면 그와 그의 부서는 불필요한 것처럼 보이지 않겠냐고 걱정을 했다. 그가 생각하는 공급자와의 '이상적인' 대화는 협상을 통해 어딘가 절약할 수 있는 구석을 '발견'하는 것으로 끝나는 대화였다. 그렇게 하면 그와 그의 부서가 회사에 제공하는 구체적 가치를 상사들 앞에서 자신 있게 보여줄 수 있기 때문이다. 이 최고구매책임자의, 그리고 더 크게 보면 그의 부서 전체의 의사결정 과정에서 핵심 요소는 회사의 성공에 꼭 필요한 존재라는 느낌, 즉 '정서적 가치 제안'을 전달하는 것이었다.

데이비드는 원래 기능적 가치를 제안하려고 했던 것인데 이게 의도치 않게도 난감한 정서적 마찰력으로 둔갑해 버렸다. 데이비드는 자신의 의견이 구매 부서의 시간과 수고를 덜어주리라 생각했지만 실제로는 사내 역할을 둘러싼 불안과 두려움을 만들어냈다. **무엇보다 쓸모없는 사람이라는 느낌이야말로 꼭 필요한 사람이라는 느낌과는 정반대의 것이다.**

이 사례는 또 하나의 중요한 교훈을 알려준다. 우리는 종종 비즈니스를 다음과 같이 두 종류로 나눈다.

- **기업 대 소비자**Business-to-consumer, B2C **사업:** 기업이 소비자를 대상으로 직접 마케팅을 하는 비즈니스 모델(예컨대 소매업, 소비자 기술, 소셜 미디어 등)
- **기업 대 기업**Business-to-Business, B2B **사업:** 기업이 다른 기업을 상대로 마케팅을 하는 비즈니스 모델(예컨대 기업용 소프트웨어, 전문 서비스, 원자재 등)

B2B 비즈니스 모델에서는 '인간적 요소'를 간과하기 쉽다. 누가 뭐래도 개인이 아닌 기업을 상대로 상품을 팔기 때문이다. 그러나 최고구매책임자 사례가 강조해 주듯이 사업이란 수많은 개별 '고객'으로 이루어지는 것이며, 각각의 고객은 여러분이 제시하는 아이디어로부터 바라는 사회적·기능적·정서적 가치가 서로 다르다.

차선의 선택

때로는 직원들이 추구하는 가치가 회사의 목표와 완벽히 일치하지만, 때로는 그렇지 못하다. 어느 쪽이 되었든 개혁가나 변화의 주도자는 내부 조직이나 개인이 해내려고 하는 각기 다른 수많은 '일'이 과연 무엇인지 이해해 보려고 노력해야 한다. 둘 사이에 명백한 긴장관계가 있다면 정서적 마찰력이 커질 완벽한 조건이 갖춰진 셈이다. 채용 의사결정이 바로 그런 경우다.

여러분이라면 누구를 채용하겠는가? 단연 뛰어난 지원자인가 아니면 그럭저럭 괜찮지만 뛰어나지는 않은 지원자인가? 바보 같은 질문처럼 들릴 것이다. 그러나 안타깝게도 이는 결코 바보 같은 질문이 아니다. 알고 보니 회사의 리더들은 일상적으로 (그리고 의도적으로) 최고의 성과를 내는 사람들을 중요 역할에서 배제하는 식으로 팀의 업무를 방해하고 있었다.

심리학자 찰리 케이스Charlie Case와 존 매너Jon Maner는 리더들에게 사람들을 두 보직 중 하나에 배치해 보라고 시키는 일련의 실험을 설계했다.[5] 한 보직은 팀의 성공에 핵심적인 이인자 자리였고, 다른 보직은 팀의 실적에 중심적 역할을 하지 않는 단순 운영직이었다. 후보들은 능력과 이력이 다양했다. 매 실험의 후보 목록에는 뛰어난 자격을 갖춘 눈에 띄는 후보가 한 명씩 있었다. 누가봐도 이인자 자리에 있어야 할 사람이었다. 그러나 케이스와 매너가 발견한 바에 따르면 리더들은 종종 뛰어난 후보를 영향력이 큰 보직에서 멀리 떨어뜨려 놓았다.

후속 실험을 진행해 보니 리더가 뛰어난 직원을 방해하는 방식은 그뿐만이 아니었다. 리더들은 종종 중요한 정보 공유를 거부하는 방식으로 최고의 직원들을 따돌렸다. 심지어 팀원들과 결속하기 힘든 직무를 맡겨 뛰어난 직원을 고립시키기까지 했다. 리더들은 왜 이런 행동을 하는 걸까? 침팬지의 행동에서 약간의 힌트를 얻을 수 있다. 서열의 가장 꼭대기에 있는 침팬지는 무리에 속한 침팬지들을 상당히 잘 돌보고 지원하는 경우가 많다. 그러나 여기에는 예외가 하나 있는데 바로 서열 2위, 즉 베타beta 침팬지다. 베타는 언젠가 알파의 권위에 도전할 만큼 힘을 키울 수도 있는 침팬지다. 알파 침팬지들은 베타 침팬지에게 적대적인 것으로 악명이 높은데 이는 베타를 위협으로 인식하기 때문이다.

이는 인간 사회의 리더에게도 똑같이 적용된다. 케이스와 매너의 실험에서 리더들이 종종 뛰어난 지원자를 좌천시킨 것은 그들을 위협으로 느꼈기 때문이었다. 대부분의 리더는 권력과 영향력을 즐긴다. 눈에 띄는 후보를 영향력 있는 자리에 놓으면 팀 전체의 입장에서는 최선일 수도 있으나 그때부터 그 사람은 잠재적 라이벌이 된다.

이론적으로는 동료의 성공이 조직 전체의 위상을 높인다는 사실을 인지하고, 조직에 속한 모든 사람이 동료의 성공을 도와주고 응원해야 한다. 그러나 정서적 마찰력이라는 요소까지 감안하면 그런 일은 일어나지 않는다는 걸 알 수 있다.

셀프 서비스의 시대

1947년 미국의 자동차 소유자들에게는 새로운 시대가 시작됐다. LA에서 주유소를 운영하던 프랭크 올리치Frank Ulrich가 미국 최초의 '셀프 서비스' 주유소를 연 것이다. 그전까지는 오직 숙련된 담당 직원만이 자가용이나 트럭에 주유를 했다. 소비자가 드라이브스루drive-through 주유소에 차를 몰고 들어서면 벨이 울렸고, 유니폼을 입은 직원이 나와서 기름을 확인하고 타이어에 바람도 넣고 유리창도 닦아주었다. 이런 주유 전문가들은 우리의 자동차에 정확히 언제 무엇이 필요한지 알고 있었다. 소비자는 손가락 하나 까닥하지 않고도 니즈를 충족할 수 있었다. 나중에 주유업계는 이런 종류의 경험에 '풀 서비스full service'라는 이름을 붙였다.

주유는 40년 이상 풀 서비스 방식이었다. 소비자는 주유 과정에 대해서나 자동차 보닛 아래에서 벌어지고 있는 일에 관해서 아무것도 알 필요가 없었다. 소비자가 해야 할 일이라고는 '소비하는 것'뿐이었다. 나머지는 모두 전문가들의 몫이었다.

프랭크 올리치는 세상을 달리 보았다. 그는 미국의 소비자들이 스스로 주유를 할 능력이 충분히 되며, 만약에 돈을 좀 절약할 수 있다면 많은 사람이 기꺼이 그렇게 하리라고 보았다. 그래서 울리치는 LA 지역 본인의 주유소에서 그가 '셀프 서비스'라고 부르는 주유 서비스를 시작했다. 울리치가 내건 슬로건은 명확한 가치 제안을 드러냈다. "5센트를 아끼고 직접 주유하세요. 더·낼 필요 있나요?" 울리치의 아이디어는 금세 사람들의 마음을 끌었고, 전국적으로 셀프 서비스 주유소가 우후죽순으로 생겨났다. 미국 운전자들의 주유 방식은 영구적으로 바뀐 것이 분명했다. '셀프 서비스'의 시대가 시작된 것이다. 그리고 지금은 제품이나 서비스, 아이디어를 추진하는 '동력'과 관련해서도 비유적 의미에서 일종의 '셀프 서비스'의 시대가 도래했다.

어니스트 딕터와 동료들이 정서적 가치 이론의 초석을 놓을 당시에는 신문이나 라디오, TV에 나오는 광고를 통해 신제품이나 새로운 서비스에 관한 정보가 대중에게 전달되었다. 구매 의사결정을 내리기 위해 사람들이 의존할 수 있는 정보원은 거의 전적으로 이렇게 '동력'에 해당하는 출처에 실린 내용과 가까운 사람들이 알려준 피드백뿐이었다. 신제품이나 새로 나온 서비스와 관련해 스스로 쉽게 찾아볼 수 있는 방법은 전혀 없었다. 그렇기 때문에 광고 콘텐츠와 세일즈맨의 설명에는 '동력'에 해당하는 마케팅의 여러 'P'가 아주 풍부하게 들어 있어야 했고, 숙련된 전문 인력이 그런 내용을 고객에게 직접 '펌프질'해 주었다. 마케팅과 세일즈, 설득 과정이 사실상 '풀 서비스' 형태였다.

여전히 기업들은 광고와 제품 설명을 통해 가치를 소통하지만, 어니스트 딕터가 껌 한 통을 구매하는 것과 부모-자녀 관계를 연결시키던 시절에 비하면 오늘날 사람들은 이런 풀 서비스 방식에 훨씬 덜 의존한다. **오늘날 소비자들은 스스로 그런 정보를 찾아내고 알 수 있는 방법이 그 어느 때보다 많다.** 제품, 서비스, 기업, 개인에 관한 정보는 (어쩌면 과도할 정도로) 넘쳐나고, 그 결과 동력을 접하는 방법도 '셀프 서비스' 형태가 훨씬 많다. 소비자들은 의사결정을 내리는 데 필요한 지식과 데이터를 어디에 가면 얻을 수 있는지 정확히 알고 있다. 그리고 그 정보원은 다름 아닌 자신의 호주머니나 가방에 들어 있는 기계장치 하나인 경우가 많다. 지금 우리는 어느 광고를 소비하고, 어느 광고는 보고 싶지 않으니 빨리감기를 해버릴지 스스로 직접 선택할 수 있는 세상에 살고 있다. 실은 이제는 풀 서비스 마케팅이라는 전통적 정보원을 완전히 피해갈 수 있게 도와주는 게 하나의 사업이 되었을 정도다. 위성 라디오나 스포티파이spotify, 스트리밍 TV 서비스를 구독하는 사람들은 웃돈을 주고(프리미엄 서비스 가입) 일방적으로 '펌프질'된 광고를 피해간다.

이렇게 동력이 셀프 서비스 형태가 되어버리는 바람에 오늘날 뭔가 새로운 것에 대해 우리가 끌림을 느낀다면 어느 정도는 스스로 만들어낸 끌림인 경우가 많다. 우리는 먼저 해결해야 할 문제가 있음을 인지한다. 다음에는 **곧장 인터넷에 들어가서 어떤**

선택지가 있는지 알아본다. 찾아낸 선택지들을 비교한다. 내 생각을 친구나 동료, 확장된 인맥(종종 온라인)에게 알려줄 수도 있다. 그런 다음에는 개인적으로 점수를 매긴 기능적·사회적·정서적 가치에 따라 선택을 내린다. 이렇게 시간을 투자했기 때문에 우리는 스스로 경험하는 가치가 그걸 얻기 위해서 들인 에너지를 능가하기를 기대한다. 1940년대에 프랭크 울리치가 최초의 셀프 서비스 주유소를 열면서 꿈꾸었던 것처럼 말이다.

그러나 셀프 서비스 형태의 동력에는 뜻하지 않은 부작용이 있다. 바로 잘못된 선택을 내리는 것에 대한 정서적 리스크가 높아진다는 점이다. 비록 요즘 사람들이 직접 데이터를 찾아볼 수 있다고는 하나, 이런 식으로 선택을 내릴 때 사람들이 느끼는 책임감은 정서적 마찰력을 유발할 수 있다. 셀프 서비스 동력이 만들어낸 정서적 마찰력의 징후는 도처에서 찾아볼 수 있다. 우리는 선택을 내릴 때 차일피일 미루고, 망설이고, 간담이 서늘해지곤 한다. 물건을 구매하기 전보다 구매한 '이후에' 더 많은 검색을 한다. 온라인 장바구니에 물건을 잔뜩 담지만 막상 결제를 할 때는 빼버린다. 사회가 계속해서 '풀 서비스' 형태에서 '셀프 서비스' 형태로 진화함에 따라 혁신가들의 역할 역시 진화가 필요하다. **정서적 리스크가 커진다면 혁신가들은 '수요를 만들어내던 사람'에서 '개인의 자신감을 키워주는 사람'으로 변화해야 한다.**

공감의 법칙

_두려움의
진짜 이유를 찾아라

1990년대 후반부터 2000년대에 걸쳐 어느 심리학자 팀이 우리가 주변 세상에 얼마나 면밀히 주의를 기울이는지 알아보려고 일련의 연구를 진행했다. 이들이 특히 알고 싶었던 것은 우리가 주변의 비정상적인 것들을 얼마나 자주, 얼마나 쉽게 알아차리는가 하는 점이었다. 이 질문에 대한 답을 찾으려고 연구진은 작은 것들에 주의를 기울여야만 하는 직업을 가진 사람들, 바로 영상의학과 전문의들에게 초점을 맞추었다. 영상의학과 전문의들은 의료 영상(예컨대 CT, MRI, 엑스레이, 초음파 등)의 판독과 해석을 책임지는 사람들이다. 이들은 인체 해부학 교육을 철저히 받았고, 본인이 검사하는 영상에서 정상적이지 않은 것은 무엇이든 알아차리는 것이 주된 임무다.

연구진은 일단의 영상의학과 전문의들에게 정기 건강검진에서 나온 흉부 엑스레이를 판독해 달라고 했다. 그런데 실은 이 엑스레이 사진들은 평범한 사진이 아니었다. 각 이미지에서 환자의 쇄골을 완전히 없애놓았다. 엑스레이에 이상한 점이 있다면 그걸 반드시 알아차려야 할 사람은 바로 영상의학과 전문의다. 이들은 머리카락처럼 얇은 실금조차 알아차리도록 교육을 받았다. 경험 있는 영상의학과 전문의라면 쇄골이 통째로 사라졌다는 걸 금세 알아챘을 것이다. 그러나 60퍼센트가 넘는 영상의학과 전문의들이 문제를 알아차리지 못했다.[1]

이 연구 결과가 혹시나 우연일 수도 있다는 가정하에 15년 이상의 경력을 가진 또 다른 영상의학과 전문의들을 대상으로 후속 실험을 진행했다. 실험 대상자들에게 폐를 촬영한 CT 사진을 주면서 혹이나 덩어리 같은 것을 찾아달라고 했다. 그리고 이번에는 환자의 신체에서 핵심적인 부분을 제거한 게 아니라, 연구진이 재미난 그림을 하나 끼워 넣었다. 성난 고릴라가 주먹을 흔드는 그림이었다. 이 경험 많은 영상의학과 전문의 중에서 무려 83퍼센트가 사진에 고릴라가 있다는 사실을(무려 고릴라다!) 알아차리지 못했다. 고릴라 그림이 너무 작았던 것은 아닐까 의심할 수도 있겠지만, 연구진이 끼워 넣은 고릴라는 폐에서 발견되는 혹들의 평균 크기보다 48배나 더 컸다![2] 이게 대체 무슨 일일까?

영상의학과 전문의들이 고릴라를 알아채지 못한 것은 어찌 보면 그들은 도저히 고릴라를 볼 수 없는 사람들이었기 때문이다. 교육을 받는 동안 영상의학과 전문의들은 자신이 엑스레이에서 무엇을 발견해야 하는지 정교한 정신 모형을 발달시킨다. 그들은 인체 생리학적인 '예상'을 가지고 무언가 이례적인 것을 알아차리도록 훈련돼 있다. 기존의 사고방식에 맞지 않는 현상은 보지 못한다. 쇄골이 없다는 사실이나 위협적인 고릴라를 알아차리지 못한 것은 영상의학과 전문의들이 다른 것을 찾고 있었기 때문이다.

찾고 있는 것 외에는 보지 못하는 이런 현상을 '무주의 맹시 inattentional blindness'라고 한다. 무주의 맹시는 우리가 매일같이 경험하는 현상이다. 여러분이 지난번에 마트에 갔던 때를 떠올려보라.

특정한 물건들을 사려고 돌아다니는 동안 쇼핑 목록에 없었던 수만 가지의 다른 물건에는 얼마나 주의를 기울였는가? 별로 주의를 기울이지 않았을 것이다. 찾고 있는 물건이 아니기 때문에 알아차리지 못한 것이다. 주변 선반에 놓여 있던 그 물건들은 쇼핑을 하는 동안 여러분의 정신 모형에 맞지 않았고, 그래서 눈앞에 있어도 보이지가 않았던 것이다. 정서적 마찰력의 경우도 마찬가지다.

잠들어 있는 수요를 깨워라

하지만 '우리는' 눈치를 채야 한다. 정서적 마찰력을 해결한다는 것은 단순히 어느 아이디어가 좀 더 잘 기능할 수 있게 자잘한 문제 몇 개를 해결하는 차원이 아니다. **남들이 눈치채지 못한 정서적 마찰력을 알아챈 사람들에게는 어마어마한 기회가 기다리고 있다.**

틴더의 사례로 돌아가보자. 틴더는 전통적인 데이팅 웹사이트에 내재되어 있던 '거절당하는 두려움'을 제거할 수 있게 설계되었다. 데이팅 앱의 사용 경험에서 두려움을 제거한 결과는 단순히 기존 매치닷컴의 사용자들을 틴더로 끌어오기만 한 게 아니었다. 그보다 훨씬 더 큰 파급력이 있었다. 관망만 하고 있던 사람들을 데이팅 앱으로 끌어들인 것이다. 알고 보니 웹사이트나 앱을 통해서 사람들을 만난다는 아이디어를 마음에 들어 하는 잠재적 데이트 희망자의 수가 어마어마했다. 매치닷컴 유의 사이트들이 유발하는 수고나 정서적 마찰력이 그들을 저지하고 있었을 뿐이다. 이런 장해물들이 제거되자 시장은 폭발적으로 성장했다. 우리가 가진 혁신적 아이디어에서 정서적 마찰력을 제거하면 수많은 이점이 있다. **그중에서도 가장 흥분되는 이점은 우리가 가진 아이디어의 시장을 극적으로 '확장'시킬 수도 있다는 점이다. 그런 사례는 수없이 많다.**

스위트워터 사운드Sweetwater Sound는 인디애나주 포트웨인에 있는 악기 및 오디오 상점이다. 수많은 위대한 기업들처럼 스위트워터 사운드도 마음이 따뜻해지는 창업 스토리를 갖고 있다. 이 회사는 1979년 당시 스물두 살의 뮤지션이었던 척 슈럭Chuck Surack이 설립했다. 당시 그는 수년째 전국을 돌며 색소폰을 연주하고 있었다. 장기간 집을 떠나 지내면서 지칠 대로 지쳤던 그는 인디애나의 집 가까운 곳에 머물면서도 여전히 음악 산업에 종사할 수 있는 방법을 찾아내고 싶었다.

뮤지션으로 투어를 돌 당시 척은 레코딩 산업이 충족시키지 못한 니즈가 있다는 사실을 알아챘다. 아마추어 밴드에서부터 교회 성가대에 이르기까지 수많은 아마추어 뮤지션들이 자신의 음악을 전문적으로 녹음하고 싶어 했지만 전통적인 레코딩 스튜디오는 가격도 비싸고 대도시가 아닌 곳에서는 찾아가기도 힘들었다. 척은 가지고 있던 폭스바겐 미니버스에 레코딩 장비를 설치해 '모바일 스튜디오'로 변신시켰다.

비즈니스 모델은 간단했다. 척이 직접 교회나 학교 기타 장소로 이 차를 운전해 가서 버스에서 라이브 음악을 그대로 녹음하는 것이다. 그런 다음 녹음된 자료를 카세트로 바꾸어서 고객에게 되팔면 됐다. 음악에 전문적 느낌이 나도록 때로는 다른 악기가 포함된 트랙을 추가하기도 하면서 말이다. 이 폭스바겐 버스가 스위트워터 사운드의 시초였다.

오늘날 스위트워터 사운드는 악기 및 오디오 장비와 관련해 미국에서 가장 큰 온라인 판매업체다. 이 회사는 대략 기타 3300대, 기타 피크 3만 7000개, 키보드 830개, 드럼 세트 460개, 마이크 5300개를 '매주' 출고하고 있다. 지난 20년간 음악 산업이 얼마나 어려웠는지를 생각해 보면 스위트워터의 성공은 더더욱 놀라운 일이다. 그동안 대부분의 피아노, 드럼, 기타 상점들이 문을 닫았다. 스위트워터의 가장 큰 경쟁사인 기타 센터Guitar Center가 연말에 파산보호 신청을 했던 2020년에 스위트워터는 창사 이래 최대 실적을 올렸다.

스위트워터의 성공은 경쟁사들이 놓치고 있던 정서적 마찰력을 멋지게 해결한 덕분이 크다. 기타 상점이라든가 그 외 여러 악기상들은 초보자들을 주눅 들게 만드는 것으로 악명이 높다. 이들 상점은 보통 음악이나 악기에 관해 지식이 아주 빠삭한 직원을 고용한다. 음악에 대한 열정은 분명 좋은 것이지만 전문 지식이 너무나 뛰어난 이 직원들은 초짜인 손님이 찾아와 악기의 아주 기초적인 부분에 관해 이야기를 나누게 되면 한심한 기분이 들거나 몹시 지루할 수도 있다(종종 '지식의 저주curse of knowledge'라고도 부른다). 그리고 악기를 완전히 처음 연주하는 사람들과 대화를 나누는 과정에서 그런 좌절감이 종종 묻어난다.

악기를 연주하든, 익숙하지 않은 스포츠를 배우든, 새로운 언어를 말하든, 무엇이든 새로운 것을 시도하는 일에는 용기가 필요하다. 초보자는 본인이 잘 모르거나 잘하지 못하여 창피한 일이 생길까 봐 두려워한다. 초보자는 남들이 자신을 보고 잘하느니 못하느니 평가할까 봐 두려워한다. 심리학에서는 이런 초보자의 불안을 '초보자의 수치심the shame of the uninitiated'이라고 부른다. 음악을 처음 배우면서 악기상에 난생처음 들어서는 초보 음악가가 느끼는 불안이 바로 그런 것이다. 어떻게 시작해야 할지, 뭘 물어야 할지 모르는 사람의 마음 말이다. 이런 순간 초보자가 듣고 싶은 것은 참을성 있게 기다려주면서, 음악을 처음 배우는 몇 달간의 그 서투른 시간을 도와주겠다는 격려의 말이다. 그런 희망을 품고 왔는데 가게 점원이 업계 사람들만 아는 전문 용어와 첨단 기술을 남발하면 고객은 정반대의 정서적 경험을 겪게 된다. '여기는 당신이 올 곳이 못 돼요'라는 신호를 받는다.

아마추어 음악가들을 도와주면서 일을 시작했던 척 슈럭은 초보자들이 느끼는 불안을 충분히 이해했다. 그는 늘 악기를 배우고 싶었던 사람들 혹은 오랫동안 손에서 놓았던 악기를 다시 잡고 싶은 사람들이 의외로 많지만, 무언가 느껴지는 불확실성 때문에 차마 열망을 행동으로 옮기지 못한다는 사실을 깨달았다. 스위트워터는 초보자든, 전문가든, 음악을 하는 모든 사람이 편안하게 느낄 수 있는 세일즈 문화를 한번 만들어보기로 했다.

이런 가치관이 철저히 몸에 배게 하기 위해 스위트워터에 입사하는 모든 직원은 먼저 '스위트워터대학'에서 13주간 교육을 받아야 한다. 교육을 끝내기 전에는 단 한 명의 고객도 응대하지 못한다. 교육 과정에서 크게 강조하는 부분은 초보자에게 공감하고 그의 승낙을 구하는 방법에 관한 것이다. 스위트워터의 세일즈 엔지니어인 브랜트 밀러Brandt Miller는 다음과 같이 이야기했다.

"새로 온 고객과 처음 대화를 나눌 때 저희는 장비에 관해서는 일절 아무런 언급도 하지 않습니다. 기타니, 앰프니, 드럼이니, 물론 고객은 그런 것들을 사러 왔을 수도 있지만, 장비에 관한 대화를 시작하기 전에 저는 먼저 고객에게 이 영화의 끝이 어떻게 되는지 알려달라고 합니다. 고객의 꿈이 무엇인가? 마음속으로 고객은 자신의 어떤 모습을 상상하고 있는가? 때로는 딱 맞는 장비 하나를 고를 수 있게 도와주거나 예산을 맞춰주는 게 중요할 때도 있어요. 하지만 초보자들의 경우에는 보통 누군가가 진심으로 그의 비전을 지지해 주고, 당신은 할 수 있다고 용기를 주고, 기나긴 여정의 첫발을 뗄 마음을 냈다는 사실 자체를 축하해 주는 게 더 중요해요."

다시 말해 스위트워터는 초보자들을 응원한다. 그렇게 **인정을 받는 순간 의구심이라는 결정적인 장벽 하나가 제거된다.** 초보자는 더 이상 자신을 가짜라고 느낄 필요가 없다. 초보자는 비로소 스스로를 한 명의 초보 음악가로 느끼기 시작한다. 초보자가 스위트워터를 찾는 것은 바로 이 때문이다.

이렇게 초보자에 대한 공감에 초점을 맞추기 때문에 해마다 스위트워터의 성장분 중 30퍼센트는 신규 고객으로부터 생긴 것이다. 스위트워터는 그 30퍼센트 중 대략 절반이 악기를 아예 처음 사보는 사람일 것으로 추정하고 있다. 이 구매자들은 악기 시장을 조사한 업계 보고서나 데이터에는 드러나지 않는데, 왜냐하면 스위트워터를 찾기 전까지 이들은 한 번도 자기 자신을 '음악가'로 생각해 본 적이 없기 때문이다. 악기를 구매할 때의 그 주눅 드는 느낌을 제거함으로써 스위트워터 사운드는 '잠재적' 음악가를 '활동 중인' 음악가로 바꿀 수 있었고 덕분에 시장 자체를 확장할 수 있었다.

정서적 마찰력을 발견하는 방법

정서적 마찰력을 알아차리기 위한 첫 단계는 정서적 마찰력을 '찾아나서는 것'이다. 우리는 동력 중심의 사고방식을 갖고 있기 때문에 마찰력은 우리의 정신 모형에서 자연스러운 일부가 아니다(폐를 촬영한 사진 속의 고릴라처럼). 내 아이디어의 발목을 잡는 마찰력을 알고 싶다면 의식적으로 그걸 알아차리는 작업을 시작해야 한다.

안타깝게도 정서적 마찰력은 관찰하기란 그리 쉽지 않다. 왜냐하면 대부분의 **사람들은 부정적인 정서를 어디 보이지 않는 곳에 숨겨놓는 경향이 있기 때문이다.** 새로운 아이디어 혹은 새로운 사람을 만났을 때라면 두말할 것도 없다. "이 아이디어는 좀 거슬리네요"라든가 "이 신제품을 사용하려니 불안하네요" 혹은 "얼마 전에 회사가 채용한 사람 때문에 제 자리가 위태로워진 기분이 들어요"처럼 자기 성찰적인 언어로 마음속 걱정이나 망설임을 또렷이 표현하는 경우는 거의 없다. 그래서 우리는 내 아이디어가 남들에게 불러일으킨 부정적 정서를 발견하기보다는 기저에 있는 감정이 그렇다는 사실을 단지 '징후'들을 통해 엿볼 수 있을 뿐이다. 그리고 이 징후들은 정작 진짜 문제가 무엇인지 헷갈리게 하거나 다른 문제로 착각하게 만들 수도 있다. 고객의 '불안'이 때로는 '무관심'처럼 드러나기도 한다. 동료의 '분노'가 '냉담함'

으로 나타나기도 한다. **이런 정서적 마찰력의 징후 자체를 문제로 보고 해결하려고 든다면 정작 저항을 일으킨 근본 원인은 극복할 수 없을 것이다.**

그래서 우리는 현장에서 정서적 마찰력이 드러나는 순간을 포착할 수 있게 도와줄 방법들이 필요하다. 그러면 그 정서적 마찰력을 혁신의 기회로 다시 보게 될 수 있을지도 모른다. 정서적 마찰력을 발견하고 제거할 수 있는 기법에는 여러 가지가 있다. 혁신의 길을 가로막는 정서적 장벽을 감지할 수 있는, 언제 어디서나 적용 가능한 세 가지 방법을 소개하면 아래와 같다.

전략 1: 이유에 초점을 맞춰라

1978년 이집트와 이스라엘 정부는 40년간 이어지고 있는 분쟁을 끝낼 실마리를 혹시 찾을 수 있을까 하여 메릴랜드주에 있는 미국 대통령 전용 별장 캠프 데이비드를 찾았다. 양국은 각각 오랜 숙원을 품고 있었으나 중심 의제는 시나이 반도의 지배권에 관한 것이었다. 시나이 반도는 원래 이집트 땅이었다가 1967년 벌어진 '6일 전쟁'으로 이스라엘이 지배권을 획득했다. 이집트는 이 땅을 돌려받고 싶어 했고, 이스라엘은 계속 갖겠다고 주장했다. 캠프 데이비드에서 열린 정상회담은 역사적 라이벌 구도를 형성해 온 양국이 혹시나 합의의 여지가 있는지 마지막으로 한 번 알아보기 위한 노력의 일환이었다. 미국 측 협상가들은 양국이 모두 받아들일 수 있는 방식으로 이 땅을 쪼갤 방법을 찾아보려고 부단히 노력했다. 그러나 경계선을 새로 그린 지도를 내밀 때마다 양측은 즉각 거절했다. 시나이 반도 땅의 1인치라도 자발적으로 포기한다는 것은 이집트로서는 결코 받아들일 수 없는 일이었다. 이집트인의 관점에서 보면 이 땅은 파라오 시절부터 이집트에 속한 자기네 국토였다. 반면에 이스라엘의 입장에서도 이 땅을 돌려주는 것은 결코 받아들일 수 없는 일이었다. 협상은 교착상태에 빠졌고 추가적인 분쟁이 불가피해 보였다.

그러다가 협상팀이 방법을 바꾸었다. 협상팀은 양국이 바라는 '내용'이 아니라 양국이 그걸 원하는 '이유'에 초점을 맞추었다. 이스라엘의 동기는 '안보'였다. 이 땅을 이집트에 돌려주면 이집트군이 국경에 자리할 테고 이스라엘은 공격에 취약해진다. 그러나 이집트의 동기는 전혀 달랐다. 이집트가 바라는 것은 문화적 자부심과 정체성을 회복하는 일이었다. 수백 년간 시나이 반도는 외세의 침략자들이 점령해 왔다. 로마 제국 시대부터 대영 제국 시대에 이르기까지 시나이 반도는 이집트의 지배권을 벗어나 있었다. 이집트는 최근에야 이 땅의 지배권을 다시 얻었다가 6일 전쟁으로 도로 잃고 말았다. 그런 땅을 다시 잃는다는 것은 상상조차 할 수 없는 일이었다.

캠프 데이비드 정상회담 이전에 진행됐던 협상들은 논쟁의 기능적 측면(몇 헥타르의 땅이니, 경계니, 국경이니 하는 것들)에 초점을 두었다. 그런데 대화의 초점이 영토를 쪼개는 것에서 그 땅을 원하는 근본 이유로 옮겨가자 해결책은 저절로 나타났다. 땅을 이집트에 돌려주되 이집트가 이 땅을 비무장지대로 만드는 데 동의하면 됐다. 그동안 아무런 진척도 볼 수 없게 협상을 붙들고 있던 정서적 마찰력을 없애주는 해결책이었다.

협상을 해보면 사람들의 '입장('나는 이것을 원한다'라고 상대가 말하는 내용)'을 벗어나 그들의 니즈와 관심사(그들이 그것을 원하는 이유)에 초점을 맞출 때 갈등이 해결되는 경우가 많다. 땅을 돌려달라는 것은 하나의 입장이다. 연봉을 인상해 달라는 것도 입장이다. 공급자에게 가격을 깎아야 한다고 말하는 것도 단지 입장이다. 새로운 영토, 더 높은 연봉, 할인된 가격을 원하는 '이유'야말로 상대가 진정으로 관심을 갖고 있는 부분이다.

혁신도 혁신가와 듣는 사람 사이에 진행되는 일종의 협상으로 볼 수 있다. 듣는 사람이 새로운 아이디어에 대해 저항하거나 대놓고 거절한다면 '거절'이 그들의 입장이다. 적어도 주장은 그렇다. 그러나 거절이라는 입장은 상대가 변화에 저항하는 '이유'에 대해서는 아무것도 말해주지 않는다. 저항의 진짜 원인을 밝히려면 이유를 알아야 한다. 이유를 아는 것은 정서적 마찰력 진단에 필수다. 2장에서 이야기한 신병 모집 사례로 돌아가 보면 입대하고 싶지만 하지 못하는 학생들의 마찰력을 해결하는 것은 그들의 발목을 잡는 문제가 무엇인지(난감한 대화를 나눠야 하는 두려움) 알아낸 후에만 가능한 일이었다.

여러분이 새로운 소프트웨어를 홍보하려는 기업가라고 치자. 이 소프트웨어는 기업들이 소셜 미디어 피드를 더 잘 관리할 수 있게 도와준다. 세일즈에 나선 여러분은 프레젠테이션을 했고 잠재 고객은 이렇게 말한다. "대단한 소프트웨어인 것은 분명하네요. 이걸 사용하면 우리 업무가 많이 편해지겠다는 것은 알겠어요. 그런데… 저희한테는 가격이 너무 비싸네요."

여러분은 아마 이 피드백을 곧이곧대로 받아들이고 동력 중심의 대화로 반응할 가능성이 높다. 예산이니, 가치니, 할부니, 투자수익률이니 하면서 고객의 반대를 극복할 수 있기를 바랄 것이다. 그러나 실제로는 '비용'이 문제가 아닌 경우가 대부분이다. 비용을 이유로 들어 거절하는 것은 고객의 입장에서는 세일즈 대화를 끝내는 가장 빠른 방법임과 동시에 전체적 의구심을 표현하는 가장 쉬운 방법인 경우가 많다. '비용'이라는 단어는 흔히 여러 가지 마찰력을 뭉뚱그려서 좋게 표현하는 말이다. 비용을 이유로 들어서 거절하는 것은 기저에 있는 원인이라기보다는 마찰력의 '징후'다. **비용 때문이라는 거절의 근본 원인을 알아내려면 시간을 들여서 상대의 답을 해부하여 저 밑바닥에 있는 '이유'에 도달해야 한다.**

이렇게 비즈니스 논의를 더 깊게 파고드는 방법론이 처음으로 보급된 것은 1970년대 '토요타 제조 시스템'의 일환으로였다. 제조상의 문제가 더 커지기 전에 그 원인을 알아내기 위해서 토요타는 '5 Whys'라는 기법을 시행했다. **이 기법의 전제는 제조상의 구조적 문제의 정확한 원인은 흔히 겉으로 드러나는 징후보다 5겹은 더 아래에 놓여 있다는 생각이었다.** 문제의 '진짜' 원인(즉 기저의 마찰력)에 도달하려면 엔지니어는 조사 과정에서 '왜'라는 질문을 다섯 번은 해야 하고, 그렇게 해야만 원인이 드러난다.[3]

이 질문 기법은 이 책에 나오는 네 가지 마찰력의 근본 원인을 밝히는 데 모두 사용될 수 있지만, 특히나 정서적 저항을 알아차리는 데 유용하다. 프레젠테이션을 끝내고 반대에 부딪힌 아까 그 기업가가 새로운 소프트웨어에 대한 저항의 진짜 이유를 알아내려고 한다면 대화는 다음과 비슷하게 진행될 수도 있을 것이다.

고객: "대단한 소프트웨어인 것은 분명하네요. 이걸 사용하면 우리 업무가 많이 편해지겠다는 것은 알겠어요. 그런데… 저희한테는 가격이 너무 비싸네요."

기업가: "아, 네. 제가 조금만 더 이해할 수 있게 도와주시면 감사하겠습니다. 가격과 관련해서 생각하시던 바를 좀 더 알려주실 수 있을까요? 그리고 이 제품과 관련해서는 다시 한번 생각하게 만드는 어떤 요소 같은 게 있을까요?" (첫 번째

Why)

고객: "싸지 않을 거라는 건 알고 있었어요. 그런데 지금이 과연 우리가 새로운 플랫폼에 투자할 때인가 하는 생각이 드네요. 저희는 지금 연말 기획이 한창인 시기여서 당장은 신경이 온통 거기에 가 있거든요."

기업가: "아, 알겠습니다. 그러면 소프트웨어는 괜찮은데 타이밍이 그렇지가 못하다, 그런 말씀일까요? 아니면 뭔가 또 다른 요소가 있을까요?" (두 번째 Why)

고객: "타이밍 문제도 있고요. 또 이 정도 가격이면 이사회 승인을 받아야 진행이 가능하거든요."

기업가: "이런 제품을 구매하는 데 이사회 승인을 받으려면 많이 까다로운가요? 이전에도 진행해 보신 적이 있는 거죠? 혹시 지난번에는 어떻게 됐었나요?" (세 번째 Why)

고객: "처참했죠. 절차를 진행하는 데 엄청난 인내심이 필요했어요. 생각지도 못하게 이사회가 꼼꼼하게 내용을 조사했거든요. 도대체 같은 편인가 싶을 정도였어요. 결국 승낙을 받아내긴 했지만 엄청난 좌절감을 겪었죠."

기업가: "짐작이 가네요. 혹시 제일 까다롭게 굴었던 게 어떤 측면이었는지 기억하시나요? 특별히 신경 쓰던 부분이 있던가요?" (네 번째 Why)

고객: "개인정보 문제에 집착하는 것 같았어요. 아마도 이사회

멤버 중에 한 명이 과거에 본인 회사에서 이 문제로 아주 고생한 적이 있나 봐요. 그래서 이제는 소프트웨어를 결정할 때 아주 조심하는 것 같더라고요."

기업가: "그런 우려를 어떤 식으로 불식시키셨는지 혹시 기억하시나요? 문제를 어떻게 넘기셨나요?" (다섯 번째 Why)

고객: "이사회가 우러러보는 다른 기업들의 증언과 추천을 받았더니 좀 진정이 되더라고요. 그들이 높이 평가하는 타 기업들이 성공적으로 해당 플랫폼을 사용하고 있다고 하니까 훨씬 마음이 놓인 거죠."

듣는 사람이 새로운 아이디어에 반대할 때 그 '진짜' 이유는 처음에 내놓는 답보다 몇 겹은 더 아래에 존재한다. 그 진짜 이유를 찾으려면 혁신가는 다양한 형식으로 이유를 물으면서 답을 분석해야 한다. 비용도 문제의 일부이기는 했으나 반대의 근본 원인은 아니었다. 중요한 마찰력은 좌절감을 겪어야 할 것이 예상된다는 점이었다. 실무자는 이사회의 승인을 얻는 과정이 까다롭고 지겨울 거라고 걱정하고 있었다.

핵심 이슈를 찾아내면 시나리오가 바뀐다. 이런 정서적 마찰력이 존재한다는 사실을 알고 나면 기업가는 현재 이 소프트웨어를 쓰고 있는 잘 알려진 기업의 고객 증언이나 결과 데이터를 발표 자료에 포함시켜서 고객이 내부 절차를 수월하게 진행하도록 도울 수 있다. 아니면 제3자에게 이 플랫폼의 개인정보 감사를 의뢰하는 것을 판매 조건으로 달 수도 있다. **정서적 마찰력이 존재하는 이유를 명확히 알고 나면 단순히 마찰력의 징후를 치료하는 게 아니라 마찰력 자체를 제거하는 작업에 착수할 수 있다.**

진짜 이유를 끌어내는 질문법

눈치챘는지 모르겠지만 앞의 소프트웨어 홍보 사례에서는 진짜 정서적 마찰력을 찾아내려고 하면서도 질문 속에 '왜'라는 단어를 실제로 사용하지는 않았다. 사람들이 새로운 아이디어에 왜 저항하는지 밝혀줄 질문들에는 보통 세 가지 특징이 있다.

1. 단답형이 아닌 질문을 하라

"귀사에 가격이 중요한가요?"라고 물었다면 고객은 그냥 "네"라고 답했을 것이다. 이는 가격이 문제라는 반대 의견을 더욱 강화할 뿐이고 기저의 진짜 이유에 관해서는 하나도 알려주는 바가 없다. 단답형이 아닌 질문을 한다면 더 많은 정보를 얻는 데 훨씬 더 도움이 된다. "가격과 관련해서 생각하시던 바를 좀 더 알려주실 수 있을까요? 그리고 이 제품과 관련해서는 다시 한번 생각하게 만드는 어떤 요소 같은 게 있을까요?" 이렇게 질문하면 더 많은 얘기를 들을 수 있다.

2. 한 번 더 캐물어라

사람들은 자신의 두려움이나 불안을 밝히기를 꺼릴 때가 많다. 한 번 더 캐물으면 상대는 자연스럽게 이슈를 더 깊이 파고들게 된다. "지난번에는 어떻게 됐었나요?"라고 넌지시 물으면 사람들은 절로 더 많은 얘기를 한다. 한 번 더 묻는 방식은 복잡하지 않다. 대부분의 상황에서는 그냥 "흥미로운 얘기네요. 조금 더 들려주실 수 있나요?"라고 간단히 말하는 것으로도 충분하다.

3. 설명을 부탁하는 질문을 하라

설명을 부탁하는 질문은 새로운 아이디어가 상대의 니즈나 목표와 어떻게 상충되는지에 초점을 맞춘다. "이 제품과 관련해서는 다시 한번 생각하게 만드는 어떤 요소 같은 게 있을까요?"가 바로 설명을 부탁하는 질문이다. 이런 질문은 새로운 아이디어에 관해 사람들이 위협이라고 느끼는 요소가 무엇인지 알 수 있게 도와준다. "혹시 제일 까다롭게 굴었던 게 어떤 측면이었는지 기억하시나요?"와 같이 질문하면 진짜 이슈는 개인정보에 관한 우려임을 알 수 있고, 향후에 이 마찰력을 예방할 방법에 관해 강력한 단서를 얻을 수 있다.

전략 2: 민족지학자가 되라

유명한 기업가이자 린 스타트업lean startup 운동을 창시한 스티브 블랭크Steve Blank는 다음과 같이 말했다고 한다. "사무실 안에 팩트 fact란 없다. 그러니 당장 밖으로 나가라." 이사회실에서, 전화 통화로 사람들이 '들려주는' 말보다는 밖에서 사람들이 '보여주는' 행동이 훨씬 더 큰 힘을 발휘하는 경우가 많다.

민족지학자民族誌學者는 집이나 사무실과 같이 자연스러운 거주지에서 사용자의 모습을 연구하는 사람이다. 사람들의 일상적인 모습을 계속 쫓아가 보면 사용자들이 보는 방식대로 세상을 볼 수 있고, 심층면접이나 기타 전통적인 시장조사 방법론에 포함된 (종종 오해를 부르는) 편집이라는 필터 없이 사용자의 실제 행동을 알 수 있다. **민족지학은 상대가 말하지 않는 니즈와 우려를 살필 수 있는 귀중한 창을 제공하며, 중대한 마찰력이 드러나기도 전에 예측할 수 있도록 도와준다.**

아멕스 카드의 부활

2015년 아메리칸 익스프레스는 고객층 내에 우려스러운 공백을 발견했다. 오랫동안 아멕스 카드는 나이가 좀 있고 여유가 있는 소비자들이 선택하는 카드였으나 젊은 층을 잘 끌어들이지는 못했다. 장기적인 성공을 위해서는 다음 세대, 그러니까 이제 막 신용카드를 사용하기 시작한 수백만의 밀레니얼들에게 호소력이 있어야 했다. 하지만 이미 수십 개의 신용카드사가 온갖 보상과 혜택을 가지고 프로모션을 진행하고 있는 마당에 아메리칸 익스프레스가 무슨 수로 돋보일 수 있을까?

아메리칸 익스프레스의 글로벌 서비스 담당 부사장 쿄코 킹 Kyoko King은 이렇게 말했다.

> "마치 나락으로 떨어지기 경쟁을 하고 있는 것 같았어요. 고객들에게 계속해서 더 많은 보상을 퍼주고 있었죠. 승자가 되더라도 실제로 유리한 점은 하나도 없었어요. 그래서 그 문제를 해결해 보기로 했죠."[4]

젊은 소비자들의 니즈를 이해하기 위해 아멕스는 글로벌 디자인 회사 아이디오IDEO의 디자인팀과 함께 현장에 나가 밀레니얼 소비자들이 신용카드로 상품을 구매하는 행태를 관찰했다. 그리고 조사의 일환으로 밀레니얼들에게 지갑 속 내용물과 스마트폰에 깔린 금융 앱의 종류를 물었다. 그런 다음 각각의 결제 형태가 본인의 금융 생활에서 어떤 역할을 하고 있는지 설명해 달라고 했다. 금세 분명해진 것이 하나 있었는데, 젊은 소비자들의 마음속에서는 결제 형태에 따라 결제 수단의 역할이 매우 다르다는 점이었다.

현금은 흔히 커피라든가 직장에서의 점심 식사와 같은 소규모 결제에 사용됐다. 직불카드는 주머니에 가진 현금의 범위를 넘어서는 구매에 자주 사용했다. 오직 대규모 결제를 해야 할 때에만 전통적인 신용카드를 사용했다.

이는 이상한 일이었다. 왜냐하면 대부분의 신용카드사가 제공하는 주된 혜택 중에 하나가 얼마를 쓰든 1달러를 쓸 때마다 보상을 주는 내용이었기 때문이다. 젊은이들은 왜 스타벅스에서 신용카드를 쓰지 않고 현금을 쓰는 걸까? 라테를 사고서 3퍼센트 캐시백을 받거나 호텔 포인트 12점을 받아서 다음 휴가에 사용할 수도 있을 텐데 말이다. 알고 보니 그 답은 '정서적 마찰력'에 있었다.

신용카드를 사용했을 때 가장 큰 혜택은 재화나 서비스를 즉각 구매하고 결제는 나중에 하면서 쏠쏠한 보상도 받을 수 있다는 점이다. 자신의 금융 관리에 자신이 있는 카드 사용자라면 아주 훌륭한 지불 방법이라 하겠다. 하지만 신용카드는 또한 과소비를 할 수 있는 유혹이나 위험도 만들어낸다.

밀레니얼들은 신용카드가 사람의 인생을 망친 이야기들을 들으면서 자랐다. 실은 그런 얘기를 너무 자주 들어서 일상적인 구매에 신용카드를 쓰기를 두려워하는 밀레니얼이 많다. 이들은 내가 얼마나 소비를 했는지 감을 잃을까 두렵기도 하고, 혹시라도 매달 전액 결제를 하지 못할 경우 카드빚을 모두 갚는 데 얼마나 걸릴지 모른다는 불안감을 안고 있다. 다시 말해 신용카드는 밀레니얼들을 초조하게 만들었다. 어느 고객은 이렇게 표현하기도 했다. "커피 한 잔 사는데 왜 빚을 내겠어요?" 또 다른 고객은 매달 청구서를 받을 때마다 공포에 질린다고 털어놓았다. 그는 이걸 '청구서 쇼크'라고 불렀다. 흥미롭게도 이 고객은 매달 느끼는 불안을 완화하려고 자체적으로 해결책을 만들어냈는데, 결제일이 되기도 전에 조금씩 여러 번에 걸쳐 선결제를 진행함으로써 전체 결제액의 규모를 줄이는 것이었다. **이렇게 고객 스스로 자체 설계한 '대안'은 신용카드 회사가 아니라 '자신이' 경제적 통제권을 갖고 있다는 느낌을 주었다.**

이런 관찰 결과를 토대로 아메리칸 익스프레스는 근사한 아이디어를 하나 생각해 냈다. 다시 또 온갖 포인트와 특전으로 젊은 고객들을 끌어오려고 할 것이 아니라 애초에 신용카드를 사용하는 데 따른 불안을 완화할 수 있는, 특별히 고안된 카드를 내놓자는 의견이었다. 정서적 마찰력을 '만들어내는' 카드가 아니라 '제거하는' 카드였다. 민족지학적 조사를 통해 알아낸 몇몇 자체 해결책(위에서 언급한 소액 선결제식 대안 등)에서 힌트를 얻어 아메리칸 익스프레스는 '페이 잇 플랜 잇Pay It, Plan It'이라고 부르는 새로운 기능을 가진 신용카드를 만들었다.

페이 잇 플랜 잇을 사용하는 아메리칸 익스프레스의 고객들은 어떤 소비는 청구일에 전액 결제하고 어떤 소비는 시간을 두고 천천히 결제할지 구매 건별로 정할 수 있다. 예컨대 스타벅스에서 커피를 한 잔 마시거나 상점에서 셔츠를 하나 샀다면 고객은 현금이나 직불카드를 쓸 때처럼 '페이pay'하기로 선택할 수 있다. 반면에 반려견이 다쳐서 갑자기 동물병원에서 수술비를 쓴 것처럼 예상치 못한 큰 비용 지출이 생겼다면 카드 회원은 '플랜plan', 즉 계획을 세워서 나중에 결제할 수도 있다. '플랜 잇Plan It' 기능을 선택하면 카드 회원은 즉시 아메리칸 익스프레스 앱을 통해 이 비용을 각각 3개월, 6개월, 12개월, 18개월로 나눠 낼 경우 정확히 얼마가 청구되는지 볼 수 있다. 이렇게 건별로, 고정 수수료율로 대출을 해주는 모형은 젊은 소비자들이 전통적인 신용카드의 애매모호함을 떠올릴 때 느끼는 엄청난 두려움과 불안을 없애준다.

밀레니얼 세대를 끌어오려고 시작됐던 프로젝트는 금세 마찰력을 줄여주는, 신용카드가 가진 하나의 기능으로 자리 잡았고 이제는 '모든' 아메리칸 익스프레스 신용카드에 이 기능이 포함되어 있다. 페이 잇 플랜 잇 기능은 2017년 출시된 이후 500만 건 이상의 할부 거래에 사용됐고 이로 인한 아메리칸 익스프레스의 대출액은 40억 달러에 육박한다.

민족지학자처럼 생각하는 법

민족지학적 조사를 수행할 때는 제대로 된 '사고방식'을 갖추는 것이 매우 중요하다. 제대로 된 사고의 틀을 가지고 민족지학적 조사에 접근하고 싶다면 다음과 같은 세 가지를 추천한다.

1. 발전을 생각하라

많은 기업이 본인들이 하고 있는 '사업'과 자신들이 홍보하는 제품이나 서비스, 아이디어를 서로 혼동한다. 기업의 가치 제안은 '기업이 파는 물건'이 아니라 '그 물건이 도와주는 (기능적·사회적·정서적) 발전'이다. 이런 발전 지향적 사고는 마찰력을 찾아내고 해결하는 데 매우 중요하다. 왜냐하면 혁신과 변화의 숨통을 조이는 수많은 마찰력은 제품을 중심으로 생겨나는 게 아니기 때문이다. 비치 하우스의 경우에서 '구매' 버튼을 누르기 직전 수많은 고객이 사라져 버린 미스터리는 비치 하우스의 제품과는 아무 관련이 없었다. 제품을 중심으로 생각하면 제품 중심의 마찰력밖에 떠올리지 못한다. 발전을 중심으로 생각하는 혁신가는 생각의 범위를 확장한다. 그러면 더 넓은 맥락에서 혁신을 생각할 수 있다. 가장 강력한 마찰력은 이렇게 더 넓은 맥락 속에 숨어 있다.

2. 편견은 집에 두고 와라

타인의 관점을 이해한다는 것은 말처럼 쉬운 일이 아니다. 타인의 관점을 이해하는 한 가지 방법은 내가 관찰한 내용을 해석할 때 잘못 끼어들 수 있는 편견과 고정관념을 하나하나 점검하는 것이다. 그런 편견에는 내 팀원들의 나이, 사회경제적 배경, 정치관 등도 포함된다. 여러분이 이해하고 싶은 사람들의 행동과 생각을 해석하는 데 '혹시라도' 영향을 줄 수 있다고 의심되는 것들은 모두가 편견이다. 종종 그런 편견을 내려놓고 이렇게 자문해 보라. '이 요소들 중에서 혹시라도 우리가 알아낸 내용에 부당한 영향을 끼치고 있는 것은 없을까? 만약에 있다면 우리는 접근법을 어떻게 바꿀 수 있을까?'

3. 남의 판단을 평가하지 마라

민족지학적 조사를 수행하다 보면 종종 사람들이 말도 안 되는 정서적 반응을 보일 때도 있을 것이다. 기대에 미치지 못하는 사람들은 무시하고 싶은 유혹에 빠지기도 한다. 그럴 때면 흔히 "이런 식으로 반응하다니 믿을 수가 없어! 이해가 안 가나 봐" 혹은 "사소한 걸로 그렇게 걱정하다니 웃기는 일이야. 큰 그림을 보고 좀 넘어갈 수는 없는 걸까" 같은 말들을 한다. 이런 반응은 인간 본성의 일부다. 하지만 여러분이 영향력을 미치고 싶은 바로 그 사람들을 '비이성적'이라고 결론 내리는 순간, 여러분은 이미 실패한 것이다. 타인의 감정을 부정한다는 것은 공감 능력이 죽었다는 뜻이다. 그러지 말고 '상대의 눈에는' 지금 이게 어떻게 보일지 이해하기 위해 최선을 다하라. 지금 우리가 이해하고자 애쓰는 것은 '상대의 경험'임을 잊지 마라.

전략 3: 외부자를 영입하라

저명한 글로벌 디자인회사 아이디오는 애플의 첫 번째 마우스 같은 소비자 공산품 개발로 출발했다. 창립 후 40년간 아이디오는 제품을 제작할 때뿐만이 아니라 교육, 정부, 헬스케어 같은 다양한 분야에 '디자인 씽킹design thinking'을 적용해 왔다.

디자인 업계는 전형적으로 젊은이들의 분야여서 20대와 30대 디자이너가 장악하고 있는 회사가 많다. 젊음에는 이점이 있다. 현 상태에 반기를 들려고 할 때 오래된 문제를 참신한 눈으로 볼 수 있다는 것은 소중한 자산이 될 수 있다. 하지만 젊기에 어려운 점도 있다. 디자이너는 자신과는 근본적으로 다른 성향의 사용자들을 위해 제품이나 서비스를 만들어야 하는 일이 생긴다.

이런 공감의 균열은 고령의 사용자에게 초점을 맞춘 프로젝트에서 특히 더 심해질 수 있다. 아무리 좋은 의도를 가지고 열심히 노력한다고 해도 젊은 디자이너가 고령의 사용자나 그들의 제품이 겪게 될 마찰력을 모두 다 예측하기는 쉽지 않다. 직접 겪어본 일이 아니기 때문이다. 이는 제품의 기능적 측면(화면, 버튼, 기능 등등)에서뿐만 아니라 정서적 마찰력을 예측할 때도 큰 어려움으로 작용한다.

2013년 아이디오의 설립자 데이비드 켈리David Kelley가 CBS 방송국의 유명 프로그램 〈60분60 Minutes〉에 출연했다. 그는 디자인 씽킹의 진화 과정에 관해 이야기하며 창의적 혁신을 이끌었던 핵심 요소 몇 가지를 공개했다. 켈리가 언급한 원칙 중에는 프로젝트의 팀원을 구성할 때 다양한 사람들을 포함시키는 게 중요하다는 점도 있었다. 〈60분〉의 이 에피소드를 시청 중이던 사람 중에 바버라 베스킨드Barbara Beskind가 있었다. 바버라는 은퇴한 디자이너로 베이 에어리어에 살고 있었는데 공교롭게도 베이 에어리어는 아이디오의 가장 큰 사무실이 위치한 곳이기도 했다. 〈60분〉이 보여준 디자인 씽킹이란 디자인 툴tool을 사용해서 문제를 해결하는 방법론으로 새로운 제품이나 서비스를 개발할 때 인간 중심적 사고의 중요성을 강조하고 있었다. 프로그램을 시청한 바버라는 아이디오에서 일하고 싶다는 생각이 들었다. 그녀는 '나한테 딱 맞는 회사 같은걸'이라고 생각했다고 한다.

바버라는 아이디오에 편지를 써서 귀사에 합류하고 싶다는 뜻을 전했다. 아이디오는 바버라가 가진 기술과 경험, 시각이라면 노화에 초점을 맞춘 프로젝트에 크게 기여할 수 있으리라는 점을 단박에 알았다. 그렇게 해서 아이디오는 90세라는 놀라운 나이의 신입 디자이너를 맞게 됐다.[5]

팀 내 바버라의 존재는 고령의 사용자에게 최선의 서비스를 제공하려면 제품을 어떤 식으로 디자인해야 하는지 그동안 꼭 필요했던 통찰을 제공했다. 이를 통해 팀원들은 젊은 디자이너들이 종종 간과하는 기능적 문제들, 그러니까 관절염을 앓고 있거나 시력 저하를 겪는 사용자에게 곤란할 수 있는 사용자 인터페이스라든가 버튼의 크기 같은 세세한 문제들을 알아차릴 수 있었다. 그리고 더욱더 귀중했던 것은 젊은 디자이너들은 짐작할 수 없는 정서적 마찰력을 예측할 수 있도록 바버라가 도와줄 수 있다는 점이었다.

바로 그런 사례가 있다. 미국 전역에 실버타운을 여럿 소유한 기업이 아이디오에 연락해 온 적이 있었다. 이 기업은 노령층의 니즈와 열망에 더 직접적으로 호소할 수 있게끔 마케팅 전략을 업데이트하고 싶어 했다. 회사 측이 제안한 아이디어 중에는 새로운 입주민에게 다양한 외부 활동 비용 3000달러를 선불로 결제하도록 요청하는 것이 있었다. 그렇게 하면 노인들이 다양한 활동에 들어가는 비용을 그때그때 개별적으로 처리해야 하는 번거로움을 피할 수 있으리라고 생각했던 것이다.

팀원들이 이 비즈니스 모델에 대한 의견을 구하자, 바버라는 금세 동력 중심의 가격 전략에 포함된 근본적 문제점을 지적했다.

> "아주 부적절했어요. 실은 모욕적이었죠. 이 회사는 어쩔 수 없이 노인 보호시설 입주를 고려하게 된 고령층이 그동안 일련의 '상실'을 경험했다는 사실을 전혀 이해하지 못하는 것 같았어요. 이들은 자신의 집을 잃었어요. 배우자를 잃었을 수도 있고요. 자동차도, 이동성도, 먹고 싶은 음식도 잃

었고 틀림없이 청각의 일부, 어쩌면 시력도 잃었을 거예요. 고정 수입으로 살아가야 하는 누군가, 특히나 정서적 상실감을 지속적으로 겪은 사람에게 공동체 활동에 참여하는 조건으로 3000달러라는 큰돈을 선불로 요구하는 것이 얼마나 무신경한 처사인지 이 회사는 깨닫지 못하고 있었어요. 그냥 월 이용료를 30달러 올리고 비용을 거기에 포함시켜서 보이지 않게 만드는 편이 나았을 거예요. 이 시점에 (금전적 비용이라는 형식으로) 또 다른 커다란 '상실'을 요구하는 것은 그냥 그 자체로 끔찍한 일이에요."

바버라의 목소리가 아니었다면 이런 정서적 마찰력이 있을 거라고는 예상하지 못했을 것이다. 형편없는 세일즈 데이터를 통해 회사가 문제를 알아차릴 때까지 말이다. 이런 통찰은 전형적인 설문조사 데이터나 시장조사 보고서에서는 발견되지 않는다. 고령의 잠재 고객을 하루 종일 따라다닌다고 해도 밝혀내기 어렵기는 마찬가지다. 이런 유형의 통찰은 깊은 '실질적' 경험이 있는 사람만이 알아차릴 수 있다. 그렇기 때문에 우리가 서비스하는 대상에게 공감할 수 있는 가장 좋은 방법 중 하나는 혁신 과정 자체에 그들을 관여시키는 것이다. 바버라 베스킨드의 말처럼 **노령층에게 마찰 없는 제품이나 서비스를 설계하고 싶다면 "그들을 '위해서' 설계하기보다는 그들과 '함께' 설계하는 편이 훨씬 더 좋다."**

변화를 받아들이도록 우리가 목표 대상으로 삼은 사람들을 혁신 과정 자체에 포함시키는 것을 우리는 '외부자 영입'이라고 부른다. 외부자 영입의 목표는 설계를 하는 '내내' 서비스하려는 대상에게 회의석의 한 자리를 내주는 것이다. 정서적 마찰력을 최소화하는 아이디어를 내놓으려고 할 때 고객을 팀에 포함시키는 것보다 더 훌륭한 경쟁 우위는 없을 것이다.

고객을 고용하라

리봉고Livongo는 미국에서 가장 영향력 있는 헬스케어 기업 중 하나다. 리봉고는 고객들의 삶에 대단히 깊은 영향을 미쳤을 뿐만 아니라, 리봉고의 성공으로 디지털 의료의 새 시대가 활짝 열렸다. 2014년에 설립된 리봉고가 내놓은 획기적 기술은 혈당측정기였다. 혈당 수치를 자동으로 추적하고 보고하는 이 측정기 덕분에 사용자는 자신의 건강 상태를 더 잘 모니터링하고 관리할 수 있다. 리봉고의 혈당 측정기는 또한 소통 기구의 역할도 한다. 회원들은 이 기기를 통해 공인 당뇨 교육사Certified Diabetes Educator, CDE와 24시간 연락할 수 있다. 공인 당뇨 교육사는 당뇨를 안고 사는 사람들이 가진 온갖 질문에 답해줄 뿐만 아니라 혹시라도 생길 수 있는 여러 부작용을 잘 헤쳐 나가도록 코칭도 해준다. 리봉고의 측정기는 보이지 않는 곳에서 회원들의 건강을 유심히 지켜본다. 공인 당뇨 교육사의 선제적 개입이 필요한 신호가 있지는 않은지 회원의 혈당 수치를 잘 살펴서 과도한 저혈당이나 고혈당 증세가 나타나는 것을 예방한다. 이는 매우 중요한 일이다. 혈당 이상 증상을 관리하지 않을 경우 금세 치명적 결과로 이어질 수 있기 때문이다.

당뇨나 고혈압, 심장 질환과 같은 만성 질환은 의학 기능적으로만 문제가 되는 것이 아니다. 이들 질환은 또한 정서적 문제를 안고 있기도 하다. 이들 질환과 그 증상은 이를 관리해야 하는 사람에게 끊임없는 불안을 야기한다. 리봉고는 이런 정서적 문제를 잘 이해하고 있는데, 왜냐하면 직원의 거의 절반이 당뇨와 같은 만성 질환을 갖고 있기 때문이다. 그런 어려움을 직접 겪어서 아는 사람들을 채용했기 때문에 리봉고는 **고객의 니즈와 우려를 깊이 있게 이해할 수 있고, 다른 만성질환 관리 서비스에 비해 회원들과 훨씬 더 많이 공감하는 관계를 맺을 수 있다.** 리봉고의 설립자이자 총괄 회장으로 있는 글렌 툴먼Glen Tullman은 이렇게 말했다. "남들은 결코 우리처럼 이들 질환을 알 수는 없을 겁니다."

당뇨병을 가진 사람들이 겪는 가장 큰 정서적 어려움 중에 하나는 남들의 편견에 대처하는 일이다. 리봉고의 회장인 제니퍼 슈나이더Jennifer Schneider 박사는 제1형 당뇨를 갖고 있다. 그녀는 당뇨는 그에 익숙하지 않은 수많은 사람에게 편견과 비난을 불러일으키는 질환이라고 설명한다. 제2형 당뇨를 앓고 있거나 당뇨가 나중에 발병한 사람들에 대해서 슈나이더 박사는 이렇게 말했다.

"일반 대중에게는 당뇨병이 잘못된 식습관이나 운동 부족, 과체중 등 본인이 잘못해서 걸리는 병이라는 인식이 널리 형성되어 있습니다. 그래서 당뇨를 가진 사람은 늘 남들에게 비난을 받을까 봐 두려워하죠. 이는 자신이 겪는 어려움을 털어놓거나 그 어려움을 극복하는 데 큰 방해가 됩니다."

글렌 툴먼은 고혈당 증세가 나타난 사람이 도움을 청하려고 당뇨 서비스 기관에 전화를 하면 종종 첫 질문으로 다음과 같은 말을 듣는다고 했다. "어, 대체 뭘 드신 거예요?" 툴먼은 설명했다.

"문제 해결에 도움이 되는 질문이기는 하지만, 질문에서 벌써 비난이 묻어나죠. 당뇨에 걸린 사람 스스로가 잘못해서, 본인 선택으로 그런 상황을 자초했다고 암시해요. 하지만 실제로는 신체가 종종 이상한 일을 벌이기도 하고 무언가에 괴상하게 반응할 때도 있습니다. 그런데도 이렇게 비난조로 말을 시작하는 것은 그렇지 않아도 힘든 상황을 더 어렵게 만들 뿐이에요."

이 마찰력을 제거하기 위해 리봉고는 문자 메시지부터 사용자 인터페이스, 전화 통화에 이르기까지 자사의 모든 소통 수단에서 비난을 암시하는 언어가 사용되는 일이 없도록 했다. 모든 소통은 책임 소재를 따지는 대신 당면한 문제 해결에 초점을 맞춘다. 리봉고의 코치는 회원에게 "뭘 드셨나요?"라고 묻지 않고 그냥 간단히 "뭐가 필요하세요?"라고 묻는다. "그러면 회원은 '여기에서는 우리가 당신을 위해 일한다'는 것을 분명히 알 수 있습니다. 우리는 어려운 상황에 빠진 회원을 비난하려고 존재하는 게 아닙니다. 우리는 회원을 도와주려고 존재하는 겁니다."

리봉고가 회원들을 깊이 이해한다는 사실은 또 다른 방식에서도 드러난다. 다음은 툴먼이 들려준 이야기다. "시중의 헬스케어 업체 중에는 회원 한 명이 당뇨 진단을 받은 사실을 알게 되면 전화를 걸어서 이렇게 말하는 곳도 있습니다. '정말로 안타깝습니다. 당뇨 진단을 받으셨다는 얘기를 들었어요. 저희는 당뇨가 아주 심각한 질환이 될 수 있고 실명에 이르거나 심지어 손발을 절단하는 경우까지 생긴다는 것을 알고 있습니다. 저희는 언제든 도울 준비가 되어 있다는 사실을 전하려고 연락드렸습니다.' 이건 정말이지 그 순간 그 사람이 듣고 싶은 말이 절대로 아닙니다. 어떻게든 공감을 이용해 보려고 했겠지만, 그 순간 필요한 것에 대한 진정성 있고 현실적인 이해가 완전히 결여된 표현이죠." 다시 말해 저런 것은 '공감 연극'에 불과하다. 공감 연극은 상대의 걱정을 누그러뜨리기 위해 지어낸 연민의 표현이다. 텔레비전 시청에 문제가 생겨서 케이블 회사에 전화를 걸어본 적이 있는 사람이라면 공감 연극이 과연 어떻게 들리는지 정확히 알 것이다.

리봉고는 '도움'이라든가 '당뇨', '환자'와 같은 단어를 절대로 사용하지 않는다. 왜냐하면 그런 단어는 듣는 사람으로 하여금 무력하고 병든 사람 같은 느낌을 주거나 아니면 적어도 질환으로 사람을 정의 내리고 있기 때문이다. 글렌 쿨먼은 이렇게 표현했다. "암과 싸우고 있는 사람을 '암'이라고 부르지는 않잖아요. 그렇다면 당뇨 증상을 관리 중인 사람도 '당뇨'라고 부르지 말아야죠. 단어 선택은 중요합니다." 리봉고는 '당뇨병 환자'라는 말 대신에 '당뇨가 있는 사람'이라는 표현을 쓴다. 모르는 사람들에게는 이게 사소한 구별처럼 들릴지 몰라도, 만성 질환을 안고 살아가는 사람에게는 아주 중요한 문제다.

이렇게 눈에 띄지 않지만 강력한 통찰을 내놓는 사람들은 바로 그것을 직접 경험한 리봉고의 직원들이다. "당뇨가 있는 사람들을 워낙 많이 채용하다 보니 우리 회사의 직원 의료비가 이례적으로 높다고 HR 팀장에게 농담을 하곤 했었죠." 슈나이더 박사의 말이다. "하지만 그건 정말로 좋은 일이에요. 왜냐하면 결국에는 그게 어떤 경험인지 깊이 있게 이해할 수 있어야만 고객들을 가로막는 장해물을 제거할 수 있으니까요."

'고객을 채용'해서 새로운 아이디어를 내놓는 회사와 직접적 경험 없이 아이디어를 내놓는 회사 사이에 가장 큰 차이점이 무엇일지 물었더니 슈나이더 박사는 상당히 흥미로운 얘기를 들려주었다. "아이디어를 내놓는 사람은 자신이 만들고 있는 아이디어에 너무나 깊이 빠져든 나머지 그걸 사용할 사람들의 니즈나 불안에 대해서는 까맣게 잊어버릴 수가 있어요. 일단 아이디어를 내놓고 나면 남의 말을 듣지 않죠. 하지만 해결하려는 그 문제를 실제로 갖고 있는 직원이 있다면 계속해서 고객의 얘기를 들을 수밖에 없을 겁니다." **그 결과 정서적 마찰력을 끊임없이 모니터링하게 되고 실시간으로 문제 해결에 나서게 된다는 뜻이다.**

이렇게 고객 채용을 크게 강조한 것은 효과가 있다. 리봉고는 설립 4년 만에 나스닥 상장 기업이 됐고 거래 첫날 시가 총액은 무려 40억 달러에 달했다. 2020년 리봉고는 원격의료 기업 텔라닥Teladoc과 합병했는데 합병 기업의 가치는 무려 185억 달러로 평가됐다. 빠른 성장에도 리봉고는 만성질환을 가진 사람들이 더 건강하고 행복한 삶을 사는 데 방해가 되는 마찰력을 제거할 혁신적 방법을 찾기 위해 여전히 골몰하고 있다.

불안의 최소화에 가장 많이 쓰는 해결책

정서적 마찰력을 잠재울 수 있는 적절한 해결책을 고르는 것은 기저의 원인에 따라 달라지겠지만 여기서는 사용자의 불안을 완화하는 데 가장 많이 사용되는 접근법 세 가지를 소개한다.

1. 무료 체험을 허하라

'무료 체험'은 무언가를 처음 시도하는 데 따르는 정서적 마찰력을 최소화하는 수단으로 오랫동안 사용되어 온 방법이다. 체험의 형태는 다양하지만 가장 흔히 사용되는 방법은 일정 기간 동안 샘플을 사용해 보고 구매 의사를 결정하는 것이다. 스트리밍 서비스를 30일간 무료로 사용해 본 다음 구독 신청을 하는 게 그 예다. 또 제품이나 서비스의 기본 버전을 무료로 사용해 본 후에 유용하다고 판단되면 더 많은 기능을 가진 유료 버전으로 업그레이드하는 '프리미엄Freemium' 모형도 무료 체험의 한 종류다.

2. 의사결정을 쉽게 되돌릴 수 있게 하라

정서적 마찰력은 잘못된 선택을 내릴지도 모른다는 두려움에서 생기는 경우가 많다. 어떤 의사결정을 되돌릴 수 없다고 생각하면 불안은 더 깊어진다. 이렇게 불편한 마음을 누그러뜨릴 수 있는 한 가지 방법은 의사결정을 되돌리는 게 어렵지 않게 만들어두는 것이다. 나중에 생각이 달라졌을 경우 사용자가 쉽게 선택을 무를 수 있도록 말이다. 이런 접근법으로 흔히 사용되는 것이 바로 언제든 계약을 취소할 수 있고 환불을 보장하는 '조건 없는 환불' 정책 같은 것이다.

3. 서비스 요소를 가미하라

여러분의 혁신이 제품의 형태이더라도 거기에 서비스적 요소를 가미하면 신규 사용자의 불안을 누그러뜨리는 데 큰 역할을 할 수 있다. 비치 하우스가 새로운 소파를 구매하는 고객에게 기존 소파를 수거해 주기로 한 것도 바로 이런 접근법을 사용한 것이었다. 애플이 모든 매장에 '지니어스 바'Genius Bar'(고객들에게 애플 제품의 기능이나 사용법 등을 설명해 주는 공간 - 옮긴이)를 설치한 것이나 베스트바이Best Buy가 '기크 스쿼드Geek Squad'(24시간 전화 서비스 및 출동 서비스 등을 통해 가전 제품 관련 문제를 해결해 주는 회사 - 옮긴이)를 합병한 것도 같은 맥락이다. 두 서비스는 새 제품을 사용하면서 뭔가 잘못되더라도 항상 도와줄 사람이 대기하고 있다는 확신을 줌으로써 고객들이 자신감을 갖고 편안한 기분으로 새로운 기기를 사용할 수 있게 해준다.

정서 마찰력을 극복하는 전략

정서적 마찰력은 새로운 아이디어나 혁신을 억제하는, 의도치 않은 부정적 감정이다. 매우 전도유망한 아이디어조차 뜻밖의 부정적 정서를 촉발할 수 있고, 그런 부정적 정서가 큰 장벽으로 작용해 사람들이 해당 아이디어를 받아들이지 못할 수 있다. 여러분의 다음번 아이디어가 얼마나 큰 정서적 마찰력을 유발할지 알고 싶다면 아래 두 질문을 해보라.

1. **여러분이 제안하는 변화에 대해 듣는 사람은 어느 정도의 불안 혹은 위협을 느낄 것 같은가?** 사람들이 새로운 아이디어에 대해 느끼는 두려움이나 불안이 클수록 정서적 마찰력도 커질 것이다.
2. **해당 혁신이 사람들의 더 큰 니즈를 침해할 가능성은 없는가?** 케이크믹스 사례에서 잘 보았듯이 기능적 가치를 높인 것이 의도치 않게도 중요한 정서적, 사회적 니즈를 위협할 수도 있다.

정서적 마찰력을 해결하려면 먼저 그 출처를 알아내야 한다. 이 부분은 까다로울 수 있는 작업인데 왜냐하면 사람들은 자신이 느끼는 부정적 정서의 근본 원인을 보이지 않는 곳에 숨겨두는 경향이 있기 때문이다. 그러나 일단 알아차리고 나면 이들 마찰력을 완화할 수 있고 혁신의 과정도 계속해서 착착 진행할 수 있다. 8장에서는 현장에서 정서적 마찰력을 탐지하는 세 가지 전략을 알아보았다. '이유에 초점을 맞춰라' '민족지학자가 되라' '외부자를 영입하라'가 각각 그것이었다. 아래 질문은 전도유망한 여러분의 아이디어를 가로막는 정서적 마찰력을 알아차리고, 진단하고, 제거하도록 도와줄 것이다.

전략 1: 이유에 초점을 맞춰라

1. 사람들이 여러분의 혁신을 '채택'하는 이유가 무엇인가? 여러분의 아이디어는 어떤 기능적·사회적·정서적 가치를 창출하는가?

우리가 내리는 모든 의사결정에는 이런 가치의 세 가지 차원이 항상 존재한다는 사실을 반드시 기억해야 한다. 여러분의 혁신이 만족시키는 더 큰 니즈가 무엇인지 알면 그에 반하는 정서를 알아차리는 데도 도움이 될 것이다.

2. 여러분은 지금 정서적 마찰력의 징후에 초점을 맞추고 있는가, 아니면 기저의 원인을 해결하고 있는가?

혁신을 혁신가와 듣는 이 사이에 진행되는 일종의 협상이라고 생각하라. 새로운 아이디어에 대해 듣는 이가 저항하거나 대놓고 거절한다면 '거절'이 그들의 입장이다. 적어도 주장하는 내용은 그렇다. 그러나 '거절'은 상대가 변화에 저항하는 '이유'에 대해서는 아무것도 말해주지 않는다. '거절'은 마찰력의 징후다. 저항의 진짜 원인을 밝히려면 이유를 알아야 한다. '5 Whys' 면담 기법은 사람들이 변화를 거절하는 진짜 이유를 밝히는 한 가지 방법이다.

3. 여러분이 실제로 하고 있는 것은 어떤 비즈니스인가?

많은 기업이 자신의 '사업'과 자신들이 홍보하는 제품이나 서비스, 아이디어를 혼동한다. 철물점은 철물을 팔고, 컨설팅 회사는 컨설팅 서비스를 파는 것이 사실이지만, 고객의 마음속에서 이들 제품은 그저 더 큰 목표를 달성하기 위한 수단일 뿐이다. 정서적 마찰력을 파악하는 데는 발전을 중심으로 생각하는 것이 매우 중요하다. 그래야만 혁신을 더 큰 맥락 속에서 볼 수 있기 때문이다. 강력한 마찰력은 이렇게 더 큰 맥락 속에 존재한다.

전략 2: 민족지학자가 되라

1. 누군가의 행동을 관찰하는 것은 정서적 마찰력을 이해하는 데 어떤 도움이 될까?

사람들은 종종 말과 행동을 다르게 하는 경우가 있다. 그렇기 때문에 대화에만 의지해서는 정서적 저항이 발생한 지점을 알아내기가 어렵다. 현장에서 사람들을 따라다니다 보면 사람들이 말하지 않는 니즈나 우려에 대해 중요한 힌트를 얻을 수 있다. 그리고 마찰력이 생기기도 전에 미리 알아차릴 수 있다.

2. 상대의 맥락을 얼마나 잘 이해하고 있는가?

사람의 행동은 진공 상태에서 일어나는 것이 아니다. 사람의 행동에는 사회적·정서적·신체적 맥락이 가득하다. 자연스러운 상태에서 사람들을 관찰해 보면 상대의 니즈에 대한 깊이 있는 통찰을 얻을 수 있고, 상대가 그 니즈를 충족시키기 위해 기꺼이 어떤 거래까지 할 의향이 있는지 (그리고 없는지도) 힌트를 얻을 수 있다.

3. 상대가 스스로 고안한 해결책은 무엇인가?

'페이 잇 플랜 잇' 사례에서 보았듯이 사람들은 종종 자신이 느끼는 정

서적 마찰력을 해결하기 위해 자체 해결책을 만들어낸다. 민족지학은
바로 그런 자체 해결책을 알아볼 수 있게 도와준다. 이런 자체 해결책
은 상대의 니즈를 충족시킬 수 있는 더 명쾌하고 마찰 없는 해결책을
설계할 수 있는 훌륭한 출발점이 된다.

전략 3: 외부자를 영입하라

1. 혁신의 과정 속으로 고객을 초대할 기회는 없는가?

여러분이 서비스하려는 대상이 혁신의 과정에 적극적으로 참여한다면
여러분이 바라는 변화에 저항하게 만드는 우려나 불안을 훨씬 더 잘 이
해할 수 있다.

2. 고객을 고용할 수는 없는가?

여러분의 조직이 고객과 공감하면서 끊임없이 혁신하기를 바란다면 고
객을 영구적인 팀원으로 받아들이는 것도 한번 고려해 보라.

정서적 마찰력이 존재하는 이유를 명확히 알고 나면
단순히 마찰력의 징후를 치료하는 게 아니라
마찰력 자체를 제거하는 작업에 착수할 수 있다.

제4마찰력 반발

_압박을 받으면 저항한다

변화에 저항하는 인간 본성의 비이성적 측면을 안전벨트 사례보다 더 잘 보여줄 수 있는 것도 없다. 오늘날 세계 각국은 안전벨트 사용을 이견 없이 지지한다. 안전벨트를 착용하면 자동차 사고에 따른 사망 확률이 절반 가까이 줄어든다. 매년 안전벨트는 미국에서만 대략 3만 명 정도의 목숨을 살리고 있다. 안전벨트를 착용하는 일은 상대적으로 수고로움은 거의 없으면서도 개인이나 공공의 건강에 미치는 이점은 더 말할 것도 없이 훌륭한 사고 예방책이다. 다시 말해 안전벨트 착용은 의문의 여지 없이 훌륭한 아이디어다.

그러나 1980년대 미국인들은 안전벨트에 반대한다며 전쟁을 벌이다시피 했다. 시작은 1984년 뉴욕주가 미국에서 최초로 안전벨트 착용을 의무화하면서부터였다. 이후 다른 주들도 줄지어 그 뒤를 따랐다. 훌륭한 의도였음에도 이 정책은 대중의 분노를 샀다. 반항의 뜻으로 아예 본인의 차에서 안전벨트를 잘라내는 사람들도 있었다. 어떤 사람들은 소송까지 불사했다. 매사추세츠주에서는 '안전벨트에 반대하는 십자군Crusade against Seat Belts'이라는 이름의 단체가 이 문제를 행정 투표에 부칠 만큼 많은 사람의 서명을 받아내기도 했다. 1986년이 되어도 미국인 중에서 꼬박꼬박 안전벨트를 착용하는 사람은 17퍼센트에 불과했고, 절대 다수는 안전벨트 착용을 의무화하는 법안에 반대했다. 안전벨트 법안에 대한 이런 일반적 반감은 이후로도 10년이나 더 지속됐다. 지금에 와서 보면 안전벨트를 받아들이는 데 이렇게 오랜 세월이 걸렸다는 것은 슬픈 이야기다. 변화를 꺼리는 본능적 반응 때문에 수만 명이 목숨을 잃었다.[1]

시간을 건너뛰어 2020년으로 가보자. 똑같은 현상이 재현되고 있었다. 이번 논쟁의 대상은 마스크 착용 의무화였다. 안전벨트와 마찬가지로 마스크는 코로나 확산이라는 공공의 피해를 줄일 수 있는 효과적이면서도 쉬운 방법이었다. 그런데도 많은 사람이 마스크 착용을 거부했다. 대중이 이런 안전 조치를 받아들이지 않으려는 것은 정말로 이상한 일이었다. 마스크는 아주 적은 비용으로 바이러스의 확산을 줄이는 데 말이다. 대중과 정치인들은 미국의 다수 지역에서 마스크 착용 의무화에 강력히 반대했다.

상식적인 안전 조치에 반대하는 이런 현상은 저 깊숙한 곳에 있는 (때로는 참담한 결과를 불러오는) 인간 성향의 하나를 보여준다. 사람들은 변화를 강요받는 것을 싫어한다. 남이 이래라저래라 하는 것을 싫어한다. 이는 혁신가에게 큰 장애물이다. 왜냐하면 혁신이란 사람들이 하는 일을 바꾸는 것이기 때문이다. 이 말은 곧 혁신가의 목적은 인간 본성에 맞지 않는다는 소리다. **변화하라는 압박을 받고 있다고 느낄 때 사람들의 본능적 반응은 변화에 '반대'하는 것이다. 이런 경향을 '반발'이라고 부른다.** 반발은 새로운 아이디어를 기회가 아닌 침략자로 보게 한다. 우리는 즉시 도개교를 거둬버리고 성문에 무장 병력을 배치한다. 관성이 변화에 대한 저항이라면, 반발은 변화 '당하는' 것에 대한 저항이다.

실험 쥐, 낙서, 반발의 기원

인간이 왜 이런 식으로 행동하는지 이해하려면 1971년으로 돌아가 볼 필요가 있다. 당시 제이 와이스Jay Weiss라는 이름의 심리학자는 기발한 실험 하나를 설계했다. 이 실험 덕분에 나중에 와이스는 소위 '천재들만 받는 상'이라는 맥아더 장학금을 받는다.[2] 와이스 박사의 연구 주제는 동물이 스트레스에 대처하는 방법 그리고 스트레스 상황을 감당할 수 있느냐를 결정하는 환경적 특징에 관한 것이었다.

실험 쥐 세 마리가 각각 우리 안에 살고 있다. A쥐는 우리가 상상할 수 있는 가장 정상적인 실험실에서 산다. 금속으로 된 작은 우리 안에 급수관이 연결되어 있고 정해진 시간에 밥을 준다. B쥐도 동일한 조건에 살지만 한 가지 중요한 차이가 있는데, 금속 우리의 바닥이 전기가 통하는 그물망이라는 점이다. 불규칙한 간격으로 바닥에는 전기가 통하고, 죽을 만큼은 아니지만 고통스러운 충격이 전달된다. 우리의 천장에는 작은 레버가 있다. 실험 쥐는 고통스러운 바닥을 벗어나려고 본능적으로 이 레버에 매달리려고 한다. 실험 쥐가 레버에 닿는 순간 전기가 멈춘다. 실험 쥐는 곧 전기가 통할 때 그냥 레버만 밀어주면 된다는 사실을 알게 된다. C쥐도 바닥에 전기가 통한다. 하지만 C쥐에게는 레버가 없다. 그렇다면 전기가 멈추는 시점은 어떻게 결정될까? B쥐가 결정한다. 전기는 두 마리의 쥐에게 동시에 들어오고, B쥐가 레버를 누르면 동시에 멈춘다. 두 쥐는 결국 동일한 양의 고통을 겪게 되어 있다. 핵심적인 차이는 뭘까? 한 마리는 그걸 멈출 수 있는 능력이 있고, 다른 한 마리는 그렇지 못하다는 점이다. 이는 마치 직장에서 너무나 승진하고 싶은데, 내 업무 평가가 나의 활동에 달린 게 아니라 옆자리에 앉은 사람에게 달려 있는 것과 같다.

와이스 박사는 실험 후에 각 쥐의 건강 상태를 살폈다. 쥐의 건강 상태는 궤양의 유무로 판단할 수 있다. 쥐는 스트레스를 받으면 궤양이 다량 생긴다. 행복한 쥐는 궤양이 생기지 않는다. 당연하게도 A쥐는 괜찮았다. 약간 지루했을지는 모르나 스트레스의 징후는 거의 없었다. 진짜 테스트는 B쥐와 C쥐의 건강 상태였다. 조사를 해보니 B쥐는 A쥐와 비슷해 보였다. 궤양이 조금 있기는 했으나 심각한 정도는 아니었다. 쥐는 꽃처럼 연약하지는 않다. 어느 정도의 역경은 스스로 감당할 수 있다. 전기 충격이 고통스럽기는 했으나 대처할 수 있는 정도였다. C쥐는 달랐다. C쥐는 B쥐보다 두 배 이상 많은 궤양이 생겼다. 다시 말해 같은 양의 고통을 받았어도 자신의 환경에 대한 자율권이 없었던 쥐에게 고통은 훨씬 큰 외상을 남겼다.

이 연구 결과는 인간이 왜 반발을 경험하는지 이해하는 데도 도움을 줄 수 있다. 실험 쥐와 마찬가지로 인간에게도 자신의 환경에 대한 자율권을 원하는 근본적 욕구가 있다. 자율권이 인간의 원초적 욕구인 이유는 생존에 필수적이기 때문이다. 자율권이 있으면 나에게 유리하고 바람직한 옵션을 택하고 해로운 옵션이나 결과는 피할 수 있다. **자율권에 대한 욕구는 너무나 뿌리 깊은 것이어서 사람들은 구체적 이점이 없을 때조차 선택의 자유가 있는 상황을 선호한다.** 어느 실험에서 사람들에게 두 가지 선택지 중 하나를 고르라고 했다. 한 선택지는 두 번째 선택이 가능했고, 다른 하나는 그렇지 못했다. 사람들은 본능적으로 두 번째 선택이 가능한 선택지를 선호했다. 추가적 선택에 따른 의미 있는 혜택도 거의 없고 오히려 일만 더 늘어나는데도 말이다.[3]

문제는 우리가 사람들에게 영향력을 행사하려고 하면 사실상 그들의 자율권을 침해하게 된다는 점이다. 우리는 그들을 특정 경로로 가게 만들려고 하고 있다. 사람들은 자신의 자율권이 위협받고 있다고 느끼면 본능적으로 그 영향력에서 벗어나 자율권을 회복하려고 한다.

반발이라는 행위가 근본적으로는 나의 자율권을 지키고자 하는 욕망에 뿌리내리고 있다는 사실을 아는 것은 매우 중요하다. 이게 사실이라면 사람들은 자신의 자율권이 더 많이 침해당한다고 느낄수록 해당 시도를 밀어내려는 욕구도 더 커질 것이기 때문이다. 한 예로 어느 대학교에서 남자 화장실의 낙서를 줄여보려고 두 가지 표지판을 테스트했다. 한 표지판에는 "어떤 경우에도 이 벽에 낙서를 하지 마시오"라고 썼고, 다른 표지판에는 "벽에 낙서 좀 하지 말아주세요"라고 썼다. 몇 주 후 결과를 확인했다. 두 메시지 모두 역효과를 냈다. 이전보다 더 많은 낙서가 남아있었다(아마도 더 저속한 내용이었을 것이다). 그러나 "어떤 경우에도 이 벽에 낙서를 하지 마시오"라고 더 강한 메시지를 쓴 곳에 낙서가 훨씬 많았다. 세게 밀어붙이자 반발도 더 거세졌다.[4]

강력한 증거가 최악의 증거인 이유

새로운 아이디어에는 거의 반사적으로 의심과 반감이 따라온다는 걸 혁신가들은 금세 배우게 된다. 새로운 아이디어에 대한 저항을 만났을 때 혁신가는 동력을 추가하고 싶은 충동을 느낀다. 우리는 더 많은 증거와 권유로 해당 아이디어에 불을 붙여 저항을 극복해 보려 한다. 그러나 이런 접근법에는 혁신가들이 미처 고려하지 않는 리스크가 있다. **변화를 만들어내려는 우리의 시도가 혹시 반발에 불을 붙인다면 혁신에 반대하는 목소리는 오히려 더 거세질 것이라는 리스크 말이다. 그렇기 때문에 혁신을 하는 데 반발은 매우 위험한 존재다.** 예를 들어 여러분은 기후 변화를 인류가 직면한 가장 큰 난관이라고 생각하지만 테이블 반대쪽에 앉은 사람은 기후 변화가 사기에 불과하다고 생각한다면, 아무리 많은 증거를 들이댄들 상대의 믿음을 바꾸지 못할 것이다. 여러분이 부인할 수 없는 팩트fact라고 생각하는 것도 상대의 마음은 손쉽게 평가절하고 왜곡할 것이다. 그런데도 상대의 마음을 바꾸려 시도한다면 그는 변화에 더 거세게 저항할 가능성이 크다.

증거를 제시하는 게 얼마나 쉽게 역효과를 내는지 알고 싶다면 최근에 진행된 실험을 참고하면 된다.[5] 연구진은 이 실험을 위해 사형 제도에 찬성하는 사람 200명을 모집했다. 그중 절반의 사람들에게 그들의 믿음을 뒷받침하는 연구 결과를 보여주었다. 해당 논문은 사형 제도가 범죄를 줄이므로 효과적이라고 결론짓고 있었다. 나머지 절반의 사람들에게는 그들의 신념과 상충하는 논문, 즉 사형 제도가 범죄를 줄이지 못하므로 효과적이지 않다고 결론 내린 논문을 보여주었다. 그런 뒤에 사형 제도에 대한 두 그룹의 의견을 다시 평가했다.

연구진은 실험이 끝나면 두 그룹 중에서 어느 쪽이 더 강하게 사형 제도를 지지하는지 알고 싶었다. 답은 명백해 보였다. 사형에 찬성하는 데이터를 본 사람들이 사형 제도를 더 강하게 지지하고, 사형에 반대하는 데이터를 본 사람들은 견해가 누그러졌어야 한다. 그러나 결과는 그렇지 않았다. 짐작이 가겠지만, 사형 제도의 이점에 관해 읽은 사람들은 처음의 견해가 약간 더 강화됐다. 그러나 자신의 생각과 충돌하는 메시지를 읽었다고 해서 입장이 약화되지는 않았다. 희한하게도 사형 제도에 반하는 증거를 접한 경험은 사형 제도에 대한 지지를 강화했다. 사형 찬성론자들은 사형 제도가 범죄를 줄이지 못한다는 증거를 본 후에 오히려 이전보다 더 강경하게 본인의 믿음을 고수했다. 전형적인 '반발'이었다. 누가 변화를 압박한다고 느끼면 사람들은 본능적으로 마음을 닫고 자신의 신념을 방어한다.

나의 세계관과 상충하는 증거를 만나면 사람들은 종종 내 신념을 의심하기보다는 해당 증거를 거부하는 쪽을 선호한다. 그런데 만약 그 증거가 부인할 수 없는 종류라면? 사람들은 자신의 신념 체계를 지키기 위해 어디까지 갈 수 있을까? 이 질문에 답하기 위해 리언 페스팅어Leon Festinger라는 심리학자는 사이비 종교 집단에 가입하기로 했다.

때는 1954년. 시커스Seekers라는 이름의 종교 집단이 헤드라인을 장식했다. 이들은 대홍수가 다가오고 있다며 곧 문명이 파괴될 거라고 했다. 예언을 내놓은 사람은 이 집단의 설립자 도로시 마틴Dorothy Martin이었다. 그녀는 클라리온이라는 행성의 선진 종족과 교신했다고 주장했다. 그들이 홍수가 다가온다는 사실을 경고하면서 폭우가 내리기 전에 비행접시를 보내 시커스를 구해주겠다고 약속했다고 말이다. 그런데 여기에는 페스팅어의 관심을 사로잡는 부분이 있었다. 이 예언에는 구체적 내용이 포함되어 있었다. 홍수가 일어나는 정확한 날짜와 시간을 지정했다! 1954년 12월 21일 자정에 모든 게 끝장난다고 말이다.

페스팅어가 궁금해한 것은 이 점이었다. (아마도) 예언이 실패했을 때 저들은 어떤 반응을 보일 것인가? 반박할 수 없는 증거가 나타났을 때 이 사람들은 자신의 신념을 버리고 리더에게 대들거나 심지어 한바탕 크게 웃어젖힐 것인가? 이 점을 알아내려고 페스팅어는 시커스에 가입했다. 아래는 페스팅어가 그의 책 『예언이 끝났을 때』에서 보고했던 그날의 경험 중 일부분이다.

- **12월 20일 오후 6시**(구원까지 6시간 남음)**:** 도로시가 클라리온 종족으로부터 마지막 준비를 하라는 메시지를 받음. 우주 여행에 금속 물체는 일체 가져갈 수 없다는 얘기가 전달됨. 사람들은 옷에 있는 지퍼를 비롯해 쇠붙이를 모두 제거함. 브라 끈과 구두 굽에 금속이 들었는지 논쟁이 벌어짐. 안전을 위해 신발과 브라를 두고 가기로 함.
- **12월 21일 오전 0시**(황홀경의 순간)**:** 엄숙하게 앉아서 문 두드리는 소리를 기다림.
- **12월 21일 오전 0시 5분:** 아무도 찾아오지 않음. 방에 있는 다른 시계는 11시 55분을 가리키고 있는 것을 누군가 발견. 사람들은 아직 자정이 되지 않았다며 안도함.
- **12월 21일 오전 0시 10분:** 두 번째 시계도 자정을 알림. 여전

히 아무도 찾아오지 않음. 사람들은 너무 놀라서 아무 말도 하지 못하고 앉아 있음.

- **12월 21일 오전 4시 00분:** 여전히 놀란 채로 아무 말도 하지 못하고 앉아 있음. 이 상황을 설명해 보려는 시도가 몇 차례 있었으나 실패함. 도로시가 울기 시작함.
- **12월 21일 오전 4시 45분:** 도로시가 또 다른 메시지를 받음. 대지의 신이 지구를 파괴하지 않기로 결정했다고 함. 대재앙이 '취소'됨. 즉, "밤새 앉아 있던 사람들이 너무나 많은 빛을 퍼뜨려서 신이 세상을 파괴하지 않기로 하였다."
- **12월 21일 오후:** 신문사를 소집해 인터뷰를 요청함. 시커스가 세상을 구했다는 사실을 대중에게 알리기 위한 긴급 캠페인을 시작함.

시커스는 실수를 인정하고 신념을 바꾸는 대신 새로운 증거를 찾아냈다. 사형 제도 실험과 마찬가지로 시커스에게 상충되는 관점을 제시해 봤자 그들이 틀렸음을 인정하게 하거나 신념을 바꾸게 설득하지는 못했다. 오히려 그들은 자신의 신념을 강화했다.

사이비 종교는 설득이 쉬운 타깃이다. 그러나 그들의 반응은 사실 평범한 인간적 반응이기도 하다. 강력한 신념이 한번 형성되면 사람들은 그 어떤 외부 영향에도 꿈쩍하지 않을 수 있다. 반발은 새로운 아이디어나 정보를 제대로 보지 못하게 막는다. 혁신가들로서는 웃어넘길 일이 아니다. 앞서 2장에서 우리는 동력의 한계 몇 가지를 살펴보았다. 반발은 동력이 가진 또 하나의 단점을 강조한다. 메시지에 반대하는 사람들에게 팩트를 던져주면 어떻게 될까? 동력은 단순히 그들의 마음을 돌리는 데 실패하기만 하는 게 아니다. 많은 경우 동력은 오히려 그 반대를 더 강화한다.

하드셀을 피하라

반발은 우리가 아이디어를 홍보하고 변화를 추구하는 방법에 관해 중요한 시사점을 던진다. 이 문제를 한번 생각해 보라. 와튼 경영대학원의 조직 심리학자 애덤 그랜트가 설계한 어느 실험에서 대학 동창들에게 기부를 부탁하는 이메일을 보냈다.[6] 이메일의 종류는 세 가지였다. 하나는 이타주의에 호소했다. "기부는 학생과 교직원들의 삶을 바꿀 수 있는 기회입니다." 다른 하나는 이기주의에 호소했다. "기부를 한 동창들은 뿌듯함을 느낀다고 합니다." 세 번째 이메일은 두 가지 메시지를 모두 담고 있었다. 결과는 사람들이 생각한 것과 전혀 달랐다. 이타적 메시지도, 이기적 메시지도, 단독으로 보냈을 때는 효과가 있었다. 기부 비율에서 작지만 의미 있는 증가가 관찰됐다. 그러나 두 메시지를 동시에 보내자 역효과가 났다.

메시지 하나는 효과가 있었는데 둘은 왜 역효과를 불러왔을까? 여러분은 아마 메시지가 두 배의 효과를 냈을 거라고 추측했을 수도 있다. 하지만 결과는 그 추측과 달랐다. 이유는 두 가지 메시지를 모두 받은 사람은 이메일이 자신을 설득하려고 설계된 것임을 눈치챘기 때문이다. 이들은 메시지에서 압박감을 느꼈다고 말했다. 다시 말해 두 가지 전략을 모두 사용한 이메일은 반발을 불러왔다. 일단 한번 반발심이 들자 사람들이 우선적으로 느낀 충동은 '기부하지 않을 자유'를 되찾는 것이었다.

이 연구는 실제로 자유나 옵션을 제한할 때만 반발이 일어나는 게 아님을 보여준다. **설득당하고 있다는 기분을 느끼는 것만으로도 저항을 부르기에 충분하다.** 이는 사람들이 자동차 대리점에 들어서기를 두려워하는 이유와도 정확히 일치한다. 사람들은 세일즈맨의 하드셀Hard Sell(제품의 특장점, 혜택 등을 강조하는 보다 직접적이고 공격적인 세일즈 기법. 소비자의 감성 등을 자극하며 보다 간접적으로 접근하는 소프트셀soft sell과 구분된다 - 옮긴이)이 효과를 낼까 봐 두려워하는 게 아니다. 설득당하고 압박받는 그 경험 자체가 불쾌한 것이다.

지난 10년간 '따라 하기' '희소성' '유인 효과'와 같은 여러 가지 설득의 기술(소위 '넛지nudge')이 마케팅 툴로서 광범위하게 사용됐다. 이런 수법들은 아주 적은 비용으로 상당한 행동의 변화를 만들어낼 수 있다. 그러나 오늘날의 소비자들은 10년 전보다 이런 넛지를 훨씬 더 잘 의식한다. 사람들이 이런 수법을 더 많이 알게 되면서 역효과 가능성도 더 커졌다. 최근 어느 소비자 연구에서 쇼핑객들에게 두 가지 종류의 의류 광고를 보여주었다. 두 광고는 하나만 빼고 완전히 동일했다. 한 광고에는 "지금 사세요. 재고 딱 3개 남음."이라는 메시지를 띄웠다.[7] 우리가 '가짜 희소성'이라고 부르는 것이다. 사람들이 행동하게끔 자극하려고 설계된 '회피 동력'이다. 이 메시지를 받은 사람들은 제품을 구매할 가능성이 더 적어졌을 뿐만 아니라 해당 브랜드에 대해 부정적 감정이 생겼다고 보고했다. 흥미롭게도 브랜드 충성도가 높은 고객일수록 해당 메시지를 더욱 불쾌하게 여겼다. 이 광고가 역효과를 낸 것은 사람들이 그 내용을 간파했기 때문이다. 지나친 마케팅 조작을 만나자 사람들은 본능적으로 반발했다.

캘리포니아의 어느 에너지 회사가 고객들이 전기를 좀 아껴 쓰게 할 목적으로 넛지를 설계했다. 회사는 고객의 전기 사용량을 소비자 평균과 비교한 보고서를 고객들에게 보냈다. 넛지의 심리학에 따르면 이렇게 비교를 당했을 때 전기 사용량이 줄어들어야 한다. 이 넛지는 정치 성향이 진보적인 고객들에게는 성공을 거뒀다. 그러나 정치 성향이 보수적인 고객들은 이 메시지가 자신을 조종한다고 느꼈고, 전기 소비를 (그리고 본인들의 전기 요금도) 늘리는 방식으로 반항했다.[8]

반발의 조건

모든 상황에서 반발이 일어나는 것은 아니다. 사람들이 지시에 반발하지 않고 오히려 기꺼이 따르는 경우도 많다. 반발이 거세지는 세 가지 조건은 아래와 같다.

1. 핵심 신념을 건드릴 때

여러분의 새로운 아이디어가 건드리는 주제가 명절 저녁 식탁에서 피하고 싶은 내용(정치, 종교, 사회 정의)이라면 '핵심 신념core belief'일 가능성이 크다. 여러분의 아이디어가 누군가의 정체성에 도전한다면 강력한 반발이 따를 것이다. 세상의 종말을 예언했던 시커스의 경우를 생각해 보라. 그들의 믿음은 본인의 신용, 가족, 커리어까지 그야말로 어마어마한 대가를 치르고 얻은 신념이었다. 그처럼 많은 희생을 치렀는데 자기 신념이 틀렸을 가능성에 마음을 열기란 결코 쉽지 않다.

2. 변화에 대한 압박을 느낄 때

변화하라는 압박을 느끼면 사람들은 자율성을 유지하기 위해 본능적으로 반발한다. 압박에는 많은 형태가 있다. 변화에 실패했을 때 받게 될 불이익이나 처벌도 압박의 한 형태다. 최근 한 연구에 따르면 흔한 탈세 관행(예컨대 개인적 지출을 사업 경비처럼 속인 경우)에 대해 더 큰 불이익을 주겠다고 납세자들을 협박했더니 오히려 역효과가 났다. 소득을 숨기려는 경향이 오히려 더 강화됐다.

시간도 압박의 한 형태다. 새로운 아이디어에 적응하는 데는 시간이 필요하다. 해당 아이디어의 가치나 함의를 끝까지 다 생각해 보려면 시간이 걸린다. 그런데 이를 두고 참을성 없이 '다들 여기에 동의해!'라는 식으로 접근하면, 사람들은 자신의 의구심이나 걱정이 해소되기 전에 변화하라고 요구받는다고 느낄 수 있다.

메시지의 어조도 결정적 역할을 한다. 메시지가 마치 명령처럼 느껴지는가? 명령은 반발을 유발할 가능성이 매우 크다. 화장실의 낙서 금지 사례를 떠올려보라. "어떤 경우에도 이 벽에 낙서를 하지 마시오."라고 하자 끔찍한 역효과가 났다. 최악의 전략은 공허한 명령이다. 무언가를 강제할 능력이나 권한이 없다면 절대로 명령을 내리지 마라(바로 지금 이 문장처럼 말이다).

마지막으로 직책이나 주변 환경 자체가 압박감을 주지는 않는가? 다시 말해 사람들이 압박을 예상하고 있지는 않은가? 우리는 자동차 대리점에 들어설 때 딜러의 하드셀을 예상한다. 세계에서 자동차를 가장 많이 파는 세일즈맨 알리 리다도 바로 이 마찰력만큼은 극복해야 한다.

3. 듣는 사람이 배제됐을 때

마지막으로 고려해야 할 것은 아이디어의 출처다. 혁신가가 처음부터 끝까지 혼자서 아이디어를 생각해 내고 발전시키는 경우가 종종 있다. 해당 변화를 실천해야 할 고객이나 직원은 그 과정에서 아무런 목소리를 내지 못한다. 이들은 그냥 주어진 대로 실행하는 수밖에 없다. 아이디어의 설계 과정에 사람들이 참여하지 못했을 경우(즉 사람들의 의견을 구하거나 청취하지 않은 경우) 반발은 당연히 따라올 것이다.

참으로 어려운 문제다. 혁신의 목표는 사람들이 새로운 아이디어를 받아들이도록 이끄는 것인데, 정작 사람들은 강요받는다고 느끼면 본능적으로 변화에 반발한다. 이 마찰력을 대체 어떻게 극복한단 말인가? 답은 '영향력'과 관련해 우리가 알고 있는 것들을 모조리 마음속에서 싹 지우는 것이다.

자율권에 대한 욕구는 너무나 뿌리 깊은 것이어서
사람들은 구체적 이점이 없을 때조차
선택의 자유가 있는 상황을 선호한다.

10

THE HUMAN ELEMENT

자기 설득의 법칙

_듣는 사람이
스스로를 설득하게 하라

얼마 전 사람들에게 '영향력'과 '설득'이라는 단어를 주고 가장 먼저 생각나는 단어를 써달라고 부탁했다. 가장 많이 나온 단어 3개는 각각 '조종하다' '납득시키다' '팔다'였다. 사람들은 '영향을 미친다'라는 행동을 본능적으로 '자신의 생각을 타인에게 강요한다'와 연결시켜 생각했다. 그런데 우리는 모르지만 영향력의 대가들은 알고 있는 한 가지 사실이 있다. 바로 '강요가 효과적인 경우는 거의 없다'는 점이다. 더 세게 밀어붙일수록 마찰력만 커질 뿐이다.

반발을 극복하는 최고의 비결은 더 이상 변화를 강요하지 않는 것이다. 사람들을 설득하려 들지 말고 그들이 스스로를 설득할 수 있게 도와주어야 한다. 영향력이나 혁신에 대한 이런 식의 접근법을 '자기 설득'이라고 한다. 변화를 향한 주장이나 깨달음이 내면으로부터 나올 때 자기 설득이 일어난다.

자기 설득의 힘

자기 설득이 효과적이라는 분명하고 강력한 증거가 있다. 간단한 실험에서 흡연자들을 '화자'와 '청자'로 나누었다. 화자에게는 다른 흡연자를 향해 흡연에 반대하는 기사를 큰 소리로 읽어달라고 했다. 청자도 동일한 메시지를 들었으나 그것은 다른 흡연자가 읽어준 것일 뿐이었다. 메시지는 동일했다는 사실을 기억하라. 화자의 경우 표면적이나마 해당 메시지는 자신의 입에서 나온 것이었다. 메시지 내용을 직접 쓴 것은 아니지만 어쨌든 본인이 읽었기 때문이다. 청자의 경우 메시지를 읽은 것은 다른 사람이었다(청자는 메시지를 들었을 뿐이었다). 결과를 보면 메시지를 큰 소리로 읽은 사람들은 동일한 내용을 귀로 들은 사람들에 비해 기사의 주장이 더 설득력 있다고 느꼈고 금연해야겠다는 동기도 더 많이 부여받았다. **메시지의 출처가 나인가 아니면 다른 사람인가에 따라 설득력이 달라졌다.**

자기 설득의 효과는 중독 치료 사례에서도 목격된다. 미국에서는 인구의 78퍼센트가 약물이나 알코올 중독의 영향을 받고 있다. 즉 가까운 친구나 친척 중에 누군가는 중독으로 고생하고 있을 확률이 크다. 그 사람들이 치료를 받게끔 어떻게 설득할 수 있을까? 감성적으로 접근할 수도 있다. 상대가 죄책감을 느끼게 할 의도로 그에게 간청할 수도 있다. "이게 당신뿐만 아니라 당신 가족들한테 어떤 영향을 미치고 있는지 한번 생각해 보세요"라고 애원하는 것이다. 아니면 두려운 마음이 들도록 유도할 수도 있다. 태도가 바뀌지 않으면 연을 끊겠다고 상대를 협박하는 것이다. 아니면 좀 더 분석적으로 접근해서 약물 남용의 위험성에 관한 각종 숫자와 통계를 인용할 수도 있다. 하지만 이 중 어느 방법을 사용할지는 별로 중요하지 않다. 하나같이 동일한 문제점을 안고 있어서다. 바로 '우리'가 그들에게 이러저러한 행동을 하라고 '지시'하고 있다는 점이다. 우리는 그들에게 어떤 관점을 강요하고 있다. 약물 남용의 위험성과 끊었을 때의 이점(그런데 이 이점은 상대가 이미 완벽하게 알고 있는 내용이다)을 설명하는 식이다. 이런 접근법은 효과가 없을 뿐만 아니라 역효과를 불러올 가능성이 크다. 이미 중독된 사람을 약물을 끊는 삶에서 더 멀어지도록 밀어내버린다.

그런데 우연히도 중독 치료 상담사들이 더 좋은 방법을 찾아냈다. 그들은 중독의 위험성을 설명하거나 미래에 대한 두려움을 강조하는 대신 종종 상대가 예상치 못한 질문을 던지는 것으로 상담을 시작한다.

"1부터 10까지의 척도가 있다고 생각해 보세요. 10은 한 치의 다른 마음 없이, 중독을 벗어난 삶을 살고 싶다고 완벽하게 결심한 상태예요. 이 순간 이후 중독을 완전히 끊고 또렷한 정신으로 살겠다고 말이에요. 1은 정반대예요. 중독을 벗어나서 사는 게 전혀 좋아 보이지 않아요. 남은 평생을 중독자로 산다고 해도 아무 미련도 두려움도 걱정도 없어요. 1에서 10 중에 당신은 어디에 있나요?"

약물이나 알코올 중독자라면 누구나 자신의 중독 상태에 대해

저 깊은 곳에서는 양가적兩價的 감정을 느낀다. 이성적인 마음은 자신이 바뀌기를 원하지만, 충동이 발목을 잡는 것이다. 그렇기 때문에 중독자들은 절대로 '1'이나 '10'이라고 답하지 않는다. 대부분의 중독자는 2에서 4 사이의 어느 숫자를 이야기한다. 그리고 상담사가 기다리는 대답도 바로 그것이다. 왜냐하면 그랬을 경우 바로 다음과 같은 중요한 질문을 던질 수 있기 때문이다. "왜 1이 아닌가요?" 2에서 4 사이로 답을 했다는 것은 중독을 벗어난 상태에 대해 무언가 좋게 생각하는 부분이 있다는 뜻이다. "왜 1이 아닌가요?"라고 물으면 이제 중독자는 스스로 중독을 끊었을 때의 좋은 점에 관해 논지를 만들어야 한다. 상담사는 직접 중독자를 설득하려 하는 대신, 중독자 스스로가 자신을 설득하게 만들고 있다.

이 사례는 자기 설득의 첫 번째 규칙을 잘 보여준다. **'지시하지 말고 질문하라.'** 자기 설득은 사람들에게 '이렇게 생각하라'고 지시하는 대신에 질문을 이용해서 사람들이 스스로 자기 발견에 이르게 돕는다. 자기 설득이 가진 강력한 힘을 보여주는 사례를 두 가지 더 보고 가자.

다짐 카드의 영향력

밥 래두서Bob Ladouceur를 알 것이다. ESPN(Entertainment and Sports Programming Network, 미국의 스포츠 전문 케이블 TV 네트워크)은 그를 "고등학교 미식축구 역사상 가장 훌륭한 감독"으로 뽑았다. 그의 행적은 워낙에 놀라워서 〈151경기〉라는 할리우드 영화로도 만들어졌다.

래두서 감독은 35년간 드라살 스파르탄스De la Salle Sans를 이끌었다. 이 기간 동안 그는 스무 번의 퍼펙트 시즌(무승부나 패 없이 시즌 내내 모든 경기를 승리한 시즌 - 옮긴이)을 만들어냈고 1992년부터 2003년까지 이어진, 믿기지 않는 연승 기록을 세웠다. 맞다. 10년을 단 한 번도 패하지 않은 것이다. 그 어느 업계든 1등이 되는 것은 어렵다. 그런데 1등을 유지하는 것은 또 완전히 다른 문제다. 도대체 어떻게 해야 열일곱 살짜리들로 구성된 팀이 끊임없이 뛰어난 성과를 내겠다는 마음을 먹게 만들 수가 있을까? 그리고 그 마음을 계속 유지하게 만들까? 래두서 감독의 경우 그 답은 유별난 무엇이 아닌 작은 메모장에 있었다.

이 메모장의 비결을 더 자세히 이야기하기 전에 몇 가지 말해둘 것이 있다. 밥 래두서 감독의 메시지는 대단히 특이한 내용이 아니다. 그가 팀원들에게 요구했던 이상적인 모습은 책임감, 개인보다 팀을 우선하는 태도 등등 어느 운동부 로커 룸에서나 볼 법한 것들이다. 래두서 감독이 정말 남달랐던 부분은 선수들로 하여금 그런 이상적인 선수가 되겠다고 얼마나 굳게 결심하게 만들었는가 하는 점에 있다.

보통의 감독들은 선수들이 탁월한 모습을 발휘하도록 어떻게 자극할까? 우리가 '영감靈感형 리더'라고 부르는 전형을 따를 가능성이 크다. 영감형 리더는 부단히 승리를 추구한다. 높은 기준을 세워 이를 충족시킬 것을 요구하고 그를 위해 때로는 가차 없는 비판을 하고 때로는 열정을 전파한다. 하프타임 때 열정적 발언으로 선수들이 그 어느 때보다 더 스스로를 신뢰할 수 있게 만들어주는 감독의 모습이 그려질 것이다. 이게 바로 우리가 '영향력을 발휘한다'고 할 때 전형적으로 떠올리는 모습이다. 감독은 변화의 원천이다. 감독은 선수들에게 열정과 신념을 '주입'한다.

하지만 래두서 감독은 그런 고정관념과는 거리가 멀다. 그가 선수들의 자발적 동의를 끌어내고 영향력을 발휘하기 위해 사용하는 가장 큰 도구는 아마 메모장일 것이다. 래두서 감독이 일하는 학교에서는 이 메모장을 '다짐 카드'라고 부른다. 다짐 카드의 사용법은 다음과 같다. 매주 래두서 감독은 선수 두 명을 짝지어 준다. 즉 매주 새로운 짝이 생긴다. 선수들은 세 가지 목표를 적는다.

- **준비 목표:** 나는 어떻게 더 강해질 것인가?
- **연습 목표:** 나는 어떤 기술을 향상시킬 것인가?

- **경기 목표:** 경기 중에 나는 무엇을 달성할 것인가?

한 주가 끝날 때면 선수들은 스스로 다짐했던 내용을 공유하고 그 다짐을 지켰는지 돌아본다. 그리고 만약 다짐을 지키지 못했다면 이렇게 자문한다. '왜 못했을까? 다음 주에는 어떻게 해야 더 잘할 수 있을까?'

스스로 메시지를 낭독했던 흡연자들처럼, 선수들이 성공할 수 있었던 것은 감독이 영감을 주었기 때문이 아니라 스스로 영감을 얻었기 때문이다. 래두서 감독은 선수들에게 뭘 어떻게 더 개선하라고 말하지 않았다. 래두서 감독은 주간 행사를 만들어서 선수들이 스스로 뛰어난 선수가 되겠다고 다짐할 수 있게 판을 깔아줬다. 고등학교 미식축구 역사상 가장 성공한 감독은 선수들이 스스로에게 영감을 불러일으킬 수 있게 격려하고 있었다. 경기장에서 나타난 결과를 보면 래두서 감독의 팀은 경쟁보다는 '자기 설득'을 통해 미션에 대한 의지를 더 깊이 다진 것으로 보인다.

래두서 감독의 이야기는 자기 설득이 지닌 힘을 보여주는 훌륭한 사례다. 하지만 여기에는 주의할 점이 있다. 감독과 선수들은 첫날부터 목표가 같았다. 선수들은 이미 승리를 원하고 있었다. 그 부분은 감독도 굳이 설득할 필요가 없었다.

자기 설득은 해당 메시지에 반대하는 사람에게도 여전히 효과가 있을까? 아니면 이미 결심이 선 사람들에게 그 결심을 강화시켜주는 기법일 뿐일까? **자기 설득은 내 아이디어에 반대하는 사람들에게도 효과가 있을 뿐만 아니라 때로는 그들에게 효과가 있는 유일한 방법이기도 하다.**

딥 캔버싱

LA에 있는 리더십연구소Leadership Lab는 성소수자에 대한 차별을 줄이는 것을 목표로 하는 비영리단체다. 특히 트랜스젠더 인권에 초점을 맞추고 있다. 트랜스젠더 인권은 지금 미국에서 한창 치열한 전투가 벌어지고 있는 이슈다. 미국인들을 근본적으로 갈라놓고 있는 주제는 사람이 태어날 때 부여받은 성별과 다른 젠더가 될 수 있느냐 하는 문제다. 2017년 퓨리서치센터Pew Research Center가 실시한 어느 조사에 따르면 대략 미국인의 절반 정도(54%)가 트랜스젠더 인권에 반대한다. 그리고 미국에서 대부분의 사회적 이슈가 그렇듯이 이로 인한 정치적 분열도 심각하다. 민주당 지지자들은 트랜스젠더 인권을 압도적으로 지지하는 반면 공화당 지지자들은 완강히 반대한다.[1]

리더십연구소의 설립자 데이비드 플라이셔David Fleischer는 트랜스젠더 인권에 대한 사람들의 태도(와 궁극적으로는 정책)의 변화를 꾀하기 위해 이 단체를 만들었다. 그러나 이처럼 굳건한 반대 태도를 과연 어떻게 바꿔놓을 것인가? 인터넷에서 '딥 캔버싱deep canvassing'을 한번 검색해 보라. 가가호호 방문하면서 지지를 호소하는 방식인 캔버싱canvassing에 새롭게 접근한 딥 캔버싱Deep Canvassing은 가히 혁명적이라고 부를 만하다.

딥 캔버싱의 바탕이 된 아이디어는 간단하다. 유권자들에게 이렇게 생각하고 저렇게 투표하라고 얘기할 것이 아니라 제대로 된 질문을 해야 한다는 것이다. 딥 캔버싱에서 대화는 기본적으로 다음과 같은 다섯 단계로 진행된다.

1단계: 유권자에게 특정 이슈에 관한 의견을 들려달라고 한다.

2단계: 왜 그렇게 느끼는지 질문을 통해 상대의 신념을 더 깊이 파고든다.

3단계: 해당 이슈와 관련된 개인적 경험을 들려달라고 한다.

4단계: 질문자가 유권자의 당초 관점에 공감하는 개인적 경험을 들려준다.

5단계: 해당 이슈에 대한 유권자의 의견을 다시 묻는다.

실제 딥 캔버싱 대화는 대략 다음과 비슷하게 진행된다. 대화를 시작하면서 질문자는 유권자에게 어느 이슈(예컨대 트랜스젠더 인권)에 대한 의견을 묻는다. 유권자가 의견을 들려주면 질문자는 유심히 듣지만 판단은 유보한다. 질문자는 유권자의 대답 때문에 자신이 기쁜지 혹은 상처를 받았는지 드러내서는 안 된다.

그런 다음 질문자는 유권자가 해당 이슈와 관련해 개인적으로 관련된 것이 있는지 묻는다. 예컨대 친척이나 직장 동료 중에 트랜스젠더가 있는지 묻는다. 다음으로 질문자는 해당 이슈와 관련해 자신의 개인적인 경험을 들려준다. 마지막으로 유권자에게 이렇게 묻는다. "최근에 정말로 힘들었을 때 누군가 당신에게 연민을 보여준 적이 있었나요?" 이 질문은 약자의 입장에 있는 집단에 대해 유권자가 유대감을 느낄 수 있도록 설계된 것이다. 그러면 유권자는 이전에는 나와 전혀 다른 사람이라고 여겼던 사람들도 실은 같은 인간이라는 자각에 이르게 된다.

이게 전통적인 캔버싱과 얼마나 다른지 한번 보라. 보통의 경우라면 소위 '운동가'가 사람들에게 왜 이 대의를 지지해야 하는지 줄줄이 주장을 늘어놓고 다른 의견을 가진 모든 사람을 부끄럽게 만든다. 데이비드 플라이셔는 최근 어느 인터뷰에서 이렇게 말했다.

"저희는 유권자들에게 팩트 폭격을 가하는 것이 아니라 자유롭게 답할 수 있는 질문을 하고 답을 경청합니다. 그런 다음 상대가 방금 들려준 이야기에 기초해서 또 자유롭게 답할 수 있는 질문을 하죠. 이렇게 하는 이유는 남들이 가차 없는 통계로 알려주는 것보다 스스로 결론에 도달하면서 배운 교훈이 더 오래 지속되기 때문이에요."

딥 캔버싱과 전통적 캔버싱의 가장 큰 차이점은 어쩌면 타깃으로 삼는 대상일지 모른다. 전통적인 캔버싱은 지지자 혹은 아직 결정을 내리지 못한 유권자를 타깃으로 삼는다. 반대되는 관점을 가진 사람들은 그냥 건너뛴다. 왜냐? **동력 중심의 접근법이 반대되는 의견을 가진 사람에게는 역효과를 부르기 때문이다. 즉 반발을 일으킨다. 그러나 딥 캔버싱은 반대 의견을 가진 사람들을 '찾아다닌다.'** 딥 캔버싱이라는 방법 자체가 반대 의견을 가진 사람이 나의 대의에 공감하도록 만들게끔 설계된 것이기 때문이다.

행동과학이 생각해 낸 것들 중에서 편견을 줄이는 데 효과가 있는 것으로 증명된 믿을 만한 전략은 '실험실에서조차' 매우 드물다. 그런 연구 결과가 현실에까지 적용된 경우는 더욱 드물다. 그렇기 때문에 딥 캔버싱의 효과에 대한 증거는 매우 인상 깊다. 최근 트랜스젠더를 차별로부터 보호하는 법률에 대한 플로리다 유권자들의 생각을 모니터링한 연구가 있었다. 이 연구는 500명에 가까운 유권자를 인터뷰했다. 그리고 평균적으로 보았을 때 딥 캔버싱에 노출되면 트랜스젠더에 대한 혐오가 현저히 줄어든다는 사실을 발견했다. 얼마나 현저히 줄어들까? 트랜스젠더 인권을 지지하는 방향으로 바뀐 비율은 1998년에서 2012년 사이에 동성애자 권리를 지지하는 방향으로 바뀌었던 미국인의 비율보다 더 컸다. 연구진은 이 결과를 전통적인 캔버싱을 통해 유권자의 생각을 바꾸려 했던 다른 49개의 실험과 비교했는데 전통적 연구 중에는 효과가 있는 것으로 증명된 것이 단 하나도 없었다.

전략 1: 예스 질문을 하라

이 이야기들의 교훈은 자발적 동의를 얻어내는 데는 사람들에게 이래라저래라 '지시'하는 것보다는 '질문'을 하는 편이 더 나은 접근법이라는 것이다. 안타깝게도 이게 그렇게 단순하지만은 않다. 모든 질문이 좋은 질문인 것도 아니다. 예를 들어 자녀에게 채소를 먹고 싶은지 묻는다고 한번 생각해 보라. 혹은 상사에게 나의 연봉을 인상해 주고 싶은지 묻는다면 어떨까? 문제가 보이는가? 자녀에게 채소를 먹고 싶은지 묻는다면 아이들은 그냥 싫다고 할 것이다. 이게 무슨 도움이 될까? 아무 도움도 되지 않는다. 그러니 우리는 '제대로 된' 질문을 해야 한다.

노$_{no}$가 아니라 예스$_{yes}$라고 답할 만한 질문은 어떻게 하는 걸까? 그 답을 찾으려고 나선 연구자들이 한 마을에 가서 집집마다 돌아다니며 사람들에게 마당에 "안전 운전"이라는 커다란 광고판을 설치해 줄 수 있는지 물었다. 짐작이 가겠지만 아무리 훌륭한 대의를 위하는 것이라고 해도 본인 마당에 이 크고 못생긴 광고판을 설치할 의향이 있는 사람은 20퍼센트에 불과했다. 그런데 이 요청에 예스라고 답하는 사람의 비율을 두 배, 심지어 세 배까지 올려야 한다고 한번 생각해 보라. 대체 어떻게 해야 그토록 큰 변화를 이끌어낼 수 있을까?

연구진은 마을을 바꿔서 다른 접근법을 시도해 보았다. 집집마다 돌아다니며 본인들의 자동차나 집에 "안전 운전"이라는 작은 스티커를 하나 붙여줄 수 있는지 물었다. 상상이 가겠지만 이렇게 훨씬 작은 요청에는 대부분의 사람이 응했다. 그러고 나서 일주일 후에 연구진은 다시 돌아가서 후속 요청을 해보았다. 아까의 그 똑같이 못생긴 "안전 운전" 광고판을 마당에 설치해 줄 수 있느냐고 말이다. 이번에는 놀랍게도 76퍼센트의 주민이 영광으로 생각했다. 대체 어떻게 된 걸까?

혁신가들이 가지고 있는 잘못된 본능 중에 하나는 긴장 혹은 의견 차이가 있는 지점에서 무언가를 시작하려 한다는 것이다. 크고 못생긴 광고판을 마당에 설치해 달라고 요청하는 것은 의견 차이에서 출발하는 것이 분명하다. 왜냐하면 사람들이 자연스럽게 하고 싶을 만한 일이 아니기 때문이다. 이런 건 '노 질문'이다. 그러나 좋은 취지를 위해서 스티커를 부착하는 것처럼 작은 희생 정도는 대부분의 사람들이 긍정적 의향을 보인다. "이 스티커를 부착해 주시겠어요?"라고 물으면 의견 일치의 지점에서 대화를 시작할 수 있다. 그러니까 "이 스티커를 부착해 주시겠어요?"는

'예스 질문'이다.

받아들일 수 있거나 공통의 인식을 가진 부분에서부터 질문을 시작하면 새로운 혁신이나 아이디어를 받아들이기가 더 쉬울 것이다. 신제품에 대한 피드백이나 청원에 서명을 하는 것과 같은 작은 요청에 '예스'라고 말하게 하면 자기 설득의 과정이 촉진된다. 왜냐하면 내가 무언가의 과정에 참여한 듯한 기분이 들기 때문이다. 그렇게 해서 더 큰 요청을 받을 때쯤이면 이미 해당 아이디어는 내 것처럼 느껴진다.

'예스 질문을 하라'라는 접근법을 식당 산업에서 중요한 노쇼 no-show 문제에 한번 적용해 보자. 노쇼란 예약을 해놓고 나타나지 않을 거면서 취소도 하지 않는 사람들을 가리킨다. 노쇼는 큰 골 칫거리다. 특히 규모가 작은 고급 레스토랑이라면 한두 개의 테이블만 취소가 되어도 흑자가 적자로 뒤바뀔 수 있다.

여러분이 식당 주인이라고 한번 생각해 보라. 노쇼 비율을 줄이기 위해서 어떻게 하겠는가? 예약을 지키지 않은 것에 벌칙을 가할 수도 있다(예컨대 노쇼에 따른 수수료를 받는다거나 하는 식으로). 하지만 그렇게 하면 고객을 잃을 수도 있다. 고전이 된 책 『설득의 심리학』에서 로버트 치알디니 Robert Cialdini는 자기 설득을 이용해 이 문제를 해결한 어느 식당 단체의 사례를 들려준다. 식당을 예약하려고 전화를 해보면(1990년대 이야기다) 정해진 대사가 있다. 대화가 끝날 때 직원은 공손히 이렇게 요청한다. "혹시 오지 못하실 것 같으면 취소 전화를 좀 부탁드립니다." 이 말로 식당은 요구를 하고 있다. 무엇을 하라고 '지시'하는 것이다.

그런데 한 식당이 이 대사에 별로 대단할 것 없어 보이는 (하지만 매우 영리한) 변화를 주었다. **사람들에게 취소하라고 말하는 대신 예스 질문을 한 것이다. 이 식당은 대화를 끝내면서 이렇게 물었다. "혹시 오시지 못할 경우에는 취소 전화를 주시나요?"** 반항장애Oppositional Defiant Disorder, ODD가 있는 사람이 아닌 이상, 이렇게 물으면 '예스'라고 답할 것이다. 작은 변화였지만 지시가 아니라 질문을 하자 노쇼 비율은 크게 줄었다.

세일즈에서는 이 기법을 '예스 사다리yes ladder'라고 한다. 동의할 수 있는 질문부터 시작하라는 것이다. 극렬한 반대자를 상대할 때조차 언제나 양측이 동의할 수 있는 지점은 있다. 과거에 협업했던 어느 경영 컨설턴트가 이런 조언을 해주었다. "내 의견에 동의하지 않는 사람을 상대할 때는, 특히나 상대가 품고 있는 감정이 강하다면, 이 질문으로 대화를 시작해 보세요. '본인과 다른 관점에 대해서도 마음이 열려 있으신가요?'" 이렇게 물으면 사람들은 예스라고 답해야 할 것 같은 내적 압박을 강하게 느낀다. 그의 경험에 따르면 상대로 하여금 "네, 당신 의견을 들어보고 싶네요"라고 말하게 만들면, 반발을 무너뜨리고 마음을 열게끔 촉진할 수 있다고 한다.

세뇌의 무서운 힘

혹시나 궁금한 사람이 있을까 하여 알려주자면, 이는 사람을 세뇌시킬 때 사용하는 방법이기도 하다. '세뇌'라는 단어는 한국전쟁 기간에 만들어졌다. 1952년 미국 해군의 프랭크 슈워블Frank Schwable 대령이 북한군에 붙잡혔는데 전쟁 포로로 잡힌 장교 중에서는 직급이 가장 높은 경우였다.[2]

1년 후 슈워블은 대중 앞에 모습을 드러냈고 그 모습을 지켜본 미국인들은 큰 충격을 받았다. 슈워블은 미국이 한국군과 시민들에게 생화학 무기(탄저병이나 역병 같은 것)를 사용했다는 거짓 고백을 했다. 슈워블 대령은 시작에 불과했다. 불과 몇 개월 만에 5000명이 넘는 미국군 포로들이 한국인을 대상으로 전쟁범죄를 저질렀다는 거짓 진술서에 서명했다. 미군이 한국전쟁에서 물러난 후에도 20명의 미국 병사는 본국 송환을 거부해 미국인들에게 커다란 모욕감을 안겼다.

이 일련의 사건은 미국 정부를 공포로 몰아넣었다. 미국은 공산주의자들이 '생각 조종'이라는 신무기를 개발한 게 아닌가 두려웠다. 이 위협에 맞서려고 CIA(미국중앙정보부)는 'MK 울트라MK Ultra'라는 프로그램을 개발했고, LSD 기타 향정신성 약물을 사용해 세뇌가 실제로 가능한지 테스트했다. 그리고 미국의 대중은 사악한 세력에 의해 정신을 지배당해 은밀한 조종을 받는 특수요원을 자연스럽게 대중문화의 한 콘셉트로 받아들였다. 〈맨츄리안 켄디데이트〉나 〈시계태엽 오렌지〉, 〈본 아이덴티티〉 심지어 〈쥬랜더〉 같은 영화도 바로 이 플롯을 사용한 경우다.

이 원리는 과연 무엇일까? 대체 무슨 일을 겪었기에 미군 병사들은 그처럼 빠르게 선전, 선동의 꼭두각시로 전락했을까? 본국으로 돌아온 전쟁 포로들을 연구한 과학자들은 세뇌라는 과정이 종종 겉으로는 무해하게 보이는 질문으로 시작한다는 사실을 알아냈다. 미군 포로들은 "완벽한 나라는 없다는 데 동의하십니까?"라는 질문을 받았다. 다시 말해 '예스 질문'을 받았다. 왜냐하면 완벽한 나라가 없다는 데는 누구라도 동의할 것이기 때문이다. 이 명백한 진실에 동의한 미군 병사들은 이어서 다음과 같은 중요한 질문을 받았다. "만약에 당신 말처럼 그 어느 국가도 완벽하지 않다면 분명히 당신의 모국도 완벽하지는 않다고 생각할 겁니다. 당신네 정부가 당신을 실망시킨 경우는 언제입니까?" 이를 시작으로 몇 단계를 거치고 나면 미군 병사들은 미국 정부를 배신하도록 '스스로를 설득'하게 된다. 고문을 하면 사람들에게 무슨 말이든 시킬 수 있다. 하지만 고문으로는 병사들이 그런 내용을 진심으로 믿게 할 수는 없다. 그런 일이 일어나려면 선전, 선동이 내면에서부터 시작되어야 한다.

자기 설득이 어려운 경우

모든 상황이 자기 설득에 유리한 환경을 갖추고 있는 것은 아니다. 예를 들어 주어진 시간이 별로 없다면 사람들을 자기 설득의 과정으로 이끌기가 쉽지 않다. 또는 조직에서 내 위치가 위에서 내린 의사결정을 그냥 전달하기만 하고 변화가 일어나는지 확인하는 정도에 머물 수도 있다. 이런 때에는 상당한 반발이 일기 쉽다.

자기 설득이 도저히 가능하지 않은 상황이라면 해당 의사결정을 하나의 실험이나 파일럿 테스트처럼 제시하는 방법을 고려해 보라. 실험은 결과로 평가된다. 결과가 기대에 미치지 못하면 실험은 변경되거나 폐기될 수 있다. 어떤 조치를 명령이 아니라 일종의 실험처럼 제시한다면 다음과 같이 말하면 된다.

"우리가 새로운 접근법을 '시도'해 볼 거예요. 5주간 시범 운영을 한번 해보는 거예요. 결과가 좋지 않으면 재평가를 해서 변화를 주자고요."

이렇게 해당 조치가 유동적이라는 뜻을 전달하면서 실험처럼 제시하는 방법을 쓰면 일방적 의사결정에 따른 심한 반발을 줄일 수 있다.

적극 참여

여기서 하우드 매뉴팩토리Harwood Manufactory에 관한 이야기를 하고 넘어가자. 하우드 매뉴팩토리는 여성 의류를 만든다. 원래 이 회사를 운영했던 사람은 앨프리드 매로Alfred Marrow라는 선지적인 젊은 기업가였다. 매로는 비즈니스에 뛰어들기 전에 심리학 분야에서 박사학위를 땄는데 다름 아닌 쿠르트 레빈Kurt Lewin 밑에서 연구를 했다. '사회 심리학의 아버지'라고 인정받는 레빈이 초창기에 내놓은 행동 변화에 관한 이론들은 아직까지도 큰 영향을 미치고 있다. 매로는 그들이 연구소에서 개발 중이던 아이디어를 현실 세계에서 테스트해 보고 싶었다. 매로는 40년간 하우드사의 공장을 선진 경영학 아이디어의 테스트 무대로 활용했다.[3]

매로를 사로잡은 질문 중에 하나가 '어떻게 하면 직원들이 변화를 받아들이게 할 것인가?' 하는 문제였다. 공장은 이 질문을 연구해 보기에 최적의 장소였다. 공장의 업무는 반복적이다. 공장 직원들은 어느 작업의 방식이 자리를 잡고 나면 그걸 바꾸기 싫어하는 것으로 악명이 높았다. 그러나 변화는 필요하다. 제조 공장은 끊임없이 공정과 절차를 개선해야만 경쟁력을 유지할 수 있다. 이때 공장 라인 관리자는 대체 어떻게 해야 할까? 앨프리드 매로는 그 답을 알아내기 위해 실험을 하나 고안했다.

공장 경영진은 의류 제조 과정에서 원가를 절감할 수 있는 방법을 발견했다. 하지만 그렇게 하려면 직원들이 기존의 몇몇 습관을 깨고 새로운 절차를 배워야 했다. 매로는 공장 직원들을 두 그룹으로 나누었다. '비참여 그룹'의 경우 경영진이 직원들을 회의실로 불러 공장에 새로운 작업 절차를 적용해야 한다고 말했다. 그런 다음 관리자가 실제로 달라지는 점들을 아주 상세히 설명했다. 새 기술을 교육받은 직원들은 이 방법을 써야 한다는 지시를 받고 업무에 복귀했다. 이는 1950년대 제조업에서 표준과도 같았던, 전형적인 지휘 통제 방식으로 영향력을 발휘하는 방법이었다.

'적극 참여 그룹'의 경우는 경영진이 직원들에게 문제를 설명한 다음 원가 절감을 위한 해결책이 있을지 물었다. 경영진과 직원들은 협업해서 최선의 아이디어를 선택했고 함께 새로운 규칙을 만들었다. 흥미롭게도 이 그룹은 비참여 그룹과 비교했을 때, 심지어 작업 절차를 더 크게 바꾸는 데도 다들 동의했다. 물론 협업을 통한 과정이었기 때문에 변화를 만들어내고 시행하는 데 훨씬 더 많은 훈련과 계획이 필요했다. 비참여 그룹에서는 1시간 미팅이면 족했는데 말이다. 그래서 여러모로 변화를 위해 준비해야 할 것들은 적극 참여 그룹이 더 많았다.

혁신에 접근하는 두 방법의 차이는 즉각 느껴졌다. 비참여 그룹은 변화를 회피하는 직원들의 전형적인 모습을 보였다. 새로운 절차에 대한 불평불만이 즉각 나타났다. 관리자와 직원 사이의 관계도 안 좋아졌다. 직원 사기가 저하된 것은 물론이다. 가장 중요한 것은 비참여 그룹의 생산량이 급락했다는 점이다. 기존 생산량의 3분의 2 정도밖에 되지 않았고 관찰 기간이었던 한 달 내내 낮은 상태로 유지됐다.

적극 참여 그룹의 반응은 전혀 달랐다. 처음에는 새로운 절차에 적응하느라 생산성이 하락했다. 그러나 생산량은 곧 회복되었을 뿐만 아니라 기존의 생산량을 추월했다. 직원들은 변화에 대해 불평하기보다는 변화를 적극적으로 환영했다. 관리자와 직원의 관계 역시 모든 면에서 훌륭했다. 직원들은 변화를 강요받았을 때는 반발했지만, 과정에 함께 참여했을 때는 적극 환영했다.

초창기의 이 연구는 우리가 '참여 설계co-design'라고 부르는, 자기 설득의 또 다른 방법을 제시한다. 혁신가는 본능적으로 대본 전체를 본인이 쓰려고 하는 경우가 많다. 그들은 '문제는 이것', '최선의 해결책은 이것'이라고 결정한다. 듣는 사람은 그냥 혁신가의 주도면밀한 지시사항을 그대로 따라야 한다. 이런 접근법이 유혹적으로 보일 수도 있다. 왜냐하면 모든 게 혁신가의 통제 안에 있기 때문이다. 그러나 사람들이 내 아이디어를 적극 받아들이길 바란다면 그들을 과정 안으로 초대해야 한다.

전략 2: 참여 설계

디자인 영역에서 이해관계자들과의 집단적 창조 과정을 부르는 말이 있다. '참여 설계'다. 참여 설계의 기본 원칙은 새로운 아이디어나 계획의 설계에 직원이나 고객, 이해관계자들이 적극적으로 참여할 수 있게 한다면, 해당 아이디어가 준비되었을 때 이들 개인(과 그들의 조직)에게 해당 아이디어를 받아들이고 실행할 마음이 더 많이 생긴다는 것이다. 그렇게 해서 그들이 스스로를 **아이디어의 창안가라고 여긴다면 아이디어 자체를 옹호하고 지켜나가게 된다.** 참여 설계는 제품 디자이너, 건축가, 아티스트, 전략가 할 것 없이 다들 사용하는 방법이다.

매터MATTER는 시카고 시내에 위치한 2300제곱미터 규모의 헬스케어 기술 인큐베이터(incubator, 스타트업의 출범 과정을 전문적으로 도와주는 회사나 기관 - 옮긴이)다. 2015년에 설립된 매터의 미션은 스타트업에 저렴한 가격의 사무 공간과 전문가 멘토링, 교육, 워크숍, 헬스케어 업계 주요 관계자와의 인맥 등등을 제공하는 방식으로 헬스케어 기업의 창업을 지원하는 것이다. 처음부터 매터는 때로는 경쟁적인 이해관계를 가진 다양한 '고객'들에게 기여하는 독립적 비영리단체로 자리매김하는 것이 중요했다.

대형 제약회사나 의료 기술 기업들은 스타트업들과 공정하고 공개적으로 협업할 의사가 있어야 했다. 기업가들은 똑같은 관심과 자원을 놓고 경쟁할 수도 있는 커뮤니티의 일원들을 가까이 두면서도 편안한 느낌으로 사업을 전개할 수 있어야 했다. 라이벌 관계에 있는 대학이나 연구소들은 매터가 만든 생태계 안에서 조화롭게 참여하며 새로운 벤처 기업의 탄생을 지원할 수 있어야 했다. 그리고 아마도 가장 어려운 일은 지방정부의 다양한 기관 중에서 누가 보조금이나 자원을 제공할지, 또 만약에 지원받은 아이디어가 성공한다면 그에 대한 공로는 어느 기관에 돌아갈지, 주정부와 시정부가 합의하는 일이었다.

이처럼 다양한 우선순위를 가진 여러 구성원을 데리고 모두를 만족시킬 환경과 비즈니스 모델을 설계한다는 것은 결코 쉬운 일일 수 없었다. 매터의 성공을 좌우할 핵심 열쇠는 이 수많은 개인 및 집단이 '기꺼이' 그동안 상호작용해 온 방식을 바꾸게 만들 수 있느냐 여부였다. 대형 기관이나 기업들은 그동안 독자적으로 운영되면서도 매우 성공적이었다. 그런데 이제부터 무언가 '부자연스러운' 방식으로 협업을 해야 하는 것이다. 헬스케어 산업의 더 밝은 미래에 대한 약속이라든가, 일리노이 주지사와 시카고 시장의 격려, 창업과 혁신이 무엇을 할 수 있는지 보여주는 자료들만으로는 이 라이벌들을 서로 한 배에 타게 만들기에는 역부족이었다.

다양한 집단이 기꺼이 매터가 제시하는 비전을 믿고 따르게 하기 위해서 설립팀은 참여 설계를 활용하기로 했다. 매터 설립팀은 센터의 설계를 도와달라며 이해관계자들을 초청해 협업 워크숍을 잇따라 개최했다. 참석자들은 매터가 만들어낼 다양한 경험에 관해 각자의 니즈에 맞게 브레인스토밍을 하고, 개요를 그리고, 원형을 만들었다. 이 과정에서 매터는 과연 어떤 느낌의 상호작용이 벌어질지 스토리보드를 만들어보고 때로는 롤플레잉까지 해봄으로써 마찰력이 발생할 수 있는 분명한 지점들을 확인하는 데 큰 도움을 받았다.

마침내 매터가 문을 열었을 때는 이해관계자들이 제안한 모든 내용이 최종 '산출물'에 포함되지는 못했으나, 대부분의 참여자는 그 안에서 자신의 흔적을 찾을 수 있었다. 그리고 가장 중요한 점은 이 다양한 집단이 매터의 설계가 끝난 후가 아니라 설계 '도중에' 자신의 목소리와 아이디어, 우려들을 밝힐 수 있었다는 점이다. **이는 매터의 미션에 대해 한층 깊은 유대감을 만들어냈다. 매터가 마침내 문을 열었을 때는 그 누구에게도 가치 제안을 '설득할' 필요가 없었다. 매터의 가치 제안은 이미 그들의 것이었기 때문이다.**

2015년 2월 매터는 30개 스타트업 및 일리노이주, 시카고시, 시카고 지역 대학, 병원, 연구소를 포함한 20여 개의 전략 파트너와 함께 출범했다. 오늘날 매터는 300개 이상의 스타트업 회원사와 60개 이상의 기업 및 전략 파트너를 보유하고 있다. 매터가 지원하는 회사들은 17억 5000만 달러가 넘는 자금을 모집했고, 5000개가 넘는 일자리를 창출했으며, 3억 명이 넘는 환자의 삶에 긍정적 영향을 주었다.

자기 설득의 3가지 규칙

자기 설득의 목표는 사람들이 메시지를 '내면화'하게 만드는 것이다. 즉 깨달음을 강요하는 것이 아니라 스스로 깨닫게 만들어서 반발을 피하는 것이다.[4] 앞서 반발을 없애는 두 가지 전략을 살펴보았다. '예스 질문을 하라'와 '참여 설계'가 그것이었다. 이에 더해 자기 설득을 강화할 수 있는 세 가지 규칙을 더 소개하면 아래와 같다.

규칙 1: 자기 설득은 건의함이 아니다

자기 설득에 종종 건의함식 접근법을 취하는 사람들이 있다. 새로운 아이디어나 계획을 발표한 다음 사람들을 초청해서 피드백을 공유하는 것이다. "아이디어나 제안 사항이 있으시면 저희에게 이메일을 보내주세요"라고 접근하면 두 가지 이유로 실패하게 된다. 첫째 여러분이라면 이런 초대에 얼마나 자주 응하겠는가? 아마 그리 자주 응하지는 않을 것이다. 왜냐하면 그런 요청은 무시하는 게 최소한의 저항이기 때문이다. 어설픈 참여 초대는 '실제로 참여하게 만드는 것'과는 다르다.

건의함식 접근법이 실패하는 또 하나의 이유는 목소리를 내게 해주는 것, 즉 의견을 공유하게 해주는 것만으로는 자기 설득의 기준을 충족시키지 않기 때문이다. 이는 흔히들 하는 오해다. 자기 설득의 목적은 사람들이 말을 하게 만드는 게 아니다. 자기 설득의 진짜 목적은 사람들이 우리가 의도하는 깨달음에 이를 수 있게 안내하는 것이다. '예스 질문'이 꼭 필요한 것도 그 때문이다. 설문조사처럼 의견을 공유해 달라고 해서는 여러분이 의도하는 방향으로 사람들을 이끌 수가 없다. 여러분이 사람들을 참여시켰는데 사람들이 잘못된 결론에 도달한다면 득보다 실이 클 것이다.

규칙 2: 공개적으로 다짐하게 하라

공개적으로 다짐하게 되면 자기 설득의 힘이 더 강력해진다. 래두서 감독의 다짐 카드를 다시 생각해 보자. 래두서 감독은 선수들이 개별적으로 주간 목표를 쓰게 할 수도 있었다. 하지만 그렇게 하지 않고 팀원들과 목표를 공유하게 했다. 다짐 카드는 공개적인 성격을 띠고 있었고 그래서 책임감을 만들어냈다. 로커룸을 가득 채운 사람들에게 나의 계획과 목표에 관해 이야기하고 나면 그 말을 끝까지 지켜야겠다는 압박감을 더 강하게 느끼게 된다. 하지만 그 압박감의 출처가 어디인지 생각해 보라. 이는 내면의 압박이다. 강요된 압박은 반발을 증폭시켜 역효과를 낸다.

우리는 내적으로 강력한 변화의 다짐을 하게 만들어야 한다.

데일리 스탠드업 미팅daily standup meeting은 다짐을 공개적으로 만드는 훌륭한 예다. 데일리 스크럼daily scrum 또는 모닝 롤콜morning rollcall이라고도 부르는 데일리 스탠드업 미팅은 소프트웨어 개발팀들이 자주 활용하는 일일 미팅이다. 매일 아침 팀원들은 짧은 미팅(15분 이내)을 갖는데, 이 자리에서 각 팀원은 다음과 같은 세 가지 질문에 답한다. 개발팀의 목표 달성을 위해 어제 나는 무엇을 했는가? 개발팀의 목표 달성을 위해 오늘 나는 무엇을 할 것인가? 혹시라도 나나 개발팀이 목표를 달성하는 데 지장을 초래할 만한 일이 있는가?

데일리 스탠드업 미팅에는 몇 가지 기능이 있다. 팀원들이 서로 업무를 조율하고 정보를 공유하는 데 도움이 된다. 부서 간 장벽을 허물고 공동의 목표를 의식하게 한다. 그러나 협업 측면의 이점 외에도 데일리 스탠드업 미팅은 프로젝트에 고도로 집중하게 만들고 그 집중을 유지하는 데 도움을 준다. 매일 팀원들을 향해 우리가 어떻게 목표를 달성할 것인지 이야기하기 때문이다. 래두서 감독의 선수들처럼 공개적으로 다짐을 하는 것이다. 간단해 보이지만 이런 자기 설득의 습관이 팀원들을 미션에 더 헌신하도록 만든다.

규칙 3: 참여가 의미 있게 하라

마지막으로, 자기 설득이 가장 큰 힘을 발휘할 수 있는 것은 참여가 의미 있고 사람들의 기대치를 넘어설 때다. 하우드 매뉴팩토리의 경우 아이디어 창출에 깊이 관여한 직원들(적극 참여 그룹)은 변화를 적극 환영했지만, 관여하지 못했던 직원들(비참여 그룹)은 변화를 거부했다.

앞에서는 이야기하지 않았지만 실험에서 세 번째 그룹도 있었다. '대표 참여 그룹'이라는 것이었다. 이들 역시 비참여 그룹처럼 새로운 절차를 따르라는 지시를 받았다. 그러나 비참여 그룹과는 달리 이들은 아이디어 창출 과정에서 어느 정도 목소리를 낼 수 있었다. 우려되는 점이나 다른 아이디어가 있을 경우 지정된 대표에게 이야기하면 경영진에게 전달된다는 말을 들었다. 짐작했을지 모르겠지만 세 번째 그룹은 비참여 그룹과 정확히 같은 반응을 보였다.

그러니까 **지름길이나 공허한 제스처로는 자기 설득이 일어나지 않는다.** 딥 캔버싱은 어떤 술책이 아니다. 사람들이 입을 열게 만드는 교묘한 장난질도 아니다. 딥 캔버싱은 유권자와 깊이 교감할 수 있는, 믿기지 않을 만큼 정성 어린 절차다. 변화에 크게 반대하는 사람이 있을 때 그걸 무너뜨릴 수 있는 방법은 오직 의미 있는 참여뿐이다.

반발 마찰력을 극복하는 전략

반발을 잠재우려면 먼저 반발의 크기를 측정해야 한다. 여러분의 아이디어가 사람들이 품고 있는 강력한 신념(정치나 종교 등)에 도전할 때, 또는 변화해야 한다는 압박감을 느낄 때, 또는 아이디어의 창출 과정에 참여하지 못할 때 반발이 가장 거세진다. 여러분이 내놓는 혁신이나 변화의 계획이 어느 정도의 반발을 만들어낼지 알고 싶다면 아래의 세 가지 질문에 답해보라.

1. 나의 아이디어가 사람들의 핵심 신념을 위협하는가?

이 질문은 여러분이 만들어내려는 변화에 대해 듣는 사람이 마음을 열 수 있느냐를 결정한다. 여러분의 아이디어가 명절날 식탁에서 피하고 싶은 주제(정치, 종교, 사회 정의)를 건드린다면 핵심 신념일 가능성이 크다.

2. 나의 접근법이 사람들에게 변화를 압박하는가?

사람들은 변화해야 한다는 압박감을 느끼면 본능적으로 반발해 자신의 자율권을 유지하려고 한다. 압박에는 여러 가지 형태가 있다. 변화하지 않았을 때의 벌칙, 시간적 압박, 많은 것을 요구하는 메시지 등은 모두 강력한 반발을 만들어낸다.

3. 듣는 사람이 배제되었는가?

해당 아이디어가 순전히 여러분의 생각인가 아니면 중간 과정에서 듣는 사람도 어떤 역할을 했는가?

자기 설득의 법칙

반발을 극복하는 비결은 더 이상 변화를 강요하지 않는 것이다. 사람들을 설득하려고 들지 말고 그들이 스스로를 설득할 수 있게 도와주어야 한다. 영향력이나 혁신에 대한 이런 식의 접근법을 '자기 설득'이라고 한다. 변화를 향한 주장이나 깨달음이 내면으로부터 나올 때 자기 설득이 일어난다. 10장에서는 사람들이 스스로를 설득할 수 있도록 이끄는 두 가지 방법을 살펴보았다. '예스 질문을 하라'와 '참여 설계'가 그것이다.

예스 질문을 하라

1. 여러분이 하고 있는 것은 질문인가, 지시인가?

사람들에게 무언가를 하라고 말하는 것은 일종의 압박이다. '질문'이 반발을 없앤다.

2. 예스 질문을 하고 있는가?

혁신가들이 긴장 혹은 의견 차이가 있는 지점에서 무언가를 시작하려고 하는 것은 잘못된 본능이다. 받아들일 수 있거나 공통의 인식을 가진 부분에서부터 질문을 시작하면 새로운 혁신이나 아이디어를 받아들이기가 더 쉽다.

3. 공개적으로 다짐하게 할 수 있는가?

공개적으로 다짐하면 자기 설득이 더 강력한 힘을 발휘한다.

참여 설계

1. 해당 아이디어의 설계 과정에 듣는 사람이 참여할 수 있는가?

참여 설계의 기본 원칙은 새로운 아이디어의 설계 과정에 사람들이 참여할 수 있게 함으로써 아이디어가 준비되었을 때 그들이 해당 아이디어를 받아들이고 실행할 마음이 더 커지게 만드는 것이다.

2. 의미 있는 참여인가?

지름길이나 공허한 제스처로는 자기 설득을 일으킬 수 없다. 참여 설계가 큰 힘을 발휘할 수 있는 것은 참여가 의미 있고 사람들의 기대치를 넘어설 때다.

자기 설득은 내 아이디어에 반대하는
사람들에게도 효과가 있을 뿐만 아니라
때로는 그들에게 효과가 있는 유일한 방법이기도 하다.

THE HUMAN ELEMENT

마찰력 없는 혁신을 위한
실전 가이드

_마찰 이론의 세 가지 사례

이 장에서는 마찰 이론을 세 가지 실전 시나리오에 적용해 본다. 각 사례 모두 상황은 복잡하고 분명한 해답도 없다. 이는 의도된 것이다. 각각의 시나리오에서 마찰력을 분석하고(우리가 놓친 것을 여러분이 발견할 수도 있다), 변화에 대한 저항을 극복하기 위해 각 혁신가가 사용한 전술도 살펴볼 것이다. 일부 경우에는 마찰 이론의 렌즈를 통해 새로운 혁신의 기회를 찾아내기도 했다. 또 다른 경우에는 마찰 이론을 활용해 시장에서 해당 혁신을 기다리고 있을 역풍의 존재와 크기를 평가했다.

각 사례마다 우리의 견해를 '마찰력 보고서'라고 부르는 워크시트에 적었다. 우리는 마찰력 보고서를 이용해 4대 마찰력이 혁신이나 변화에 어떤 영향을 미칠지 진단하고 예측했다. 마찰력 보고서는 동료나 팀원들이 협업을 통해 완성하도록 되어 있다. 이렇게 워크시트를 작성해 보는 주된 목적은 보고서 자체에 있는 것이 아니라 **보고서를 작성하는 과정에서 협업자들 사이에 활발한 토론과 논쟁이 오갈 수 있기 때문이다.** 이 보고서를 통해 우리의 가설이 실제로 어떻게 적용되는지 알 수 있고 각 마찰력의 상대적 크기를 비교하는 데도 매우 유용한 시사점을 얻을 수 있다. 마찰 이론이 적용되는 구체적인 모습을 보면서 자신의 혁신이나 아이디어를 분석해 볼 수 있기를 바란다.

··마찰 이론을 적용하는 데 도움을 주는 콘텐츠나 툴, 마찰력 보고서, 워크시트 등은 웹사이트(https://www.humanelementbook.com)에서 내려받을 수 있다.

석유산업에서 창업의 요람으로, 두바이의 변신

　수십 년간 아랍에미리트연방United Arab Emirates, UAE의 토후국 중 하나인 두바이Dubai는 국가 소득의 많은 부분을 석유 생산에 의존했다. 1990년 석유 생산으로 벌어들인 수입은 두바이 국내총생산GDP의 24퍼센트를 차지했고, 아랍에미리트연방은 중동에서 세 번째로 경제 규모가 큰 국가였다. 그러나 불과 10년 뒤 사정은 크게 바뀌어 있었다. 두바이 연안 유정油井이 고갈되기 시작하면서 석유 생산도 줄어들기 시작했다. 석유 순수출국이던 두바이는 졸지에 석유 순'수입'국으로 바뀌었다. 아랍에미리트연방 총수입의 거의 4분의 1을 차지하던 천연자원 수출이 2020년에는 1퍼센트 이하로 떨어졌다. 두바이가 아랍에미리트연방은 물론 전 세계에서 차지하는 두드러진 위치를 유지하기 위해서는 경제 성장의 새로운 엔진을 찾아야 했다.

　이렇게 변화하는 환경에 대응해 두바이의 리더들은 미래 번영을 확보하려면 이제는 새로운 경제 성장의 원천을 육성할 때라고 판단했다. 그 원천은 바로 '스타트업'이었다. 두바이는 빠르게 진화해 이 지역의 혁신과 기업 활동의 허브가 될 것이다. 하지만 그러려면 많은 것이 바뀌어야 했다.

두바이미래재단

2016년 두바이 정부는 두바이미래재단Dubai Future Foundation을 만들었다. 두바이미래재단의 미션은 단순히 두바이를 창업과 혁신의 허브로 만드는 게 아니었다. 더 야심 찬 미션이 있었다. 두바이 정부는 혁신이 안에서부터 시작되기를 바랐다. 단순히 기존의 해외 기업가들을 꾀어 들여서 두바이에 매장을 열게 하는 게 아니라 두바이의 젊은 시민들을 성공한 기업가로 만들고 싶었다. 두바이 미래재단의 CEO 대리 겸 최고운영책임자coo인 압둘라지즈 알자지리Abdulaziz AlJaziri에 따르면 두바이가 개발하고 싶었던 것은 스타트업 기업만은 아니었다고 한다. "새로운 벤처기업을 세우는 것보다 더 중요했던 것은 젊은 시민들과 주민 사이에 기업가적 사고방식을 육성하는 일이었습니다." 알자지리와 두바이미래재단은 기업가적 사고가 장착되면(시장에서 충족되지 못한 니즈를 찾아내 새로운 제안으로 빠르게 문제를 해결하면서) 당연히 스타트업도 우후죽순 생겨나겠지만, 아랍에미리트의 젊은 세대가 문제 해결 전반에 관해 보다 창의적으로 사고할 수 있을 거라 생각했다. 알자지리나 두바이의 리더들은 두바이의 미래 경제가 꽃피기 위해서는 바로 그런 사고방식이 꼭 필요하다고 느꼈다.

두바이 정부의 전폭적 지지를 등에 업은 두바이미래재단은 아랍에미리트의 젊은이들이 창업이라는 커리어를 기꺼이 선택할 수 있도록 몇 가지 운동을 시작하는 작업에 발 빠르게 착수했다.

어느 도시나 국가를 혁신의 허브로 변신시키고 싶을 때 각국 정부가 따르는 시나리오가 있다. 두바이도 이 청사진을 이용해 자신들만의 스타트업 운동을 일으키려고 했다.

젊은이들에게 코딩이나 디지털 제조, 응용 R&D와 같은 신생 기술 교육을 시키기 위해 몇 개의 프로그램이 만들어졌다.

- 신규 기술 및 스타트업을 활성화하고 유치하고 양성하기 위해 도시 곳곳에 근사한 협업 공간과 혁신 센터를 새로 지었다.
- 새로운 벤처 기업에 자금을 지원하고 두바이 안팎의 업계 전문가를 통한 멘토링 서비스를 제공하려는 목적으로 액셀러레이터Accelerator 프로그램을 출범시켰다.
- 국민적 관심을 끌어모으고 젊은이들이 창업가가 될 마음을 먹을 수 있게 마케팅 캠페인을 시작했다.

두바이는 스타트업의 물결이 쇄도할 것을 예상하고 만반의 준비를 갖추었으나 흘러든 것은 쫄쫄쫄 개울물 수준이었다. 활기찬 스타트업 경제라는 비전과 근사한 시설, 멘토링 프로그램, 코딩 수업 등등이 분위기를 한층 끌어올리긴 했으나, 아랍에미리트의 젊은이들 중에서 선뜻 기업가가 되겠다고 마음먹은 사람은 거의 없었다. 학생들을 심층면접하고 아랍에미리트 젊은이 수십 명의 커리어 흐름을 자세히 조사한 결과 창업에 대한 저항이 어디에서 발원하는지 몇 가지 분명한 사실이 드러나기 시작했다.

마찰력 분석

관성

이 프로그램이 출범했을 때 기업가가 된다는 것은 낯선 개념이었다. 역사적으로 보았을 때 미국의 대학생들과는 달리 두바이의 대학생들은 21세의 나이에 스타트업을 창업한다거나 내 회사를 차리겠다는 포부가 거의 없었다. 미국에서는 실리콘밸리의 문화라든지, 직업적 자율성, 빠른 부의 창출과 같은 매력에 끌린 대학생들이 기숙사 방에서 신제품을 발명하는 경우도 흔하지만 아랍에미리트의 대학생들은 좀 더 익숙한 것을 꿈꾸었다. 당시 아랍에미리트 대학생들이 선호하는 직업은 공무원이었다. 다시 말해 창업 분야의 커리어를 추구한다는 것은 현 상태에서의 큰 변화였고 그렇다면 강력한 관성이 작용할 거라는 뜻이었다. 한편 대학생들은 아직 직업관이 확고하게 뿌리를 내리고 있지는 않았기 때문에 4년짜리 프로그램을 진행되는 동안 창업이라는 아이디어에 익숙해질 시간과 기회는 있었다.

노력

두바이미래재단을 만들 당시 두바이에서 회사를 차리는 과정은 복잡하고 시간과 비용도 많이 들었다. 5장에서 이야기한, 세계은행이 선정한 사업체를 차리기 쉬운 국가 순위에서 두바이는 31위에 올랐다. 젊은 기업가가 유망한 스타트업 아이디어를 생각해내서 회사를 출범시키기까지 민간 기업이라면 12개월 이상이 걸릴 수도 있었다. 회사 설립을 위한 각종 등록과 수수료에만 10만 달러 이상이 소요되는 고비용 문제도 창업을 어렵게 했다.

수고와 관련해 가장 큰 문제는 어쩌면 모호함이었다. 회사를 차리는 과정은 특히나 회사를 처음 설립하는 사람에게 상당히 혼란스러웠다. 아무리 기업가 정신이 충만한 사람이라고 해도 사업 허가를 받고 사업용 계좌를 여는 등의 복잡한 과정을 헤쳐 나가는 것은 큰 장애물이었다. 참조할 수 있는 뚜렷한 스타트업 전통이 있지도 않았기 때문에 학생들로서는 길을 알려줄 멘토를 찾기가 쉽지 않았다.

정서

스타트업의 성공률과 관련해 일반적으로 새로운 벤처기업의 90퍼센트는 1, 2년 내에 실패한다고 본다. 샌프란시스코에서는 스타트업 실패를 일종의 훈장으로 여긴다. 결과가 어찌 되었든 기업가가 획득한 경험은 다음번에 설립될 스타트업에 귀중한 교훈이 될 거라 생각하기 때문이다. 그러나 두바이에서는 사업 실패가 매우 다른 의미를 가진다. 벤처기업의 실패는 기업가는 물론이고 그의 가족에게까지 부끄러운 일이 될 수 있다.

실패에 대한 이런 두려움은 변화를 가로막는 큰 장애물이다. 대학생 자녀를 둔 부모라면 자녀가 실패 확률이 높은 스타트업에 관심을 갖기보다는 좀 더 전통적인 학문을 추구하기를 바라는 게 당연하지 않을까? 스타트업의 실패는 자녀의 앞날에 도움이 되기보다는 해가 되지 않을까? 자녀가 스타트업을 차리도록 응원한다면 대체 어떤 부모라는 소리를 들을까? 두바이의 대학생들이 기업가의 길을 추구하는 데는 실패를 둘러싼 낙인이 큰 장해물이었다.

반발

정부는 아랍에미리트의 젊은이들을 창업이라는 커리어 쪽으로 유인했다. 그러나 다행히도 그 길을 가라고 정부에서 의무로 정해놓은 사항은 없었다. 변화를 강요하지 않았기 때문에 반발의 가능성도 낮았다.

마찰력 극복

2018년 두바이미래재단은 '대학 창업 프로그램'이라는 것을 출범시켰다. 목표는 하나였다. 새로운 벤처기업을 세우고 싶은 대학생들이 가는 길에 마찰력을 줄여주는 것이었다. 이 프로그램은 창업을 방해하는 큰 마찰력 두 가지에 초점을 맞췄다.

회사 설립 과정의 수고스러움을 분석해 보니 만약 두바이미래재단이 두바이에서 신생 스타트업의 물결이 제대로 뿌리를 내리게 만들고 싶다면 구조적·조직적 변화가 추가로 필요하다는 게 분명해졌다. 건강한 스타트업 문화의 특징 중 하나는 기업가들이 빠르게 움직이고 실패하더라도 얼른 다시 시작하는 것이다. 그런 문화를 육성하려면 정부는 필요한 속도를 낼 수 있게 회사 설립 절차를 처음부터 다시 설계해야 했다.

- **자유 지대:** 2019년 5월 두바이 정부는 여러 대학의 캠퍼스에 '경제 및 창조 자유 지대'라는 것을 만들었다. 이 자유 지대를 통해 각 대학은 두바이의 나머지 지역과는 다른 규칙을 따르는 혁신 단지가 됐다. 자유 지대 안에서 학생들이 크게 할인된 수수료로 며칠 만에 새로운 사업체를 세우고 운영 허가를 받을 수 있었다. 학생 기업가들은 또한 법률, 회계, IT처럼 회사 설립에 필요한 문제에 관해 조언을 줄 수 있는 업계 전문가들을 손쉽게 접할 수 있었다. 대학 창업 프로그램이 생기기 이전의 신생 벤처기업들은 쉽게 접할 수 없었던(그리고 아마도 비용을 감당하지 못했을), 스타트업을 세우고 운영하는 데 반드시 필요한 서비스들이었다.

- **스타트업 보조금:** 이 프로그램은 또한 회사를 처음 차리는

마찰력 보고서
두바이 창업 지원

아이디어 :
아랍에미리트의 젊은이들이 기업가가 되고 싶게 만든다.

- -

듣는 사람 :
아랍에미리트의 대학생들

관성

강도: ✓

□ 해당 아이디어가 현 상태에서의 이탈을 의미하는가?
□ 사람들이 해당 아이디어에 적응할 시간이 있었는가?
□ 제안된 내용의 변화가 서서히 진행되는가 급작스럽게 진행되는가?

기업가가 된다는 아이디어는 낯선 개념이다. 아랍에미리트 학생들은 기업가가 아니라 공무원이 되는 것을 꿈꾸었다. 창업 분야의 커리어를 추구하는 것은 현 상태에서 큰 변화다.

노력

강도: ✓

□ 해당 변화를 실천하기 위해 어느 정도의 육체적, 정신적 노력이 요구되는가?
□ 변화를 실천하는 방법을 사람들이 아는가? 아니면 경로가 모호한가?

두바이에서 회사를 차리는 절차는 모호했고 시간과 비용도 많이 들었다. 각각에 들어가는 수고도 크지만 이것들이 합쳐지면 엄두도 내지 못할 정도의 마찰력이 될 수 있다.

접근법이 사람들에게 변화를 압박하지 않았고 듣는 사람을 배제하지도 않았으므로 반발은 적을 것으로 예상된다.

대부분의 스타트업이 성공률이 낮다는 사실과 창업 실패에 따른 낙인 효과는 학생들에게 두려움과 불안을 자아낼 가능성이 매우 높았다. 그리고 이런 현상은 학생들의 부모(자녀의 교육 선택에 막강한 영향력을 갖고 있었다)에게 더 심할 수 있었다.

□ 접근하는 방법이 사람들에게 변화를 압박하는가?
□ 아이디어 창출과 기획 과정에서 듣는 사람이 배제되었는가?

□ 제안된 변화에 대해 듣는 사람은 어느 정도의 불안이나 위협을 느낄 것 같은가?
□ 해당 아이디어가 사람들의 더 큰 니즈를 침해할 가능성이 있는가?

반발

강도: ✓

정서

강도: ✓

기업가가 인건비를 감당하고 운영 자금을 댈 수 있게 최고 10만 AED의 스타트업 보조금과 종잣돈을 제공했다. 젊은 기업 설립자들이 부모의 재정 지원 없이도 사업을 시작할 수 있게 한 것이다.

- **로드맵:** 마지막으로 대학생들이 회사를 차리는 긴 과정을 잘 헤쳐 나갈 수 있게 7단계 로드맵을 만들었다. 시작부터 정식 출범에 이르기까지 단계마다 학생들이 정확히 어떤 경로로 어떤 자원(자금, 운영, 커뮤니티)을 활용할 수 있는지 알 수 있도록 했다. 그 덕분에 회사를 처음 설립해 보는 사람에게도 벤처 설립 과정이 모호하지 않았다.

실패에 대한 두려움 극복

가장 큰 난관 중 하나는 실패에 대한 두려움을 극복하는 문제였다. 창업에 대한 국민적 정서를 바꾸려면 사업 실패에 대한 낙인이 사라져야 했다. 학생들에게도 그렇지만, 특히나 부모들에게 말이다. 압둘라지즈 알자지리는 이렇게 말했다. "자녀가 공부에만 초점을 맞추는 게 아니라 학교에 다니는 동안 회사를 만들 수도 있다는 걸 부모들이 편안하게 생각할 수 있어야 했습니다. 이는 기존의 인식과 비교하면 큰 변화였죠. 솔직히 저희는 학생들이 스타트업을 세우고 싶은 마음이 들게 하는 부분은 별로 걱정되지 않았어요. 당시에는 이미 그런 생각을 흥미진진하게 여기는 친구들이 많았으니까요. 저희가 해야 했던 일은 학생들의 부모나 지역사회의 사고방식에서 불안을 제거하는 것이었습니다."

아랍에미리트의 각 가정에는 분명한 시그널이 필요했다. 대학생 창업이 앞으로 두바이의 미래에 중요한 역할을 하게 된다는 걸 강조하면서도 그 과정에서 반발을 초래하지 않게끔 조심해야 했다. 2019년 1월 아랍에미리트연방의 수상이자 두바이의 통치자인 셰이크 모하메드 빈 라시드 알 막툼Sheikh Mohammed bin Rashid Al Maktoum은 '50년 헌장The Fifty-Year Charter'이라는 문서에서 두바이의 미래에 반드시 필요한 9대 핵심 전략 목표의 하나로 대학생 창업을 포함시켰다. 빈 라시드가 두바이의 공직에 나선 지 50년이 된 것을 기념해 발표된 이 헌장은 두바이의 50년 대계大計를 내다보면서 앞으로 힘찬 미래를 확보하기 위해 가까운 시일 내에 두바이가 반드시 취해야 할 가장 중요한 기본 조치들을 확정했다. 빈 라시드는 아랍에미리트의 젊은이들에게 이 비전을 실현하는 데 한 역할을 담당해 줄 것을 요청했다. 국왕의 부름에 국민들은 귀를 기울였다. 이때부터 대학생 창업은 분명한 국가적 소명이 됐다. 대학생들이 꿈꾸던 다른 공직들처럼 말이다.

기업가가 되려는 자녀를 가진 부모들에게 새로운 사고방식을 불어넣기 위해서 두바이 정부는 '첨단 기술'을 활용했다. 바로 '감사 편지'였다. 어느 대학생이 스타트업 아이디어를 추진해 7단계 로드맵을 완주하면 부모들은 셰이크 모하메드 빈 라시드 알 막툼 국왕의 서명이 들어간 편지를 받았다. 대학생 창업가의 노력에 대해 국왕이 직접 감사의 마음을 표현한 것이다.

여기에는 중요한 뉘앙스를 전달하는 사실이 하나 있는데 바로 해당 벤처의 결과와 관계없이 감사 편지가 도착한다는 점이다. 갈채를 보내는 대상은 기업가가 되려는 '시도'이지, 그 결과가 아니었다. 이러한 영예를 누리는 부모가 느끼는 자부심은 이루 말할 수 없을 정도였고, 이에 대한 소문이 금세 좍 퍼져나가 더 많은 부모들이 자녀가 국가의 미래를 위해 기업가의 길을 가는 것을 지지하게 만들었다.

결과

대학 창업 프로그램은 파일럿으로 현지 6개 대학교와 함께 2019년 10월에 출범했다. 참여 대학은 첫해에 두 배로 늘어 12개가 됐다. 2020년이 되자 이 프로그램을 통해 308개의 새로운 대학생 벤처 기업이 출범했고, 프로그램에 참여하는 전략적 파트너 기관의 수는 네 배로 늘었다. 첫해 참여 대학에서 탄생한 새로운 벤처 기업 중 7개는 11만 AED의 혁신 보조금을 받았고, 설립자들이 졸업할 즈음에는 이미 온전히 활동하는 기업체로 성장해 있었다.

스타트업 설립 절차도 쉬워졌다. 2019년 두바이는 세계은행이 선정한 사업하기 좋은 국가 목록에서 11위를 차지했다. 두바이 정부가 노력하기 시작한 이래 20계단이나 상승한 것이다.

아마도 가장 중요한 발전은 대학생 창업에 대한 국민들의 사고 방식이 바뀌기 시작했다는 점일 것이다. 2016년에는 스타트업이라는 커리어를 탐탁지 않아 했으나 지금은 국민들의 인식이 변화해 충분히 꿈꿔볼 만한 커리어가 되었고 두바이 전역의 대학에서도 날로 인기가 높아지고 있다.

일사천리로 진행된 마리화나 합법화 운동

미국에서 마리화나가 금지된 것은 1930년대다. 70년간 마리화나 합법화 옹호론자들이 여론과 법률을 바꿔보려 노력했으나 별 진전을 보지 못했다. 경제적·사회적 정의 문제를 동력으로 사용하는 강력한 합법화 논거는 늘 있었다. 몇 가지만 열거하면 다음과 같다.

그동안 금지 조치는 마리화나 사용을 크게 줄이지는 못하면서, 사법 조치에 납세자들의 세금만 수십억 달러를 낭비했다. 마리화나 금지 조치는 사회적 불평등을 만들어낸다. 흑인이나 백인이나 마리화나 사용률은 비슷하지만 마리화나 소지로 체포될 확률은 흑인이 대략 네 배나 높다. 금지 조치는 암시장을 만들어내 조직범죄를 돕는다. 랜드연구소 Rand Corporation의 추정에 따르면 마약 범죄 조직 매출의 30퍼센트가 마리화나 판매에서 나온다. 반면에 마리화나를 합법화한다면 국민들이 사법 조치를 받을 일도 없고 지방 및 중앙 정부의 꼭 필요한 일에 사용할 세수稅收도 늘어난다.

그러나 미국의 대중은 이런 주장에 귀를 기울이지 않았다.

1990년대까지도 마리화나 합법화라는 것은 극단적 자유주의자들의 판타지처럼 비쳤다. 미국인 중에서 마리화나 합법화를 지지하는 사람은 24퍼센트에 불과했고, 주류 정치인 중에서 마리화나 합법화를 옹호하는 사람은 아무도 없었다. 변화를 거스르는 마찰력이 얼마나 컸을지 한번 생각해 보라.

마찰력 분석

관성

마리화나를 금지하다가 합법화하는 것은 급진적 변화를 뜻한다. 마리화나를 소지만 해도 엄벌하던 것에서 오락 용도의 사용을 허락하는 것은 매우 극단적인 변화다. 마리화나 합법화라는 아이디어는 말 그대로 낯선 개념이었다. 마리화나를 합법화한 사례는 정책이나 가치관 측면에서 미국과는 크게 다른 유럽의 몇몇 국가뿐이었다.

노력

유권자에게 이 문제는 합법화 운동에 찬성표를 던지느냐, 반대표를 던지느냐 하는 단순한 문제다. 반면에 정치가에게는 한때 불법이었던 약물을 어떻게 규제할 것인가에 관련한 모호함이 강력한 마찰력으로 작용할 수도 있다.

정서

수많은 유권자와 정치인들은 합법화가 몰고 올 파급효과가 두려웠다. 범죄율은 오르고, 길에서 죽는 사람이 늘어나며, 청소년 중독이 증가하지는 않을까? 특히 정치인들의 두려움이 컸다. 마리화나 합법화를 지지했다가 사고나 범죄가 늘어나면 어쩔 텐가? 그럴 가능성이 낮다고 해도 이는 여전히 커리어를 걸어야 하는 모험이었다.

반발

약물 사용은 많은 사람에게 매우 중요한 이슈다. 약물 사용은 많은 이들의 가치관과 정체성, 종교적 신념에 반한다. 한때 터부시되던 약물을 정부가 갑자기 합법화한다면, 내 삶에 마리화나를 원치 않는 사람들로서는 마리화나를 '강요받는다'는 느낌이 들수 있다. 이 느낌이 강해질 경우 합법화 노력에 반대하는 맹렬한 시위로 이어질 것이 거의 확실하다.

마찰력 극복하기

미국은 어떻게 '마약과의 전쟁'을 벌이다가 중산층이 마리화나 합법화를 폭넓게 지지하는 분위기로까지 흘러갔을까? 그 답의 큰 부분은 의료용 마리화나에서 찾을 수 있다. 마리화나 옹호론자들

마찰력 보고서
마리화나 합법화

아이디어 :
마리화나를 합법화한다.

듣는 사람 :
입법자 및 유권자

관성

강도: ☑

- □ 해당 아이디어가 현 상태에서의 이탈을 의미하는가?
- □ 사람들이 해당 아이디어에 적응할 시간이 있었는가?
- □ 제안된 내용의 변화가 서서히 진행되는가 급작스럽게 진행되는가?

금지하던 것을 합법화하는 것은 급진적 변화를 뜻한다. 마리화나를 소지만 해도 엄벌하던 것에서 오락 용도의 사용을 허락하는 것은 매우 극단적인 변화다.

노력

강도: ☑

- □ 해당 변화를 실천하기 위해 어느 정도의 육체적, 정신적 노력이 요구되는가?
- □ 변화를 실천하는 방법을 사람들이 아는가? 아니면 경로가 모호한가?

유권자에게 이 문제는 합법화 운동에 찬성표를 던지느냐, 반대표를 던지느냐 하는 단순한 문제다. 반면 정치가에게는 한때 불법이었던 약물을 어떻게 규제할 것인가에 관한 모호함이 강력한 마찰력으로 작용할 수도 있다.

약물 사용은 많은 사람에게 매우 중요한 이슈다. 약물 사용은 많은 이들의 가치관과 정체성, 종교적 신념에 반한다. 혹시라도 마리화나를 강요받는다는 느낌이 든다면 반발이 발생할 위험이 높다.

수많은 유권자와 정치인들은 합법화가 몰고 올 파급효과가 두려웠다. 범죄율은 오르고, 길에서 죽는 사람이 늘어나며, 청소년 중독이 증가하지는 않을까?

- □ 접근하는 방법이 사람들에게 변화를 압박하는가?
- □ 아이디어 창출과 기획 과정에서 듣는 사람이 배제되었는가?

- □ 제안된 변화에 대해 듣는 사람은 어느 정도의 불안이나 위험을 느낄 것 같은가?
- □ 해당 아이디어가 사람들의 더 큰 니즈를 침해할 가능성이 있는가?

반발

강도: ☑

정서

강도: ☑

은 마리화나의 전면적 합법화를 밀어붙이는 대신 전술을 바꿨다. 그보다 훨씬 작은 정책 혁신, 즉 암 환자에 대한 깐깐한 마리화나 규제를 혁신하는 데서부터 시작한 것이다. 이렇게 작은 개혁은 전면 합법화에 비하면 훨씬 덜 급진적이다. 큰 변화를 원할 때 종종 '작게 시작하는 것'이 목표에 도달하는 유일한 방법일 때가 있다. 작은 개혁은 사람들이 해당 아이디어에 적응할 수 있게 해준다. 사람들은 서서히 그 제안에 대해 익숙하고 편안한 마음이 든다. 의료용 마리화나는 또한 마리화나 사용자를 더 친근하게 만들어서 관성이라는 마찰력을 줄였다. 암의 영향권에서 벗어나 있는 사람은 아무도 없다. 성인 혹은 노년층이라면 더하다. 이 말은 곧 의료용 마리화나의 사용자가 고등학생이나 히피가 아니라 직장인들이라는 뜻이었다. 유권자가 자신과 동일시할 수 있는 그런 사람 말이다. 예컨대 친척이나 친구 중에도 의료용 마리화나 사용자가 있었다. 이는 마리화나 사용이라는 개념을 덜 터부시하고 좀 더 익숙하게 만드는 데 이바지했다.

사람들이 의료용 마리화나를 지지하게 만드는 것 역시 강력한 형태의 자기 설득이다. 일반 대중은 중증 질환에 의료용 마리화나를 사용하는 것에 압도적으로 찬성했다. 이 사람들에게 중증 질환용 마리화나 합법화를 지지하게 하는 것은 '예스 질문'이다. 이 아이디어에 사람들이 적응하자, 다음 단계는 적용 질환의 범위를 확대하는 것이었다. "관절염 통증 완화에도 마리화나를 사용할 수 있어야 할까?" 이제는 다수의 미국인들에게 이 질문도 '예스 질문'이었다. 다음 단계는 오락 용도의 마리화나 사용을 비범죄화하는 것이었다. 오락용 마리화나 사용을 투표에 부쳤을 즈음에는 이미 예전 같으면 옹호할 수 없을 법한 입장도 대부분의 사람들에게 '예스 질문'이 되어 있었다. 위와 같은 입장들을 지지하고 나니 이제는 열성적인 마리화나 지지자가 아니더라도, 평균적인 미국인들도 마리화나 합법화가 자신의 의견이라고 생각하기 시작했다. 의견이 일치하는 지점에서부터 시작하자 사람들은 변화에 반발하는 게 아니라 변화를 지지하게 됐다.

의료용 마리화나법과 뒤이은 비범죄화법은 정서적 마찰력도 감소시켰다. 특히 정치인들에게 그랬다. 사람들은 법을 좀 느슨하게 바꾸어도 범죄율이 치솟지 않는다는 걸 목격할 기회를 가졌다. 전면 합법화가 논의선상에 올라왔을 때는 그런 두려움이 많이 사라진 후였다. 의료용 마리화나가 없었다면 오락용 마리화나도 결코 허용될 수 없었을 것이다.

결과

2021년 초 현재 마리화나는 미국 15개 주에서 오락용 사용이 전면 합법화되었으며, 의료용 사용은 36개 주 및 영토에서 사용이 허가되었다.[1] 과반수의 미국인이 이제는 적어도 한 가지 형태

이상으로 마리화나를 접할 수 있게 됐다는 뜻이다. 마리화나가 전면적 혹은 부분적으로 비범죄화된 주는 27개이고 연방 차원에서 마리화나를 합법화하고 기존 법률에 따라 유죄 선고를 받은 사람들의 범죄 기록을 말소하는 것에 대해서는 현재 의회에서 논의 중이다.

2020년 10월 갤럽에서 실시한 여론조사에 따르면 미국인의 68퍼센트가 마리화나 합법화를 지지한다고 한다. 역대 가장 높은 수준이다.[2]

주택 거래의 기울어진 운동장 바로잡기

2012년 주택시장 붕괴 이후 미국의 주거용 부동산 시장은 역사적인 랠리를 시작했다. 2012년부터 2021년까지 단독주택 가격은 43퍼센트가 올랐다. 경기 침체가 꾸준히 회복되고 역사적 저금리 상태가 10년간 지속되면서 수백만 명의 미국인이 내 집 마련을 꿈꾸게 됐다.

이렇게 호의적인 시장 여건의 수혜를 본 사람들도 있었지만 모두가 그런 것은 아니었다. 저금리, 저실업, 부동산 가치 상승이 결합되면서 미국 전역의 대도시 일대에서는 주택시장의 경쟁이 매우 치열해졌다. 시애틀이나 샌프란시스코, 보스턴, 덴버, 뉴욕 등의 도시에서 주택을 사려면 종종 '전액 현금'으로 지불하겠다는 경쟁자가 나타나곤 했다. 전액 현금 매수인들은 주거용 부동산의 최상위 포식자였고, 대출을 받아야만 주택을 구매할 수 있는 매수인들은 아무리 경쟁하려고 해도 늘 질 수밖에 없었다. 이런 현실에 좌절해 능력이 되는 수천 명의 매수인들이 내 집 마련의 꿈을 포기해야만 했다. 그러다가 나타난 게 플라이홈즈Flyhomes였다. 급성장 중이던 부동산 스타트업 플라이홈즈가 기울어진 운동장을 바로잡을 방법을 찾아낸 것이다.

동력 중심의 시작

플라이홈즈는 2015년 스티븐 레인Stephen Lane과 투샤르 가르그Tushar Garg가 설립했다. MBA 학생이었던 두 사람은 경영전문대학원에서 파괴적 혁신의 조건이 무르익은 업계를 열심히 조사하며 보냈다. 조사 결과 두 사람이 도달한 결론이 바로 주거용 부동산이었다. 질로Zillow나 레드핀Redfin처럼 주택 매매와 관련해 당시 존재하던 기술기업들은 고객들에게 두 가지 혜택을 제공하는 데 초점을 맞췄다. 주택 매수인들이 둘러볼 수 있게 새로 나온 매물들을 온라인으로 보여주는 것과 주택 구매 시 약간의 캐시백을 제공하는 중개수수료 할인 서비스가 그것이었다. 레인과 가르그의 생각에는 주택 매수인들의 니즈에 부응하는 서비스가 그것 말고도 더 있을 것 같았다. 그래서 두 사람은 부동산 사업 면허를 취득하고 새로운 종류의 중개 비즈니스를 구축하기 시작했다.

처음에 두 사람이 시도한 것은 플라이홈즈로 주택을 구매할 경우 새로운 형태의 인센티브를 제공하는 것이었다. 현금으로 돌려주는 중개료 할인 모형을 이용하는 대신에 두 사람은 주택 매수인에게 항공 마일리지를 제공하기로 했다. 젊은 직장인들이 여행과 모험을 좋아한다는 사실을 알고 있었기 때문이다. 식사나 커피를 사면서 마일리지를 쌓을 수 있는 것처럼 집을 구매하면서 쓴 돈에도 1달러마다 1마일의 마일리지를 제공하면 어떨까? 50만 달러짜리 주택을 구매하면 50만 마일의 항공 마일리지를 언는 것이다! 두 사람이 이 아이디어를 가지고 미국의 몇몇 항공사를 찾아갔더니 금세 알래스카항공Alaska Airlines과 제트블루항공JetBlue Airways이 파트너십을 맺겠다고 했다.

플라이홈즈의 CEO 투샤르 가르그는 이 방법이 성공할 거라고 확신했던 순간을 이렇게 회상했다. "제트블루가 자사의 모든 우수 고객들에게 플라이홈즈와 파트너십을 맺었다는 내용의 이메일을 보냈던 날이 기억납니다. 메일이 발송되자마자 플라이홈즈에는 가입자가 쇄도했죠. 하루 만에 수천 명이 새로 가입했어요. 신규 사용자 수를 보면서 저는 이렇게 생각했었습니다. '끝났어! 플라이홈즈는 엄청난 성공을 거둘 거야!'"

여행 특전을 제공하는 아이디어가 어느 정도의 호소력이 있었던 것은 분명했다. 그렇다면 이제 웹사이트 가입자들을 매수인으로 전환하기만 하면 됐다. 그러나 전환은 일어나지 않았다. 웹사이트에 수천 명이 새로 가입했음에도 플라이홈즈를 통해서 주택을 구매한 사람은 거의 전무했다. "우리가 제시한 인센티브를 통해 사람들이 플랫폼에 들어오기는 했지만 우리를 이용해서 주택을 구매하지는 않았어요. 뭔가 다른 게 있었던 거죠." 가르그의 말이다.

어쩌다 보니 민족지학자가 되다

가르그와 레인은 얼른 다시 가능성 있는 비즈니스 모델을 찾아야 했다. 항공사들과 마일리지 전략을 추진하느라 회사의 운영 자금을 거의 다 써버린 상태였다. 새로운 방안을 찾을 때까지 살아남으려면 두 설립자는 어떻게든 이제 막 출범한 이 스타트업이 침몰하지 않을 방법을 찾아야 했다.

부동산 중개 면허를 갖고 있던 레인과 가르그는 옛날식으로 집을 몇 채 팔아보면 포인트 중심의 이 비즈니스 모델이 어디가 잘못됐는지 귀중한 교훈을 얻을 수도 있다고 생각했다. 그리고 더 중요했던 부분은, 어쩌면 사업을 지속할 수 있을 만큼 돈을 벌 수 있을지도 몰랐다. 당시 투샤르 가르그는 시애틀에서 학기를 보내고 있었다. 시애틀은 그가 경영대학원에 입학하기 전에 마이크로소프트에서 일하면서 정착한 도시였다. 가르그는 매물로 나온 몇몇 집 주변을 말 그대로 어정거리다 보면 주택 매수인을 설득해 자신을 중개업자로 써달라고 설득할 수 있지 않을까 싶었다.

그의 노력은 결국 빛을 발했다. 가르그는 마이크로소프트에서 일했던 신용과 사업가적 기질을 활용해 몇몇 고객을 유치할 수 있었다. 그는 즉시 고객들의 주택 구입을 돕는 작업에 착수했다. 시애틀의 치열한 부동산 시장에서 매수인들을 대행해 일을 해본 경험은 가르그에게 많은 걸 알려줬다. 가르그도, 스티븐 레인도 여행이나 모험이라는 약속이 젊은 주택 매수인들에게 호소력은 있었으나 당시 매수인들이 겪고 있던 진짜 어려움, 즉 경쟁이 극심한 환경에서 새 집을 구하는 데는 아무 도움이 되지 않는다는 사실을 금방 알게 됐다.

가르그는 이렇게 말했다. "정말로 파괴적 혁신이라고 부를 만한 영향력을 가지려면 사업을 다른 방향에서 접근해야 했습니다. 특전에 주목할 게 아니라 고객들이 자신이 원하는 집을 실제로 살 수 있게 도울 새로운 방법을 찾아야 했어요."

마찰력 분석

레인과 가르그가 민족지학적 조사를 해보니 거래 양측에 강력한 마찰력이 있는 게 확인됐다.

매도인 입장 :

정서

대부분의 주택 매수인은 자신이 현재 살고 있는 집을 팔아서 거래 완료에 필요한 현금(종종 새 집 구입가의 10에서 20퍼센트에 이른다)을 마련하지 않는 이상 새 집을 구매할 능력이 되지 않는다. 그 결과 많은 주택 매수인들이 계약을 성사시키기 위해 어쩔 수 없이 매도인에게 '주택 판매부 매수'를 제안해야 한다. 판매부 매수는 매수인이 정해진 기간 안에 자신의 기존 집을 팔았을 때만 유효한 계약이다.

노력

판매부 매수를 하려는 사람이 기존 집을 팔지 못하면 제안은 무효가 되고, 매도인은 다시 집을 내놓아야 한다. 설상가상으로 이렇게 되면 이 집은 시장에서 '재판매 주택'으로 분류된다. 재판매 주택은 하나의 낙인이다. 다른 매수인과 계약을 체결했던 주택이 다시 시장에 나온 것을 보면 매수인들은 일반적으로 '집에 뭔가 문제가 있나 보다'라고 생각하기 쉽다.

이런 꼬리표를 떼는 게 쉽지 않을 수도 있고, 재판매 주택은 결국 매도인에게 필요한 날짜를 맞추기 위해 이전 가격보다 할인된 가격에 팔리는 경우가 많다.

마찰력 보고서
플라이홈즈

기회 :
경쟁이 심한 시장에서 주택매수인들이 집을 구매하기
쉽게 만든다.

듣는 사람 :
주택 매수인

관성

강도: ✓

- ☐ 해당 아이디어가 현 상태에서의 이탈을 의미하는가?
- ☐ 사람들이 해당 아이디어에 적용할 시간이 있었는가?
- ☐ 제안된 내용의 변화가 서서히 진행되는가 급작스럽게 진행되는가?

주택 구입은 급진적으로 새로운 아이디어는 아니다. 게
다가 새 집을 구입하겠다는 의사결정은 보통 몇 달에
걸쳐, 심지어 몇 년에 걸쳐 서서히 이뤄진다.

노력

강도: ✓

- ☐ 해당 변화를 실천하기 위해 어느 정도의 육체적, 정신적 노력이 요구되는가?
- ☐ 변화를 실천하는 방법을 사람들이 아는가? 아니면 경로가 모호한가?

주택 매매는 특히 매수인에게 수고가 많이 드는 과정이
다. 새 집을 찾고, 다른 매수인과 경쟁하면서 계약 제안
을 하고, 얼른 다시 기존 집을 판매하는 것은 엄청난 에
너지가 소모되는 일이다. 조건부 계약의 기한 내에 대
출을 받고 거래를 성공적으로 마무리하는 데도 시간과
비용이 든다.
거래가 불발되어 다시 집을 내놓게 되면 매도인에게도
수고스러운 과정이 된다.

주택 구입 과정이 명시적으로 사람들에게 변화를 압박
하거나 듣는 사람을 배제하지는 않는다.

주택 구입 과정은 매수인과 매도인 모두에게 엄청난
불안을 야기한다.
매수인의 경우에는 주로 전액 현금 매수인들과 경쟁하
게 되거나 기존 집을 팔지 못하여 원하는 집을 놓칠까
하는 불안이 있다.
매도인의 경우에는 과연 제때 성공적으로 거래가 마무
리될까 하는 불확실성이 불안과 두려움의 근원이다.

- ☐ 접근하는 방법이 사람들에게 변화를 압박하는가?
- ☐ 아이디어 창출과 기획 과정에서 듣는 사람이 배제되었는가?

- ☐ 제안된 변화에 대해 듣는 사람은 어느 정도의 불안이나 위협을 느낄 것 같은가?
- ☐ 해당 아이디어가 사람들의 더 큰 니즈를 침해할 가능성이 있는가?

반발

강도: ✓

정서

강도: ✓

매수인 입장 :

정서

판매부 매수 제안에는 보통 기한이 붙는다. 매수인의 조건을 매도인이 수락해 주면 매수인은 기한 내에 기존 집을 팔기 위해 이리 뛰고 저리 뛰어야 한다. 두려움과 불안이 생길 수밖에 없는 구조다. 게다가 매수인의 기존 집을 사 갈 누군가도 역시나 판매부 매수를 원할 가능성이 높기 때문에 불안은 증폭된다. 셰익스피어 희곡에 나오는 잔인한 운명처럼 매수인은 주택의 매도인과 똑같이 불편한 위치에 놓인다.

노력

기존 집을 팔려면 매수인은 집을 '보여줄 수 있는 상태'로 계속 유지해야 한다. 그러면서도 동시에 자녀나 반려동물과 함께 일상 생활을 그대로 영위해야 한다. 매수인은 연락을 받으면 즉각 집을 보여줄 준비가 되어 있어야 하고, 그러는 동안에도 내가 다음 번에 살 집은 아직 확정되지 않았다는 것을 알고 있다. 매수인이 판매부 매수가 초래할 이 복잡한 상황과 스트레스를 피할 수 있는 유일한 방법은 조건부 판매를 전적으로 피해가는 것뿐이다. 하지만 이 또한 매수인에게 불안하기는 마찬가지다. 조건부 판매를 원하는 사람들을 모두 포기한다는 것은 동시에 집 두 채를 소유할 위험을 무릅쓰는 것이다. 대부분의 사람들은 이렇게 할 돈이 없다. 게다가 많은 대출기관이 집을 두 채 보유할 수도 있는 재정적 부담을 가진 사람에게는 새 집에 대해 대출을 잘 해주지 않는다. 이렇게 되면 새 집에 대한 담보대출을 확보하기가 어려울 뿐만 아니라 대출 기관들이 위험을 회피하기 위해 매수인에게 보험 가입을 요구함으로써 담보대출 보험비용까지 추가로 부담해야 한다.

포인트보다 중요한 것

경쟁이 치열한 시장에서 애쓰고 있는 전형적인 주택 매수인들을 도와주기 위해 레인과 가르그는 혜택 중심의 비즈니스 모델을 버리고 매수인과 매도인 모두에게 가장 심각한 마찰력을 제거하는 쪽에 관심의 초점을 맞추기로 했다. 두 사람은 양측 모두에게 '확실성'을 제공할 방법을 찾는 것이 이 모든 문제를 푸는 열쇠임을 깨달았다.

매도인은 제때에 거래가 완료될 거라는 확실성을 원했다. 전액 현금 매수인이 부동산 먹이사슬의 꼭대기에 있는 이유는 매도인 입장에서는 그들이 가장 리스크가 적은 선택이라고 느껴졌기 때문이었다. 전액 현금 매수인은 은행 대출이 완료되기를 기다렸다가 거래를 확정(일부 시장에서는 몇 달을 기다렸다가 거래가 무산되는 경우도 있었다)할 필요가 없었다. 한편 매수인에게는 합리적인 기간 내에 적정 가격으로 기존 집을 팔 수 있을 거라는 확실성이 필요했다.

마찰력 극복하기

구매 측과 판매 측의 마찰력을 동시에 해결하기 위해 플라이홈즈는 '트레이드 업Trade Up'이라는 것을 만들어냈다. 이 프로그램은 주택 매수인에게 처음 보는 세 가지 혜택을 제공했다.

- **판매 보장:** 플라이홈즈는 매수인의 기존 주택 판매를 보장한다. 플라이홈즈는 주택 매입 가격에 대해 고객과 미리 합의를 본다. 그러면 매수인은 마음의 평화를 얻을 수 있고 새 집을 구입할 때 최소한 이 금액만큼은 믿을 수 있다. 90일 안에 고객의 기존 주택을 팔지 못했을 경우에는 플라이홈즈가 직접 해당 주택을 매수한다.

- **모든 주택 매수인을 전액 현금 매수인으로:** 플라이홈즈는 또한 고객이 새 집을 구매할 때 늘 보증을 선다. 이렇게 되면 매도인에게는 플라이홈즈를 통해 집을 사겠다는 사람은 모두 '전액 현금' 매수인이나 마찬가지다. 매도인은 계약이

제때 성공적으로 마무리되리라는 확실성을 갖고 마음을 놓을 수 있다.

- **매물 전시 서비스:** 트레이드 업 프로그램의 일환으로 플라이홈즈는 고객의 기존 주택에 대한 검사, 전문 청소, 판매용 전시까지 책임진다. 나아가 플라이홈즈는 고객이 짐을 뺀 이후에 매물로 내놓기 때문에 고객들은 집을 깨끗이 유지해야 한다거나 둘러보러 오는 사람을 위해 수시로 집을 비워줘야 한다거나 하는 걱정을 하지 않아도 된다.

결과

계산기를 두드려보고 자신들의 아이디어의 실행 가능성을 시장에서 테스트해 본 플라이홈즈의 두 설립자는 이 방법이 게임의 법칙을 완전히 바꿔놓으리라 확신했다. 플라이홈즈는 새로운 비즈니스 모델을 위해 1200만 달러의 신용 한도를 확보하고 작업에 착수했다.

두 사람이 생각해 낸 비즈니스 모델은 효과가 있었다. 2020년 말 현재 플라이홈즈는 21억 달러어치의 주택을 팔았고 3000개에 가까운 주택을 거래했다. 알고 보니 매도인에게 작용하는 마찰력을 제거하면 매수인에게도 추가적인 이점이 있었다. 성공한 거래의 50퍼센트 이상이 최고가 거래가 아니었다. 다시 말해 매도인들은 매도 가격보다는 거래가 확실히 성사되는 쪽에 더 높은 가치를 두었다. 실제로 플라이홈즈를 통해서 거래한 매수인들은 전통적인 중개업체를 통한 사람들보다 주택 가격을 평균 2.4퍼센트 아꼈다(거래당 평균 1만 8000달러에 해당한다).

이 비즈니스 모델의 리스크 측면을 살펴보면 플라이홈즈가 창사 이래 실제로 주택을 직접 매입해야 했던 경우는 일곱 번에 불과했다. 그리고 그 드문 경우들 중에서 회사가 거래를 통해 손해를 본 경우는 단 두 번이었다.

워크시트를 작성해 보는 주된 목적은
보고서 자체에 있는 것이 아니라
보고서를 작성하는 과정에서 협업자들 사이에
활발한 토론과 논쟁이 오갈 수 있기 때문이다.

주

1

1. Crossman, Edward (1915). How rifle bullets fly. *Scientific American* 113(1): 24–29.

2

1. Wall Howard, P. (2018). Cadillac salesman sets record for sales, but not without a fight. *USA Today* (February 23). https://www.usatoday.com/story/money/cars/2018/02/23/cadillac-salesman-sets-record-sales-but-not-without-fight/351454002/.
2. Kotler, P. (1967). *Marketing Management: Analysis, Planning and Control.* Englewood Cliffs, NJ: Prentice-Hall.
3. Legg, A. M., and Sweeny, K. (2014). Do you want the good news or the bad news first? The nature and consequences of news order preferences. *Personality and Social Psychology Bulletin* 40 (3): 279–288.
4. Gottman, J., and Silver, J. (1999). *The Seven Principles for Making Marriage Work: A Practical Guide from the Country's Foremost Relationship Expert.* New York: Three Rivers Press.
5. Felps, W., Mitchell, T. R. and Byington, E. (2006). How, when, and why bad apples spoil the barrel: Negative group members and dysfunctional groups. *Research in Organizational Behavior* 27: 175–222.
6. Frijda, N. H. (1988). The laws of emotion. *American Psychologist* 43(5): 349–358.
7. Gneezy, U., and Rustichini, A. (2000). Pay enough or don't pay at all. *The Quarterly Journal of Economics* 115 (3): 791–810.
8. Aos, S., Phipps, P., Barnoski, R., and Leib, R. (2001). *The Comparative Costs and Benefits of Programs to Reduce Crime.* Document no. 01-05-1201. Olympia: Washington State Institute for Public Policy.

9. 미국 육군 신병 모집부서에서 일했던 사람이 들려준 이야기다.

3

1. Moreland, R. L., and Beach, S. R. (1992). Exposure effects in the classroom: The development of affinity among students. *Journal of Experimental Social Psychology* 28 (3): 255–276.
2. Zajonc, R. B. (1968). Attitudinal effects of mere exposure. *Journal of Personality & Social Psychology Monograph Supplements* 9 (2, Pt. 2): 1–27.
3. de Lazari-Radek, K., and Singer, P. (2014). *The Point of View of the Universe: Sidgwick and Contemporary Ethics.* OUP Oxford (May 22), p. 25.
4. De Brigard, Felipe (2010). If you like it, does it matter if it's real? *Philosophical Psychology* 23 (1): 43–57.
5. Hiraki, T., Ito, A., and Kuroki, F. (2003). Investor Familiarity and Home Bias: Japanese Evidence. *Asia-Pacific Finan Markets* 10: 281–300.

4

1. Hasher, Lynn, Goldstein, D., and Toppino, T. (1977). Frequency and the conference of referential validity. *Journal of Verbal Learning and Verbal Behavior* 16: 107–112. https://web.archive.org/web/20160515062305/http://www.psych.utoronto.ca/users/hasher/PDF/Frequency%20and%20the%20conference%20Hasher%20et%20al%201977.pdf.
2. van Baaren, R. B., Holland, R. W., Kawakami, K., and van Knippenberg, A. (2004). Mimicry and prosocial behavior. *Psychological Science* 15 (1): 71–74.

5

1. Elner, R.W., and Hughes, R. N. (1978). Energy maximization in the diet of the shore crab, Carcinus Maenas. *Journal of Animal Ecology* 47 (1): 103–116.

2. Hagura, N., Haggard, P., and Diedrichsen, J. (2017). Perceptual decisions are biased by the cost to act. *eLife* (February).

3. Bhalla, M., and Proffitt, D. R. (1999). Visual-motor recalibration in geographical slant perception. *Journal of Experimental Psychology: Hum Percept Perform* 25 (4): 1076–1096.

4. Dixon, M., Freeman, K., and Toman, N. (2010). Stop trying to delight your customers. *Harvard Business Review* (July–August).

5. Maas, J., de Ridder, D.T., de Vet, E., and de Wit, J.B. (2012). Do distant foods decrease intake? The effect of food accessibility on consumption. *Psychology & Health* 27 Suppl 2: 59–73.

6

1. Koehler, D.J., White, R. J., and John, L. K. (2011). Good intentions, optimistic self-predictions, and missed opportunities. *Social Psychological and Personality Science* 2 (1): 90–96.

7

1. Horowitz, D. (1986). The birth of a salesman: Ernest Dichter and the objects of desire, available as an unpublished paper from Hagley Museum, https://www.hagley.org/sites/default/files/HOROWITZ_DICHTER.pdf; Stern, B. B. (2004). The Importance of Being Ernest: Commemorating Dichter's Contribution to Advertising Research. *Journal of Advertising Research* 44 (2) (June): 165–169.

2. Page, E. (1991). Ernest Dichter, 84, a consultant on consumer motivation, is dead. obituary, *New York Times* (November 23).

3. Williams, R. J. (1957). Is it true what they say about motivation research? *Journal*

of Marketing 22 (October): 125–133.

4. Shapiro, Laura (2005). *Something from the Oven: Reinventing Dinner in 1950s America.* New York: Penguin Books, pp. 45, 63–64, 75–77.

5. Case, C. R., and J. K. Maner (2014). *Journal of Personality and Social Psychology* 107: 1033–1050.

6. Douglass, E. (2005). Full-serve lingers in self-serve world. *Los Angeles Times* (October 9).

8

1. Potchen, E. J. (2006). Measuring observer performance in chest radiology: Some experiences. *Journal of the American College of Radiology* 3 (6): 423–432.

2. Drew, T., M. L. Vo, and J. M. Wolfe (2013). The invisible gorilla strikes again: sustained inattentional blindness in expert observers. *Psychol Sci.* 24 (9): 1848–1853. doi:10.1177/0956797613479386.

3. Ohno, Taiichi (1988). *Toyota Production System: Beyond Large-scale Production.* Portland, OR: Productivity Press. ISBN 0-915299-14-3.

4. Blum, Andrew (2020). How One Human-Centered Insight Led to $4 Billion in Growth for American Express. *IDEO Journal* (December 17).

5. Sydell, Laura (2015). At 90 She's Designing Tech for Aging Boomers. National Public Radio, All Tech Considered (January 19).

9

1. Houser, C. (2020). In fights over face masks, echoes of the American seatbelt wars. *New York Times*, October 15, 2020. https://www.nytimes.com/2020/10/15/us/seatbelt-laws-history-masks-covid.html

2. Weiss, J. M. (1968). Effects of coping responses on stress. *Journal of Comparative and Physiological Psychology* 65 (2): 251–260.

3. Bown, N. J., Read, D., and Summers, B. (2003). The lure of choice. *Journal of*

Behavioral Decision Making 16: 297–308.

4. Pennebaker, J. W., and Sanders, D. Y. (1976). American graffiti: Effects of authority and reactance arousal. *Personality and Social Psychology Bulletin* 2: 264–267.

5. Lord, C. G., Ross, L., and Lepper, M. R. (1979). Biased assimilation and attitude polarization: The effects of prior theories on subsequently considered evidence. *Journal of Personality and Social Psychology* 37 (11): 2098–2109.

6. Feiler, D. C., Tost, L. P., and Grant, A. M. (2012). Mixed reasons, missed givings: The costs of blending egoistic and altruistic reasons in donation requests. *Journal of Experimental Social Psychology* 48 (6): 1322–1328. https://doi.org/10.1016/j.jesp.2012.05.014.

7. Zemack-Rugar, Y., Moore, S. G., and Fitzsimons, G. J. (2017). Just do it! Why committed consumers react negatively to assertive ads. *Journal of Consumer Psychology* 27 (3): 287–301.

8. Costa, D. L., and Kahn, M. E. (2013). Energy conservation "nudges" and environmentalist ideology: Evidence from a randomized residential electricity field experiment. *Journal of the European Economic Association* 11: 680–702.

10

1. Brown, A. (2017). Republicans, Democrats have starkly different views on transgender issues. *Pew Research Center* (November 8). https://www.pewresearch.org/fact-tank/2017/11/08/transgender-issues-divide-republicans-and-democrats/.

2. Boissoneault, L. (2017). The true story of brainwashing and how it shaped America. *Smithsonian Magazine* (May 22).

3. Burnes, B. (2007). Kurt Lewin and the Harwood studies: The foundations of OD. *The Journal of Applied Behavioral Science* 43 (2): 213–231.

4. Cialdini, Robert B. (2007). *Influence: The Psychology of Persuasion.*

11

1. NCSL (2021). State medical marijuana laws. National Conference of State Legislatures (May 17). https://www.ncsl.org/research/health/state-medical-marijuana-laws.aspx.
2. Brenan, M. (2020). Support for legal marijuana inches up to new high of 68%. *Gallup* (November 9). https://news.gallup.com/poll/323582/support-legal-marijuana-inches-new-high.aspx.

감사의 글

　표지에 적힌 이름은 둘뿐이지만 이 책은 여러모로 수많은 사람의 협업을 통해 탄생한 최종 결과물입니다. 가장 먼저 감사해야 할 곳은 이 책의 출판을 맡아준 와일리Wiley입니다. 와일리의 엄청난 지원이 아니었다면 결코 이 책을 내지 못했을 겁니다. 담당 편집자 재커리 시스걸Zachary Schisgal에게도 특별한 고마움을 표합니다. 잭, 책을 처음 써보는 우리 두 사람을 한없이 인내하며 도와주어서 고마워요. 당신 판단이 옳을 때조차 우리 두 사람의 비전을 지지해 줘서 고맙습니다.

　켈로그경영대학원 그리고 널리 켈로그 커뮤니티에도 인사를 전합니다. 이 책의 구석구석에 켈로그 재학생들과 동문들의 손길이 닿아 있습니다. 이 책을 풍부하게 만들어준 수많은 사례들은 모두 여러분 중에 한 명이 시간을 내서 자신의 경험을 들려준 덕분입니다. 켈로그 커뮤니티는 이래도 되나 싶을 만큼 적극적으로 이 책을 응원하고 홍보해 주었습니다. 그중에서도 특히 이 책의 초창기 버전들을 읽고 피드백을 주었던 수많은 학생과 동문들에게 고마움을 전합니다. 저희는 전 세계 최고의 학생들과 협업하는 특권을 누렸습니다. 그 어떤 말로도 표현할 수 없을 만큼 고맙습니다.

마찰 이론은 수많은 학자들의 업적을 토대로 한 것입니다. 저희가 특히 크게 빚진 두 이론이 있습니다. 먼저 마찰 이론은 행동 변화 이론을 개척한 쿠르트 레빈의 업적의 연장선상에 있습니다. '물길 요인channel factor'에 관한 그의 아이디어는 이 책에 많은 영향을 주었습니다. 또한 저희는 '할 일 이론'을 공동으로 개척하고 대중화시킨 클레이턴 크리스텐슨Clayton Christensen과 밥 모에스타의 업적에서도 큰 영향을 받았습니다. 정서적 가치에 관한 두 분의 글은 그와 정반대에 있는 정서적 마찰력에 관한 저희의 관점을 확립하는 데 큰 영향을 주었습니다.

이 책을 위해 시간을 내서 전문 지식을 나눠준 학계의 많은 분들께도 감사를 표하고 싶습니다. 애덤 그랜트는 본인이 알고 있는 내용들을 그야말로 아낌없이 나눠주었습니다. 로런은 15년 넘게 자신의 작업과 커리어를 응원해 준 애덤 갤린스키Adam Galinsky에게 감사드립니다. 데이비드는 이 책을 쓰는 동안 아낌없는 조언과 전문 지식, 열정을 보여준 멘토 밥 모에스타와 톰 켈리Tom Kelley에게 특히 고맙다는 인사를 전하고 싶습니다.

이 책의 원칙들이 살아 숨 쉴 수 있게 일화와 전문 지식을 제공해 준 분들께도 감사의 인사를 드립니다. 압둘라지즈 알자지리Abdulaziz AlJaziri, 스테이시 알론소Staci Alonso, 투샤르 가르그Tushar Garg, 사이먼 킹Simon King, 브랜트 밀러Brandt Miller, 알리 리다, 제니 슈나이더

Jenny Schneider, 제임스 스튜어트James Stewart, 척 슈럭Chuck Surack, 글렌 툴먼Glen Tullman, 그리고 끝없는 영감을 주었던 바버라 베스킨드도 빼놓을 수 없습니다. 너그러운 마음으로 들려주신 일화와 지혜, 경험에 깊이 감사드립니다. 여러분의 도움이 없었다면 이 책은 지금과 같은 모습이 될 수 없었을 겁니다.

우리 둘 모두의 멘토였던 고故 키스 머니건Keith Murnighan에게도 가슴 깊이 감사하는 마음입니다. 키스는 우리 두 사람에게 너무나 많은 은혜를 베풀었습니다. 키스, 당신께 이 책을 보여줄 수 있었다면 얼마나 좋았을까요.

이 책이 탄생할 수 있게 옆에서 도와주신 많은 분들께도 감사드립니다. 이 책의 내용을 시각적으로 강렬하게 표현해 준 뛰어난 그래픽 디자이너 두 분께 감사드립니다. 재러드 라이얼Jarrod Ryhal은 마찰력 보고서를 비롯해 다운로드할 수 있는 여러 워크시트의 틀을 디자인할 수 있게 도와주었습니다. 카일 플레처Kyle Fletcher는 정말 말도 안 되게 뛰어난 재능을 가진 디자이너로 도발적이면서도 아름다운 이 책의 커버 디자인을 맡아주었습니다. 두 사람은 환상적인 협업을 보여주었고, 두 사람과 함께 작업할 수 있었던 것은 저희에게 큰 행운이었습니다.

데이DEY.의 출판팀에도 감사를 전합니다. 림자임 데이Rimjhim Dey와 앤디 드시오Andy DeSio는 마찰 이론을 세상에 알릴 수 있게 도와주었습니다. 마지막으로 오랫동안 물심양면으로 저희를 지원해

주고 있는 루디 시거Ruthie Seagar에게도 비할 데 없는 고마움을 전합니다. 루디, 전부 다 그저 고마워요.

저희가 가장 크게 감사해야 할 사람은 각각 저희의 아내 에린Erin과 앨리슨Allison입니다. 두 사람은 이 책에 대해 더할 나위 없이 귀중한 의견을 주고 이 책을 준비하는 내내 끊임없는 조언과 응원을 해주었습니다. 이 책의 초기 버전을 교정해 주고 귀중한 피드백을 주었던 로런 시니어Loran Nordgren Sr.에게도 감사드립니다. 데이비드의 두 자녀 애니Annie와 테디Teddy도 고맙습니다. 두 아이는 아빠가 책을 집필하는 '거의' 내내 작업에 집중할 수 있게 도와주었습니다. 이 모험의 최종 결과물을 여러분 모두와 함께 나눌 수 있어 이루 말할 수 없이 기쁩니다.

찾아보기

저자에 관하여

로런 노드그런
Loran Nordgren

켈로그경영대학원 경영 및 조직학 교수이자 행동과학자, 베스트셀러 작가

행동과학자로서 새로운 아이디어나 행동의 채택을 촉진하거나 가로막는 심리적 요인을 연구하고 가르친다. 연구의 가장 중요한 목표는 의사결정 전략, 의사결정과 웰빙을 향상시키는 정책 권고안을 개발하기 위한 이론적 통찰력을 제시하는 데 있다. 그의 연구는 《사이언스》 등 주요 학술지에 게재되었고, 《뉴욕타임스》 《이코노미스트》 《하버드비즈니스리뷰》 등 저명한 포럼에서 주목받았다. 연구 업적을 인정받아 실험심리학 분야에서 이론혁신상Theoretical Innovation Award을 수상했다.

교수로서는 '조직 변화 선도'를 가르친다. 조직 내 변화를 어떻게 만들어낼 것인지 방법을 가르치는 것이 미션이다. 풀브라이트Fulbright 장학생이기도 했던 그는 켈로그경영대학원에서 수여하는 올해의 교수상을 2회, 우수 강의상을 6회 수상했다.

실무가로서는 전 세계 곳곳의 기업들과 협업하며 그가 '행동 설계'(자세한 내용은 Lorannordgren.com 참조)라고 부르는 과정, 즉 광범위한 행동 변화의 문제를 다룬다. 재미있는 사실 하나. 로런은 자녀 세대까지 이어지는 반려동물이 되길 바라는 마음으로 이카로스라는 이름의 대형 거북이를 키우고 있다. '포엣 앤드 퀀트Poets & Quants'의 40세 미만 경영대학원 교수 40인에 선정(2017)되었고, '씽커스50' 레이더 클래스에 선정(2022)되었다.

데이비드 숀설
David Schonthal

켈로그경영대학원 혁신 및 기업가 정신 교수, 기업가, 베스트셀러 작가

벤처기업 설립, 디자인 씽킹, 혁신 및 창의성 분야에서 연구하고 가르친다. 켈로그경영대학원에서 운영하는 '젤 펠로 프로그램Zell Fellows Program'의 대표 교수이기도 하다. 젤 펠로 프로그램은 학생 신분의 기업가들이 새로운 회사를 설립하거나 인수하는 과정을 성공적으로 추진할 수 있게 도와주는 벤처 액셀러레이터venture accelerator 프로그램이다. 《포브스》《포천》등 주요 저널에 기고했고, 켈로그경영대학원에서 수여하는 우수 강의상과 우수 교수상을 각각 5회씩 수상했다.

학계 밖에서는 기업가 정신, 디자인 및 혁신 분야의 실무 활동을 20년 이상 해오며 전 세계적으로 200개 이상의 신제품과 서비스를 만들고 출시했다. 세계적인 디자인회사 아이디오IDEO에서 10년간 일했고, 현재는 헬스케어기술 전문 벤처캐피털 회사인 '7와이어 벤처스7Wire Ventures'에서 기업 운영 자문으로 활동하고 있다. 또한 디자인 주도형 일본 스타트업에 투자하는 초기 단계 벤처캐피털 펀드인 '디자인 포 벤처스Design for Ventures, D4V'의 글로벌 자문이며, 시카고에 위치한 2300제곱미터 규모의 혁신 센터로 헬스케어 기업의 창업과 지원을 돕는 '매터MATTER'의 공동설립자이기도 하다.

데이비드 숀설은 시카고 외곽에서 아내 에린과 두 자녀 애니, 테디와 함께 살고 있다. 데이비드는 자신이 유일무이한 존재라고 생각하고 싶지만 실제로는 세쌍둥이로 태어났다. 《크레인스 시카고 비즈니스Crain's Chicago Business》의 '40세 이하 혁신가 40인'에 선정(2014)되었고, '씽커스50' 레이더 클래스에 선정(2022)되었다.

옮긴이 **이지연**

서울대학교 철학과를 졸업 후 삼성전자 기획팀, 마케팅팀에서 일했다. 현재 전문 번역가로 활동 중이다. 옮긴 책으로는 『수도자처럼 생각하기』 『돈의 심리학』 『룬샷』 『인간 본성의 법칙』 『제로 투 원』 『위험한 과학책』 『아이디어 불패의 법칙』 『만들어진 진실』 『인문학 이펙트』 『리더는 마지막에 먹는다』 『시작의 기술』 『평온』 『다크 사이드』 『포제션』 외 다수가 있다.

인간 본성 불패의 법칙

닫힌 마음도 무장 해제시키는 4가지 행동 설계

초판 1쇄 발행 2022년 10월 7일
초판 4쇄 발행 2023년 7월 14일

지은이 로런 노드그런, 데이비드 숀설
옮긴이 이지연
펴낸이 김선식

경영총괄 김은영
콘텐츠사업본부장 박현미
책임편집 차혜린 **디자인** 마가림 **책임마케터** 박태준
콘텐츠사업5팀장 차혜린 **콘텐츠사업5팀** 마가림, 김현아, 남궁은, 최현지
편집관리팀 조세현, 백설희 **저작권팀** 한승빈, 이슬, 윤제희
마케팅본부장 권장규 **마케팅4팀** 박태준, 문서희
미디어홍보본부장 정명찬 **영상디자인파트** 송현석, 박장미
브랜드관리팀 안지혜, 오수미, 김은지, 이소영, 문윤정, 이예주 **지식교양팀** 이수인, 염아라, 석찬미, 김혜원, 백지은
크리에이티브팀 임유나, 박지수, 변승주, 김화정, 장세진 **뉴미디어팀** 김민정, 이지은, 홍수경, 서가을
재무관리팀 하미선, 윤이경, 김재경, 이보람, 박성완
인사총무팀 강미숙, 김혜진, 지석배, 박예찬, 황종원
제작관리팀 이소현, 최완규, 이지우, 김소영, 김진경, 양지환
물류관리팀 김형기, 김선진, 한유현, 전태환, 전태연, 양문현, 최창우
외부스태프 내지조판 화이트노트

펴낸곳 다산북스 **출판등록** 2005년 12월 23일 제313-2005-00277호
주소 경기도 파주시 회동길 490 다산북스 파주사옥
전화 02-704-1724 **팩스** 02-703-2219 **이메일** dasanbooks@dasanbooks.com
홈페이지 www.dasan.group **블로그** blog.naver.com/dasan_books
종이 아이피피 **인쇄·제본** 한영문화사 **코팅·후가공** 제이오엘엔피

ISBN 979-11-306-9380-4(03320)

다산북스(DASANBOOKS)는 독자 여러분의 책에 관한 아이디어와 원고 투고를 기쁜 마음으로 기다리고 있습니다. 책 출간을 원하는 아이디어가 있으신 분은 다산북스 홈페이지 '투고원고'란으로 간단한 개요와 취지, 연락처 등을 보내주세요. 머뭇거리지 말고 문을 두드리세요.